U0634530

贵州历史文化研究丛书

本书是兴义民族师范学院学科建设项目"学科历史——中国近代边疆治理与开发研究"（FZGHC2021–010）的研究成果之一。

历史文化名镇的治理与开发：

黔西南州龙广镇案例

徐 磊 著 ■

中国商务出版社
CHINA COMMERCE AND TRADE PRESS

图书在版编目（CIP）数据

历史文化名镇的治理与开发：黔西南州龙广镇案例 /
徐磊著 . -- 北京：中国商务出版社，2022.12
ISBN 978-7-5103-4482-4

Ⅰ . ①历… Ⅱ . ①徐… Ⅲ . ①乡镇经济—经济发展—
研究—黔西南布依族苗族自治州 Ⅳ . ① F3227.735

中国版本图书馆 CIP 数据核字（2022）第 190968 号

历史文化名镇的治理与开发：黔西南州龙广镇案例
LISHI WENHUA MINGZHEN DE ZHILI YU KAIFA: QIANXINAN ZHOU
LONGGUANG ZHEN ANLI

徐　磊　著

出　　　版：中国商务出版社
地　　　址：北京市东城区安外东后巷 28 号　　邮编：100710
责任部门：商务事业部（010-64269744）
责任编辑：周水琴
直销客服：010-64266119
总 发 行：中国商务出版社发行部（010-64208388　64515150）
网购零售：中国商务出版社淘宝店（010-64286917）
网　　　址：http://www.cctpress.com
网　　　店：https://shop595663922.taobao.com
邮　　　箱：bjys@cctpress.com
排　　　版：中正书业
印　　　刷：三河市龙大印装有限公司
开　　　本：710 毫米 ×1000 毫米 1/16
印　　　张：15.25　　　　　　　　　字　　数：275 千字
版　　　次：2023 年 1 月第 1 版　　　　印　　次：2023 年 1 月第 1 次印刷
书　　　号：ISBN 978-7-5103-4482-4
定　　　价：65.00 元

凡所购本版图书如有印装质量问题，请与本社印制部联系（电话：010-64248236）

CCTP　版权所有　盗版必究（盗版侵权举报可发邮件到本社邮箱：cctp@cctpress.com）

目　　录

引　论

龙广镇^①位于贵州省黔西南布依族苗族自治州境内，属安龙县下辖的一个乡镇。东与新桥乡、德卧镇接壤，西与郑屯镇毗邻，南与万峰湖镇相连，北与海子乡、洒雨镇交界。龙广整个镇域的地形，北高南低，山脉主体分布为东西走向，山间坝子均呈狭带状。全镇的土地面积 167.16 平方千米。镇政府所在地东经 105° 6′ 30″、北纬 25° 10′ 48″，位于东峰林群峰之中形成的一条东西向狭长坝子的中部。该镇交通条件优良，有 4 条大道和 1 条铁路，即国道（324 线公路）、国家级高速公路（汕昆线）、峰林大道（即东峰林大道）、城市快速公路（义龙大道）、南昆铁路呈东西方向贯穿整个龙广镇。从经济发展的自然环境和地理区位上来看，龙广镇位于兴义市区至安龙县城的交通干线上，距离兴义市区仅 32 千米，距离安龙县城仅 33 千米，有很好的发展潜力。

龙广镇现辖 18 个行政村，178 个村民组。根据第七次全国人口普查数据，截至 2020 年 11 月 1 日，龙广镇人口 41348 人，15813 户。其中，镇区人口 24000 人，城镇化率 58%。

在现今龙广镇的世居人口中，有汉、布依、苗、回、彝等 20 多个民族。其中，少数民族占全镇总人口的 33.5%。在少数民族中，布依族人口最多。从现在的民族关系看，龙广的民族关系十分融洽，各族民众和谐相处、共同发展。

---

① 龙广镇，与兴义市捧乍镇、普安县青山镇，贞丰县者相镇并称为黔西南地区的四大名镇。2017 年 5 月，龙广镇进入全国爱国卫生运动委员会命名为 2017—2019 周期国家卫生乡镇（县城）名单。全国范围内，有 2299 个乡镇（县城）入选。其中，黔西南布依族苗族自治州境内共有 41 个乡镇（含县城）上榜。2019 年，龙广镇入选"西部综合实力百强镇"名单。在贵州省内有 8 个乡镇上榜。即茅台镇、习酒镇、清水河镇、鸭溪镇、金中镇、威舍镇、龙广镇、德卧镇。龙广排名 72 位。2021 年 9 月，龙广镇入选"2021 年全国千强镇"名单。龙广镇排名 472 位。

一、本研究的缘起

在乡村振兴战略的实施过程中，农村社会正面临着从自然的小农经济向现代农业经济的转型。农业的转型涉及农民的生产方式、生活方式以及思想观念的变化。基层的社会治理与开发是统一的。乡镇的社会治理如果落后于社会经济发展的步伐，就会带来一系列的问题，影响农村社会的进步。基层政权的行政效能关系党执政地位的巩固。在金字塔式的管理体系中，乡镇政权处于直接与农民打交道的层级。基层政权的形象在百姓的心目中即是执政党的形象。乡镇政权在处理新时代的"三农"问题上该怎样做，关系农村社会的全面发展。因此，在乡镇的社会治理现代化过程中，不仅只有社会治理问题，也不仅只有经济开发问题。怎样看待我们的过往，怎样从过往中总结经验，对我们未来的发展来说，至关重要。尤其是对像龙广这样的多民族聚居乡镇，更是如此。在中国的农耕社会中，农村的治乱与历史的兴衰成正相关。以龙广镇作为研究案例，反映贵州多民族聚居区乡镇发展中的社会治理与开发进程，是本研究的缘起所在。

二、中国传统社会的研究理路

（一）国外研究现状

中国传统社会的发展一直是国外学者研究的重要内容。尤其是基层社会的治理模式、基层社会的运行状态，是欧美学术界关注的重点。从清末以来，西方学者对中国农村的田野调查，习惯以社会学、人类学的研究方法系统且客观地阐释中国的农村发展状况。从总体情况来说，他们对我们这个东方大国的学术研究保持着浓厚的兴趣，直到抗日战争之前，有一些专著问世。其中，比较著名的是美国学者。明恩溥（Arthur Henderson Smith）作为传教士，在 1899 年写就了《中国乡村生活》①，以一个深谙中国文化的外国人独有的视角考察了中国这块土地。明恩溥的作品深受中国学者的赞赏。金 (F.H.King) 在 1911 年出

---

① 明恩溥 . 中国乡村生活 [M]. 陈午晴，唐军，译 . 北京：中华书局，2006.（Village Life in China）

版了他的著作《四千年农夫》①。他在这本书里用了大量的篇幅介绍了清末民国时期中国农村的情况。卜凯 (J.L.Buck) 撰写的著作《中国农家经济》②，以农业经济为切入点，将民国时期我国农村的农民生活及其实际生存状态做了客观地叙述。除了美国学者之外，英国学者、日本学者出于不同的动机，对中国农村社会的研究都有不同程度的涉及。

从清末以来，贵州作为中国西南地区的一个多民族省份，很受西方传教士和学者的关注。例如，来自英国的传教士在塞缪尔·柏格理（Samuel Pollard）在他所写的《在未知的中国》③ 描述了贵州曾经的地方土司以及当地苗民的生活情况。英国传教士塞缪尔·克拉克（Samuel R. Clarke） 所著的《在遥远的中国西南部落中》④，对西南地区当地苗族的生存环境以及风俗习惯进行了详细的观察和描述，对苗族的原始宗教信仰有了宏观的人类学思考。德国人类学家鲍克南（Inez de Beauclair）从 1940 年到新中国成立初期，在贵州做了深入的田野调查⑤。贵州农村社会中的斗牛习俗、赛龙舟习俗都是她的关注点。从民国以前的情况看，西方人对贵州的研究集中在传教方面，对贵州农村社会的叙述都有或多或少地涉猎。

（二）国内研究现状

在乡镇治理方面，国内学者的研究著述较多。赵树凯在《乡镇治理与政府制度化》⑥（2010）一书中，对中国的基层社会治理进行了系统的实证研究。作者以基层社会中的现实素材为基础，研究了基层政府的县、乡、村三级公共组织的运转情况。2005 年，农业税取消后，基层社会的政府运行发生了很大变化。但是，作者认为基层政府所依赖的制度环境未变，原有的行为逻辑就不会

① 　金. 四千年农夫 [M]. 程存旺，石嫣，译. 北京：东方出版社，2011.（Farmers of Forty Centuries or Permanent Agriculture in China， Korea and Japan）

② 　卜凯. 中国农家经济 [M]. 张履鸾，译. 太原：山西人民出版社，2015.（Chinese Farm Economy）

③ 　柏格理，等. 在未知的中国 [M]. 东人达，东旻，译. 昆明：云南民族出版社，2002.

④ 　塞缪尔·克拉克. 在遥远的中国西南部落中 [M]. 贵阳：贵州大学出版社，2009.

⑤ 　孟蒙. 民国时期贵州少数民族体育的镜像——德国人类学家鲍克南的田野记录 [J]. 贵州文史丛刊，2016（01）：103–108.

⑥ 　赵树凯. 乡镇治理与政府制度化 [M]. 北京：商务印书馆，2010.

有大的变化，政府运行的机制没有根本的变化。张静在《基层政权：乡村制度诸问题》①（2007）一书中，用"国家政权建设"来解释现实社会中的基层秩序，从政治和法律的角度来探讨中国乡村社会的权力框架，进而解释乡村矛盾冲突的结构来源及其政治后果。陈桂棣等的《中国农民调查》②（2003）一书中，依据大量的第一手调查材料，用事实来反映税费改革前的农民生存状态，揭示了税费改革前农民负担过重的内在原因，全面展现了农村税费改革的曲折和艰难。吴理财的《乡镇机构改革：可否跳出精简——膨胀的怪圈》③（2006）一文中，回顾了世纪之交前后 20 年的乡镇机构改革情况。作者认为，乡镇机构的膨胀有其内在的特定原因。如果乡镇政府一直是国家政权从农村基层社会汲取各种资源的一种"工具"，就一定无法摆脱"精简—膨胀—再精简—再膨胀"的循环。因此，乡镇政府潜在的"赋敛"职能只有被取消之后，才有新生的可能。乡镇政府机构的精简要从根本上考虑乡镇政府的性质和角色定位。李凡的《创新与发展——乡镇长选举制度改革》④（2000）一书中，介绍了农村基层选举的基本情况和选举的影响，对乡镇民主选举进行了理论分析，全面反映了乡镇长选举的情况。潘小娟等著的《乡镇改革：乡镇选举、体制创新与乡镇治理研究》⑤（2008），探讨的是选举与乡镇机构改革的关系，以实证研究的案例对基层的行政改革与综合体制改革进行了研究。黄为平等著的《乡镇长选举方式改革：案例研究》⑥（2003），以实例调研的基本情况，把基层选举的做法和经验加以归纳总结。作者肯定了基层乡镇长选举方式的改革，认为这个改革是在"村民自治"后，人民在另一个层面有序参与政治的重大举措。徐勇在《县政、乡派、

① 张静．基层政权：乡村制度诸问题 [M]．上海：上海人民出版社，2007．

② 陈桂棣，等．中国农民调查 [M]．北京：人民文学出版社，2004．

③ 吴理财．乡镇机构改革：可否跳出精简——膨胀的怪圈 [J]．贵州师范大学（社会科学版），2006（06）：69–73．

④ 李凡．创新与发展——乡镇长选举制度改革 [M]．北京：东方出版社，2000．

⑤ 潘小娟，等．乡镇改革：乡镇选举、体制创新与乡镇治理研究 [M]．北京：中国社会科学出版社，2008．

⑥ 黄为平，等．乡镇长选举方式改革：案例研究 [M]．北京：社会科学文献出版社，2003．

村治：乡村治理的结构性转换》①一文中，认为中国社会转型中的最大转变在于乡村社会的转变。中国的基层乡村社会经历着"散—统—分—合的不同阶段。乡土社会的变迁必然需要基层乡村治理结构的转变。项继权的《乡级民主建设》②（2008）对基层社会中的民主建设情况做了有益的探讨。

　　在乡村治理方面，国内学术界的研究成果很丰富。徐勇的《中国农村村民自治》③（2019），介绍了我国村民治理模式出现的大致情况。20世纪80年代后，我国农村基层社会随着家庭承包责任制的铺开和国家的政治建设民主化进程的发展，出现了"村民自治"的治理模式。徐勇将"村民自治"的发展情况做了全面的呈现。于建嵘的《岳村政治——转型期中国乡村社会政治结构的变迁》④（2001），是通过对岳村这个具体个案的研究来展现乡村社会发展情况的。作者在这本著作中将岳村百年来的政治关系、政治控制，以及政治文化的变迁过程做了客观的剖析，以求解释中国乡村基层社会的政治发展特征。王振耀的《中国村民自治理论与实践探索》⑤（2000）从乡村社会的自治理论出发，对我国基层社会的政治运行情况做了有益的探讨。贺雪峰的《乡村治理的社会基础》⑥（2020）认真探讨了乡村社会在转型期的变迁。作者依靠大量的实地调查资料，以农村本位的现实角度来理解中国农村，从社会治理的角度来分析中国的农村政策，在完善中国农村的社会治理和农村政策方面做了一些有益的考量。项继权的《集体经济背景下的乡村治理：南街、向高和方家泉村村治实证研究》⑦（2002），对中国集体经济的发展情况做了分析和探讨。作者认为集体经济的存在有其自身的合理性。这本著作对在集体经济的基础上实施的乡村治理，有

　　① 徐勇.县政、乡派、村治：乡村治理的结构性转换[J].江苏社会科学，2002（02）：27-30.

　　② 项继权.乡级民主建设[M].北京：中国社会科学出版社，2008.

　　③ 徐勇.中国农村村民自治[M].北京：生活·读书·新知三联书店，2019.

　　④ 于建嵘.岳村政治——转型期中国乡村社会政治结构的变迁[M].北京：商务印书馆，2001.

　　⑤ 王振耀.中国村民自治理论与实践探索[M].北京：宗教文化出版社，2000.

　　⑥ 贺雪峰.乡村治理的社会基础[M].北京：生活·读书·新知三联书店，2020.

　　⑦ 项继权.集体经济背景下的乡村治理：南街、向高和方家泉村村治实证研究[M].武汉：华中师范大学出版社，2002.

较为深入的阐释。吕德文的《乡村社会的治理》①（2013）通过对家庭施行联产承包责任制后，农村的农业税费征收及计划生育政策等方面的研究，对所谓的"钉子户"现象进行了分析。作者认为，中国农村社会里国家与农民的互动非常明显。这个互动关系具有相当的复杂性。在乡村社会治理方面，中国具有自身的独特性。管前程的在《村民自治三十年的回顾和启示》②（2008）一文中认为，村民自治的实践是我国社会主义民主发展的重要体现。通过这些论著，可以看出我国学术界对乡村社会投入了相当大的关注，体现了浓厚的人文情怀。

在乡镇经济开发方面，国内学术界的研究有许多侧重点，有涉及乡镇财政研究的，有涉及乡镇产业发展的，有涉及乡镇民营企业的。徐腊梅在《基于乡村振兴的产业兴旺实现路径实证研究》③（2019）的论文中，对乡村振兴战略下的乡村产业发展做了翔实的探究。在乡村产业的融合路径上，作者极其重视农业科学技术的价值，建议以市场的实际需求来促进乡村产业的融合，政府应该放松相应的管制，从政策角度促进产业的融合发展。朱泓志在《苏北乡镇经济发展策略研究——以 G 镇为例》④（2021）一文中，肯定了乡镇经济的重要性。以集镇为中心的乡镇经济，上承县域经济，下接乡村产业，是我国当前建设现代化强国的重要环节。在怎样发展乡镇经济方面，作者提出了打造物流小镇和拓宽融资渠道的建议。黄世界在《乡镇民营企业的崛起与乡镇治理的转型——以福建省陈埭镇为例》⑤（2014）的文章中，将关注点放在了现代乡土政权的构建与地方民营经济的发展互动关系上。作者的研究丰富了现代国家的构建在地方乡镇治理层面的经验解释，为当代乡镇的治理转型，提供可资借鉴的方式与路径参考。"行政管理型治理"是传统的乡镇治理模式，"公共服务型治理"模式是现代乡镇治理的转型方向。乡镇政府与基层多元化的利益主体之间构建有效的"吸纳—协商"的政治沟通，对促进基层民主的发展十分关键。这已成为现代乡镇治理的新特征。魏娟在《经济新常态下子长县乡镇经济发展问题研

① 吕德文 . 乡村社会的治理 [M]. 济南：山东人民出版社，2013.
② 管前程 . 村民自治三十年的回顾和启示 [J]. 理论研究，2008（05）：20–23.
③ 徐腊梅 . 基于乡村振兴的产业兴旺实现路径实证研究 [D]. 辽宁大学，2019.
④ 朱泓志 . 苏北乡镇经济发展策略研究——以 G 镇为例 [D]. 东南大学，2021.
⑤ 黄世界 . 乡镇民营企业的崛起与乡镇治理的转型——以福建省陈埭镇为例 [D]. 华中师范大学，2019.

究——以玉家湾镇为例》①（2019）的文章中，以王家湾镇为例，剖析了党的十八大以来经济新常态下的乡镇经济发展问题，从农村产业结构、加强农民的农技培训、发展高效农业等方面提出了一些对策。沈雪漱在《中国经济区划改革与经济发展模式研究——以温州镇级市为例》②（2013）一文中认为，恰当的区划调整可以促成地方经济的增长和发展模式的形成。作者绕开行政区划的概念，从经济区划的角度采用实证研究的方式，对"镇级市"的概念做了系统梳理，对镇级市经济模式做了学理层面的肯定。

　　结合贵州农村经济发展的研究，目前学术界的成果也比较多。张梦雨在《贵州农村产业结构优化及影响因素研究》③（2012）一文中，认为培养新型农民势在必行，绿色产业是贵州发展农村经济的大方向。杨海波在《山地地区城乡发展一体化研究——以贵州为例》④（2017）的文章中认为，生态保护上做出成就的贵州山地，是我国生态环境的价值高地。作者提出在工业反哺农业的过程中，贵州的山地农业现代化也会发展起来。在国家政策的支持下，贵州山地的城乡一体化发展会持续进行。王永平在《贵州农村建设全面小康社会目标与实现途径研究》⑤（2005）的文章中，将贵州农村经济发展水平低放在了建设小康社会的话语体系下，予以考察，认为贵州的农村小康社会的建设离不开工业化的发展，同时也离不开城镇化的发展。黄开庆在《贵州农村经济发展的困境与出路研究》⑥（2008）一文中，将"欠发达"和"欠开发"作为贵州的省情和经济发展特征予以阐释。作者认为，贵州省的资源优势在真正转化成市场经济条件下的竞争优势和发展优势之后，贵州的农村经济才会有大的起色。陈卫椿在《对贵州经济发展问题的几点认识》⑦（1995）的文章中，把贵州的农村经济发展放在了国

　　① 魏娟.经济新常态下子长县乡镇经济发展问题研究——以玉家湾镇为例[D].延安大学，2019.

　　② 沈雪漱.中国经济区划改革与经济发展模式研究——以温州镇级市为例[D].西南财经大学，2019.

　　③ 张梦雨.贵州农村产业结构优化及影响因素研究[D].贵州财经大学，2012.

　　④ 杨海波.山地地区城乡发展一体化研究——以贵州为例[D].中共中央党校，2017.

　　⑤ 王永平.贵州农村建设全面小康社会目标与实现途径研究[D].西南农业大学，2005.

　　⑥ 黄开庆.贵州农村经济发展的困境与出路研究[D].贵州师范大学，2008.

　　⑦ 陈卫椿.对贵州经济发展问题的几点认识[J].贵州社会科学，1995（05）：36-40.

家经济的宏观发展框架中予以考虑，对贵州农村经济发展的状况做了简单的概括。

（三）本研究的理论意义和现实价值

本研究以黔西南州的龙广镇为案例，沿着乡镇社会治理与经济开发的相关脉络予以阐释，在理论层面有助于丰富中国特色基层社会治理与经济开发的理论。在多民族聚居的贵州省基层社会治理与开发过程研究中，自然会触及执政党在多民族地区的社会治理能力建设问题。研究龙广的社会治理与经济开发，对促进民族地区社会治理的理论创新，不无裨益。此为本研究的理论意义所在。

在涉及西部民族地区的改革、发展、稳定方面，自然绕不开"民族—国家"（Nation）理念下的中华民族共同体构建问题。我国当前的阶段正处于"百年未有之大变局"的关键发展期。以龙广镇为典型案例，从社会治理与经济开发的角度，对基层社会的发展脉络予以梳理，有利于对外展示贵州的发展成就，强化外界对贵州民族地区的理性认知。此为本研究的现实价值所在。

二、研究方法

本研究拟采用历史学、民族学、社会学相结合的研究方法展开对龙广镇治理与开发的叙事。以历史学的方法，做好文献资料的收集和整理；以民族学的方法做好实地调查；以社会学的方法，从龙广镇的地域角度宏观把握其社会变迁的脉络。

三、本研究的难点和创新之处

（一）难点

本课题研究涉及龙广镇治理与开发的创新实践，涉及的地域空间虽然仅限于龙广一带，但涵盖的领域多。政治、经济、生态、文化、民族关系等都在其中。另外，本研究的时间跨度大。从清末、民国到现今，龙广的治理与开发所处的大环境在不断地变换，把握其中的治理逻辑和发展线索，不是易事。对此，要做到尽可能多地搜集资料，并进行去伪存真，对研究者而言，亦有难度。

（二）创新之处

一是视角新。涉及贵州农村社会发展的学术成果已有一些学术成果问世，在上文中亦略有提及。但是，从基层乡镇的角度来阐释社会治理与开发的成果偏少。视角新是本研究的创新之一。

二是方法新。从社会诸多领域来阐释社会治理与开发的学术成果很多。但是以乡镇为研究单位，采用历史学的时间顺序做主脉来阐释社会治理与开发的偏少。方法新是本研究的创新之二。

第一章　龙广镇治理与开发的自然环境

第一节　龙广镇的自然资源禀赋

一、土地资源

龙广镇总体的土地资源较好，虽然辖区内大部分为山地，但在镇中部是平坦的龙广坝子。这块坝区是龙广经济条件最好的区域，耕地的数量和土质条件都比较好。龙广镇的耕地总量是 29139 亩[①]，其中水田 15656 亩。龙广坝区有耕地 13616 亩，占全镇耕地面积 46.7%。坝区的耕地以水田为主。龙广镇辖境内 10 个经济条件较好的村主要分布在坝区和坝区的周边[②]。其他 8 个村则以旱地为主，其耕地总量为 13483 亩[③]。此外，龙广有荒山 12366 亩，荒草地 3601 亩。

二、水资源

龙广镇属于珠江上游的南盘江流域，每年的降雨量较大[④]，河流常年不断流，地下水资源储量也很大。这些地下水以泉水的形式大量涌出，形成水井或者水潭。地表水与地下水资源为当地民众的日常用水提供了稳定保障。

（一）地表水资源

流经龙广的 3 条河是龙广镇主要的地表水资源，能够满足龙广农业生产和生活用水。由于当地独特的岩溶地质地貌，地下暗河丰富，所以这 3 条河流都

---

① 1 亩约为 666.67 平方米。
② 这 10 个行政村是合兴、柘仑、纳万、佳皂、联新、赖山、纳桃、小场坝、狮子山、双合。
③ 这 8 个行政村是安叉、干田、七星、五台、果约、花木、烂滩、坡关。
④ 每年的降雨主要集中在 5—9 月，即所谓的"雨热同季"。

是以地下暗河的形式从地面消失。每条河流的具体流经地点不同，但是最终汇入珠江水系中的南盘江之中。

狮子山河源于兴义市郑屯镇的老王寨、下龙井一带。从源头算起，这条河在兴义市辖境的河段长 24.2 千米，从岩脚进入龙广镇所辖境内后，经狮子山、顾屯、纳早流经龙广海坝，沿三棵树、海尾流入"消水洞"，以地下暗河形式汇入南盘江。这条地表河流在龙广镇辖区内长 6.4 千米。其流域面积约 6 平方千米，年降水量约 790 万立方米，年均流量 340 万立方米。

海坝中心河的河长有 10 余千米。该河发源于龙广辖境内赖山村的纳桑水井和磨雍水井。这两条小溪在纳桃村的"龙眼睛"处汇合，沿纳桃、科立、大寨、老场坝向下到三棵树，在狮子山脚流入海尾隧洞，也是以地下暗河形式汇入南盘江。

白水河也是龙广镇辖境内一条有名的地表河流。发源于海子镇，流经鲁屯镇，之后进入龙广镇。最后经过新桥镇，在德卧镇境内以地下暗河的形式汇入南盘江。同一条河，村民们却有 3 种不同的习惯叫法：上游被称为淌淌河，中游被称为科汪河，下游被称为新桥河。白水河水量充足，利用该河水利资源，建有小型水电站。[①]

（二）地下水资源

龙广镇辖区内地下水资源储量十分丰富。地下水涌出地面，即成为人们能够利用的水源。这些水源，以"一泉""三潭""四井"最为有名。所谓"一泉"，指龙广街上的合兴泉，地下水长年不断涌出，是当地居民曾经重要的饮水来源之一。所谓"三潭"，即母猪龙潭、下里湾龙潭、坝尾龙潭。潭水的形成与丰富的地下水资源密切相关，此外，一些小溪也是这些龙潭的重要水源。母猪龙潭位于柘仑村，地下水长年大量涌出，进而形成水潭。现在已经在原来的基础上建成了柘仑水库。下里湾龙潭位于小场坝村科立寨子南面山脚。坝尾龙潭位于烂滩村坝尾组。所谓"四井"，即龙广镇辖境内重要的四大水井：纳

---

① 1998 年白水河水电站正式开工。2000 年 6 月第一台机组并网。同年 8 月第二台机组并网发电，宣告水电站正式建成，开始运营。

桑井 [①]、磨雍井 [②]、塘坊井 [③]、尖山脚井 [④]。大量泉和井的存在，充分说明了龙广地下水资源的丰富程度。

三、矿产资源

以现有的勘探技术来看，龙广镇境内矿产资源的种类不多。有石灰岩、煤炭、方解石、水晶石等矿产可以开发。其中石灰岩储量丰富，主要用于建筑和工程建设。煤炭分布不广，主要分布在安叉村大湾箐组内。以现有的开采技术来说，其煤矿开采很难形成规模。在永革村尾子田组和十二份村罗家营组内，地质工作者发现了稀有矿物——水晶石 [⑤]。在花木、烂滩、坡关一带分布着方解石和冰洲石 [⑥]。此外，龙广境内还有含钾岩的分布，但是总体储量有待探明，有待开发利用。

四、动植物资源

龙广镇内生物种类繁多。植物资源包括木本、草本、和藤本类植物多种，动物资源大体可以分为兽、禽、鱼三大类。从植物中体分布情况来看，镇所辖境内现在已经没有成片的原生的森林，地表植物以次生植被或人工植被为主，丘陵山坡上的草和灌木丛基本上是原生植被破坏之后，再生的次生植被。

（一）植物资源

龙广镇境内植物种类非常丰富。按照植物茎秆的性质不同进行分类，有乔

---

① 其位置在赖山村纳桑组。

② 其位置在磨雍寨。

③ 其位置在塘坊。

④ 该水井亦在塘坊，是本地村民吴发和在 1991 年自费开发而成的。其日出水量可以达到数百吨，除每日供龙广火车站用水量 200 吨外，还可供村民饮用和灌溉农田。

⑤ 水晶石，属于宝石的一种，是制作光学仪的上等材料，也可加工成熔炼水晶、压电水晶、石英坩埚。是难得的工业材料。

⑥ 方解石，一种碳酸钙矿物。其存在形态可以是粒状、块状，也可以是钟乳状、纤维状。敲击时，它会变成许多方形碎块，因此得名。在现代工业上，方解石是重要的化工原料。冰洲石，是方解石中的一种，在光学领域用途广泛。由于它有无色透明的特点，透过冰洲石可以看到物体的双重影像。

木①、灌木②和禾本③；按照树木的经济价值实现路径大致可以分为果树④和普通林木⑤；按照树叶特征可以分为阔叶树（主要有梓木、椿树、白杨树、香樟树等）和针叶树（主要是松树、杉树、柏树等），还可以根据经济价值的高低分类（经济价值较大的果木中，柑橘、梨、桃、李子、苹果、柿子和猕猴桃等最为常见。核桃树，特别是野核桃、山核桃，自然生长和人工栽培的都很多。小叶茶和油茶等也在境内有大量种植）⑥。此外，植物的用途也是多种多样，例如，观赏林木（合欢、丛生四季桂、槐花）、食用与药用树木/灌木（家花椒、野花椒、构皮）等。

草本植物种类就更丰富了，有野生的，有人工种植的，高低大小，各不相同。大多数草本植物可以作为药材使用⑦，有的是当地人常见的"野菜"⑧，有的可以作为观赏植物⑨，有的可以作为牲畜的饲料使用。现在广泛用于养殖业的牧草

---

① 龙广当地主要有金丝榔、白蜡树、硬壳榔/糖豆树、苦楝树、野漆、楸树等。

② 例如，马桑、枸杞、刺梨、细叶香、五加皮、酸枣、玫瑰、月季、蔷薇、贯众等。

③ 其中包括禾本科、禾亚科、黍亚科和竹亚科等各种类型。例如，水稻、小麦、玉米、高粱等各类可食用的粮食作物，以及种类丰富的竹子，如，筋竹林、慈竹、花竹、刺竹、墨竹、侬猫竹等。

④ 龙广当地最常见的有桃、李、花红/林檎、梨、枇杷、梅、石榴、柿、橘、樱桃等。

⑤ 泡桐树、水乌杨、杨柳、山麻柳、水麻柳等为最常见。

⑥ 在经济林中，水果又可以细分为很多种。例如橘子，可分为柑橘、锦橙、华盛顿脐橙、血橙、夏橙、红橘（又名大红袍）、温州蜜柑、口柑、红柠檬、柚子、黄果。梨子可分为兴义海子梨、步堂梨、谷花梨、冬梨。桃子可分为百花桃、白桃、皇蜡桃、青皮桃、水蜜桃、牛角桃、艳红桃。李子可分为麦熟李、冰脆李、奈李、鸡血李、牛心李、姜黄李。苹果的种类可分为黄元帅、红元帅、吉光。柿子有水柿和油柿两种。猕猴桃有中华猕猴桃和毛花猕猴桃两种。

⑦ 例如，白花茅草、白及、白朱砂莲、百合、半夏、柴胡、菖蒲、车前草、陈蒿、穿心莲、独脚莲、独脚莲、防风草、狗尾草、果上叶、禾麻、何首乌、黄连、黄芪、鸡血藤、鸡爪莲、节节草、桔梗、卷柏、蕨鸡叶、苦参、连翘、龙胆草、龙须草、马鞭梢、麦门冬、牛舌草、牛膝、蒲公英、千里光、前胡、射干、石斛、石蒜、水芹菜、四块瓦、四轮草、碎米柴、天门冬、天南星、苕叶细辛、乌豆草、蜈蚣草、五月艾、夏枯草、仙茅、岩白菜、岩莴笋、野薏苡、叶上果、益母草、鱼鳅串、鱼腥草、玉竹、月亮草、泽兰等。

⑧ 例如，慈姑、黄花菜、马芷苋、苋菜等。

⑨ 例如，吊兰、含羞草、兰草、美人蕉、牵牛花、仙人球、仙人掌、指甲花/凤仙花、紫蝴蝶等。

有野生的和人工栽培的两类。野生牧草的种类也比较多[①]；栽培牧草以引入的新品种为主，也有部分是本地野生植物改良之后的品种。例如，白三叶、红三叶、黑麦草、鸡脚草、菊苣、苜蓿、雀稗、山蚂蝗、象草、鸭茅、野燕麦、柱花草、紫云英等。

此外，龙广镇境内还有一些藤本植物类型。例如，地瓜藤、鹅掌藤、狗屎藤、鸡屎藤、母猪藤、五爪龙、拦路虎、爬山虎、山乌龟、野金银花、野猕猴桃、野葡萄等，包括了草质和木质两种类型。

（二）动物资源

因为长期开发和人类活动空间不断扩大等原因，龙广镇内野生大型动物已经全面绝迹，小型野生动物的种类也不多，所以现在能见到的动物以家养的几种类型为主。但是从动物资源的角度来看，镇辖境内动物的种类还是比较丰富。在禽类动物中，鸡、鸭、鹅、家鸽等的数量最多；燕子、麻雀、喜鹊、鹦鹉、八哥、画眉等，与当地人关系密切，也最为常见。此外，野生的鸟类还有很多，例如，百灵鸟、斑鸠、啄木鸟、布谷鸟、杜鹃、黄豆儿雀、猫头鹰、箐鸡、野鸡、野鸭、云雀、鹌鹑、乌鸦等[②]。在兽类中，家养的猪、牛、马、羊、猫和家兔等为最常见，此外，还有蛇、獭猫、野猫、野兔等野生小型动物。原来还有穿山甲、野猪、黄鹿、獐子、狼、果子狸等，现在已经很难见到踪迹。

龙广镇境内丰富的地表水和地下水对鱼类生长十分有利。湖、水库、水塘，甚至水田，都是鱼类的活动空间。龙广的鱼类资源丰富，以人工养殖为主。人工养殖的鱼类除了青、草、鲢、鳙四大家鱼之外，还有鲫鱼、鲤鱼、鲇鱼、鳝鱼、小黑油鱼、猪嘴鱼、金鱼、泥鳅等。

---

① 例如，白茅、苞子草、短柄草、鹅冠草、刚莠竹、狗尾草、黄背茅、旧脉金草、橘草、狼尾草、类芦、拟金草、扭黄茅、披碱草、雀稗、石芒草、甜根子草、细柄草、小糠草、鸭嘴草、野古草、硬秆子草、云香草、中筋草等。

② 龙广本地民众有养鸟的喜好。安龙县许多乡镇集市都有鸟市，市场规模大小不一。八哥、鹦鹉等鸟类可以笼养，在鸟市上比较常见。

第二节　龙广镇的自然气候条件

一、日照、气温和降水

龙广镇全年气候温和，阳光充足，全年日照时间长，年平均日照时数为1430小时，但是光照强度不高，适合水稻、玉米、高粱等春种的短日照作物的种植，也适合秋冬播种的小麦、大麦、油菜、豌豆、蚕豆等长日照作物的种植。龙广的平均温度16.4℃，无霜期长，冬暖夏凉，雨量充沛，雨热同季。夏季雨量多集中于6—7月，秋冬较为干旱，因此也适合发展蔬菜产业。

二、常见自然灾害

（一）旱涝灾害

干旱在龙广镇灾害性气候中危害最大，其中春旱和冬旱较明显，夏天和秋天出现干旱的概率非常小。春旱对农作物的危害很严重，现有的农业基础设施建设虽然在持续不断地加强，但总体上还不能完全满足抗旱的实际需要。对于春旱，农户会尽量减少农业损失，当地农户也会积极主动想办法解决问题。但是，春旱一直无法避免。在旱情严重的年份，龙广的农业生产会出现一些损失[①]。

龙广镇的暴雨洪涝灾害，多发生在5~9月。正值插在田中的秧苗转青、抽穗扬花或谷穗灌浆时期。龙广镇处于山区丘陵，坡地多，洼地多，水稻基本种植在山脚的洼地和山间的坝子。夏季下雨频繁，而且每次降雨量大，来不及排水，就会形成洪涝灾害。这种类型的灾害每年大致出现3~5次。暴雨洪涝对农业生产影响很大。

（二）寒潮与冰雹灾害

寒潮袭击，俗称"倒春寒"，也是龙广镇常见的自然灾害类型之一。每年

---

① 例如，2010年曾发生严重旱灾。当年旱情持续时间长达280天，涉及龙广辖区内18个行政村，近8000亩农作物减产。

的三四月当地气候已经暖和，各类植物，特别是农作物开始迅速生长，但是来自北方的冷空气一旦进入该地区，就会引起天气骤变，气温降至5℃~10℃，是常见现象。反常的寒冷天气可能连续几天甚至更长时间，就容易使已经撒播在秧田的稻种出现"烂秧"，小麦、油菜的生长发育也会受到影响，进而会影响产量。一般来说，"倒春寒"受地势影响明显，地势越高，影响越明显。

冰雹也是龙广自然灾害类型之一。冰雹不分季节，十分常见，每年都会下若干次①。冰雹一般来势凶猛，让人猝不及防。下冰雹之前，一般会先有"炸雷"现象，紧接着短时间内冰雹伴着狂风暴雨倾泻而下。一般情况下，冰雹影响的范围不大，时间也不长，但是会带来局部性的农业灾害，破坏力也很大。龙广当地有"雹打一条线"之说，损坏农作物，砸坏房屋，甚至会造成人畜死伤。比较严重的大面积冰雹灾害也会偶有发生。②

（三）低温霜冻灾害

龙广镇在每年的晚秋到早春期间，都会有强烈寒潮或冷空气经过，阴雨转晴的夜晚到清晨，有低温霜冻现象。初霜始于农历"九月九"之后。如果天气变凉的时间提前且连续数天低温，就会形成霜冻灾害。在有的年份，秋风绵雨的天气，会持续十多天的时间，会影响水稻抽穗扬花，造成水稻减产。也会影响稻谷收割。因为人们无法正常下田劳作，稻子也会烂在田里。低温霜冻的危害，受地势影响。地势越高，低温霜冻就来得越早，危害也就越严重。

---

① 下冰雹，在龙广当地也被称为"下白雨"，或"打冰雹"。

② 2011年4月，冰雹灾害涉及境内的18个行政村，5000亩农作物存在不同程度的减产。

第二章　改土归流背景下龙广的治理与开发

封建时期，中央政府在西南地区的基层治理权，长期以来主要控制在土司群体手中。今黔西南州一带原为广西泗城岑氏土司辖地。岑氏土司在今黔西南州一带的统治，一直延续到清代雍正年间。

在今黔西南布依族苗族自治州境内，明代的一些地名原为当时按布依语读音，用汉字根据谐音记录而成。有些地名的读音与今天有出入，明代文献中的"龙晃"，即为今天的龙广，隶属于广西泗城土司统治范围之内的安隆长官司管辖[1]。安隆长官司所辖范围内共 12 甲和 2 个半甲，其中的笼纳花障甲，下辖96 寨。龙晃，作为寨名，出现于笼纳花障甲的 96 寨之中。至民国时期，龙广地方布依族自然村寨众多，逐渐形成了"龙广四十八寨"之说。

第一节　广西泗城土司治理下的龙广

一、土司制度的流变

土司制度是一种封建的地方政治制度，是封建王朝中央政府在边疆民族聚居区和杂居地带实行的特殊统治制度。这个制度在中国历史上由来已久。唐代的"羁縻制度"是其最初的原型。在中国历史上，土司制度的存在对巩固中央政府的边疆统治，意义重大。这一点已是学术界的主流认识。

（一）土司的性质

在管理体系上，中央政府对接受统治的族群或部落酋长（首领）赐官封爵，成为中央政府认可的土司。由这些接受赐封的土司家族世袭统治其管辖地域内的百姓。在中央政府与土司的关系上，中央政府满足于间接统治，承认土司在

---

① 安隆，即今天的安龙县。安隆长官司设置于明代的永乐年间（1403—1424 年）。

其统辖范围内享有很大的自主权；土司必须承认自己的统治身份是来自中央王朝的委派和赐封，必须承认自己统辖的地域是中央王朝的属地。一旦边疆有重大军事调动，土司要听从中央王朝的征调，按期缴纳贡赋。

（二）土司制度的建立过程

土司制度从宋元时期到明代经历了一个较长的逐步发展演化时期。宋元之际是我国土司制度正式形成期。明代是土司制度的繁荣期，清代趋于没落。其先后时间跨度有 1000 多年。元代，中央政府在西南边疆地区广泛推行土司制度。在元朝中央政府与地方土司的关系上，地方土司要贯彻中央政府发布的号令，承担相应的义务。与此同时，元朝中央政府对各级土司的承袭、升迁和惩罚有一套较为完备的管理制度。明承元制。在明朝，中央政府认识到土司制度是管理西南边疆地区代价最低的统治方式，因此，在中央政府的许可之下土司制度得以逐渐发展和完善。在土司的设立、任用、管理、奖惩等多个方面，明代的制度更加细化，在元朝的土司管理制度的基础上加以不断优化。

在地理分布上，明代的土司设置，涉及地域广。按现在的省域布局看，四川有 46 个、云南有 57 个、贵州有 65 个、湖广有 19 个、广西有 56 个。土司的职位分为文武两类系统。武职包括宣慰司、宣抚司、安抚司、长官司，隶属于中央兵部的武选司。文职包括土知府、土知州、土县丞，隶属于中央吏部的验封司。云南、贵州武职土司较多，广西文职土司较多。在官衔上，土司一般在从三品到正七品的等级序列之内。朝廷颁发的印章、诰敕、冠带等信物，是土司作为朝廷命官在统辖范围内行使统治权的凭证。朝贡是考察各类土司是否忠于朝廷的标志。朝贡制度的设置，对于中央政府而言，目的不在于经济所得，而是彰显中央政府的政治影响。其中，出于地缘关系的考虑，云南土司的级别较高。

中央政府对土司的承袭有严格的制度。土司的升迁和奖惩是中央政府行使地方治理权的重要内容。隶属于各类土司的土兵，中央政府出于保境安民和戍守边疆的需要，有权征调。清代在前期，大体上沿袭了明朝制度。凡土司归附者皆授以原官职。到了雍正、乾隆年间，清廷推行了大规模的改土归流，土司制度随之而衰落。

（三）清代改土归流的原因

从内在情况而言，清代边疆各地的土司在统辖区域内自恃雄长，对境内土民的治理手段较落后。面对土民的反抗事件，土司群体的治理能力跟不上社会发展的步伐，越来越不适应时代的要求。与此同时，清代土司的封建领主经济发生了很大变化。大量汉族群体深入土司的统辖地界内，他们的活动为土司辖地带来了与土司领主经济理念不同的地主经济理念。封建地主经济在土司辖境的影响日益扩大，弱化了土司封建领主经济的合法性根基。

从外在情况来说。土司群体的存在，是统一的多民族国家加强统治治理的一大障碍。元明两代，中央政府的势力对边疆地区的控制程度没有清代强。在清代，中央政府治理下的地域范围内，政治稳定，经济实力雄厚，有能力对付那些敢于反抗的土司头目。

从改土归流的经过看，清朝中央政府在雍正朝之前的动静不大，只有地方土司反叛的情况下，中央政府才会有一些顺势而为的举措。到了雍正四年（1726年），鄂尔泰任云贵总督。他向中央政府提出了改土归流的方案。在雍正年间，在强势的军事压力下，清廷中央先后讨平贵州境内苗寨 2000 座，对广西土司给予了极大的打压，云南澜沧江以东地区也建立了流官知府，湖南、湖北的许多土司审时度势，接受了中央政府的改土归流。到清末时期，西南川滇黔桂数省范围内仅有为数不多的小土司，已经无法形成大的政治气候。

二、广西泗城土司的基本情况

广西泗城岑氏土司的源头可以追溯到唐宋时期。这一时期的岑氏土司，其势力局限在广西与贵州接壤的地方。明末清初，岑氏土司已经发展壮大起来，其辖地范围很广，"田州府、思恩府、镇安府、归顺府、泗城州、恩城州、上隆州、利州、武靖州等地，右江上、中游等广大地区是其统治范围"[①]。在西南地区，泗城土司有"百粤权尊，两江上郡"的美誉[②]。泗城土司掌握的地方土兵，骁勇善战，有狼兵一说。正因为如此，在明清两代中央政府治理西南地区的过

---

① 张声震.壮族通史 [M]北京：民族出版社，1997：619.

② 徐晓光，等.明清时期"亭目制度"与布依族习惯法——以北盘江南部地区为例 [J].西北民族大学学报，2020(04)：48–57.

程中，泗城土司是无法绕开的势力。

从边疆政治发展角度而言，泗城岑氏土司处于华夏文明的边缘，要获得中央政府的认可，就必须向中央政府靠拢，并极力得到中央政府的支持。只有如此，才能巩固在其辖区的统治合法性。到了清朝时期，随着边疆地区义学影响力的扩大，儒家文化在边疆民族地区的传播能力得到加强。在这样的情况下，土司在巩固边疆统治的作用被弱化是大势所趋。

康熙年间，清廷议准贵州府、州、县设立义学，少数民族"子弟愿入学者令送学，复设训导躬亲教诲"。是时移普安县训导驻南笼义学，教习地方土著百姓子弟。从此，安龙县境内的少数民族子弟得以入汉学读书识字，学讲汉语。龙广的汉族、布依族中的富裕人家，送子弟到安龙县城的官学读书。这些子弟学成后，回到龙广的家乡教书。其中，一些人在龙广办私学；一些人在自家住所办家塾；一些人应地主绅士富豪聘请，到其家中设教馆；一些人在地方人士出钱资助下设立义塾，招收当地的贫寒子弟入学就读。在自身统治合法性不断弱化的时代背景下，岑氏土司被卷入雍正年间的改土归流的风潮，自在常理之中。

三、改土归流之前广西泗城土司在龙广的治理

清顺治年间，泗城岑氏土司岑继禄审时度势，投靠清廷，率领地方土兵跟随清兵扫灭西南地区的明廷势力，得到清廷的赏识和封赏。泗城土司的统治世袭地位得以延续。清康熙年间设南笼厅，隶属贵阳府，阿能十八寨改归南笼厅。后南笼厅移驻安隆，隶属安顺府；再后，撤南笼所建立南笼厅。

清王朝在西南地区推行改土归流之前，地方土司有很大的自治权。他们在现今黔西南州范围内的行政设置为甲亭制。土知府、土知州之下，设置甲哨若干；甲哨之下，为若干亭；亭之下为若干寨。

土知府、土知州，为朝廷委任的地方官员，属于地方官僚体系。在土知府、土知州的身边，设立有土同知、土通判之类的官职，一起构成了地方管理系统的上层指挥系统。

甲哨直属土府，其头领为甲首。从血缘上讲，甲首为土知府、土知州的旁系亲属或者是特定地方的大姓首领。甲首可以世袭，但他们和土司不同，土司是朝廷命官，而甲首不是。甲首是土司根据自己的意志指派到辖区各地的官吏。

甲哨下面，有若干亭、甲首听命于土司，但在其封地内的治理有很大的自主权。

亭的首领，为亭目，又称兵目。亭目直接听命于甲首。在血缘上，亭目也是甲首的旁系亲属。亭是基本的行政单位，有大亭、小亭、半亭。亭下有若干寨。大亭管辖十几寨或几十寨，小亭管几寨或十多寨。人口、赋税数额为一亭的半数的，称为半亭。可以达到大亭人口和赋税一半的，为大半亭；可以达到小亭人口和赋税一半的，为小半亭。亭目是最基层的行政、军事长官，可以世袭。寨有把事，即寨头人，也称寨老，由亭目委任。把事既是村寨的自然形成的头人，也是亭长指令的直接实施人。他们的俸禄出自专门划出的"把事田"。

在土司制度之下的治理系统中，马排、摩公、夫役、粮庄百姓、私庄百姓和奴婢等处于社会的下层。马排是为亭目传达命令的人。他们的俸禄是"马排田"。摩公是从事祭祀的人。他们的俸禄是"摩公田"。夫役是从事劳役的人。他们有专门的"夫差田"。粮庄百姓是指普通的劳动民众。他们是缴纳田赋和服兵役的人。私庄百姓，是投靠亭长的人，主要是苗族。他们对亭长有很强的人身依附关系。奴婢，是亭长家中从事家务劳动的人，社会地位最低。

由于军事力量的强势存在，清廷在西南地区的基层治理中拥有绝对的权威。然而，在实际的基层社会治理中，土司群体却是清廷依靠的对象。土司群体作为清廷认可的地方势力代表，在地方拥有清廷许可的统治权。在土司管辖的最底层，是村寨的把事阶层[1]。把事阶层在村寨内部，可以根据民族习俗处理寨民的日常纠纷和矛盾。

四、广西泗城岑氏土司辖境内的改土归流

雍正四年（1726 年），云贵总督鄂尔泰[2]上疏清廷改土归流。"改流之法，计擒为上策，兵剿为下策，令其投献为上策，敕令投献为下策。"[3]在西南边疆改土归流的实际操作过程中，清廷最高当局有清醒的认知。"凡是贵协于中，不宜偏执。遇有事时，唯图安静，则误于因循；无事时，锐意振作，则失之孟浪。

---

[1]　或者称为寨老阶层。

[2]　鄂尔泰（1677—1745 年），满洲镶蓝旗人，是雍正皇帝的三个心腹忠臣之一。改土归流、发展滇茶、兴修水利是鄂尔泰的三大贡献。

[3]　（清）魏源.圣武记[M].卷七，清道光二十二年刻本。

若贪功而妄逞兵威，断然不可。"① 可以说，以恩威并用的方式，促使土司主动接受安排，是清廷刻意追求的施政目标；而以军事手段解决土司问题，只是清廷不得已采用的非常措施。

然而，云贵地区的改土归流，遇到了地方土司的抵抗。清廷以强大的军事力量平息了云贵地区一些土司的反叛。到雍正五年（1727 年），清廷趁云贵平乱获得的军威，顺势免去了广西泗城土知府岑映宸的职务，将岑映宸管辖的南盘江以北地区设立永丰州②，划入贵州巡抚治下。雍正七年（1729 年），清廷在广西右江上游增设百色厅，设理苗同治一职，加强了对泗城岑氏土司辖地的统治。

在改土归流之前，土司、甲首、亭目占有大量土地，世系农民租地种，交纳赋税，服无偿劳役。雍正年间贵州推行"废土司存土目"的基层社会治理变革之后，土司原有的土地变为政府所有。土目的土地分割为两部分，大多数"公田"列入政府粮册，一小部分"私田"作为土目生活用地。地租与赋税分离，赋税由政府征收，地租表现为土目"私田"和"公田"的附加。

可以说，雍正朝的改土归流推行后，地方百姓对土司群体严重依附的程度得以改变，所承担的赋税和劳役负担大幅减轻。由此，西南地区的生产力水平得以提升，社会发展有了很大进步。

第二节 改土归流后龙广的社会治理与开发

一、改土归流后的行政区划的变革

雍正五年（1727 年）三月，清廷正式废泗城土司制度，改派流官，解散土兵，由政府派官军驻守。以流官取代土官，将原土司属下的农奴改为编户，仍沿用甲亭，通过土目进行统治。甲亭虽仍存在，但不属于岑氏土司。流官成为朝廷统治下民族地区的基层行政组织。当年八月升南笼厅为南笼府，隶属于贵州布政司，与广西省划南盘江分治，江之南划属广西，江之北划属贵州。南笼府即今安龙县境，领八十一寨。其中龙广寨位列其中。

---

① （清）官修. 清世宗实录 [M]. 卷二十八. 中华书局影印本，1986.
② 今贞丰县。

嘉庆二年（1797年），改南笼府为兴义府。第二年，撤销普安州判，在黄草坝设置兴义县，隶属兴义府管辖之下，今安龙县境称为"兴义府亲辖地"。在当时的区划中，兴义府亲辖地共划为3个"里"，近城周围二三十里路程范围内为"安仁里"，是官府屯田之地；东乡、南乡合为"怀德里"；西乡、北乡并称"永化里"。怀德里、永化里均为从前的阿能十八寨。上述四乡三里共辖二百八十九寨，其中的永化里即今龙广镇范围，辖龙广场、阿由寨、者棉寨、坡告寨、罕别寨、阿果寨、簸箕寨、上者勒、下者勒、科约寨、坝寡寨、那桃寨、那腊寨、董谷寨、坎叠寨、那早寨、坡燕寨、冗若寨、坡桑寨、坝甲寨、板喇寨、平寨、补磨寨、那兰寨、二龙口、德卧寨、那大寨、那西寨、安我寨、佳皂寨、永革寨、板央寨、阿足寨、坡普寨、比咱寨、纳万寨、昝磨寨、鲁沟寨、邑皓寨三十九寨[①]。

清末新政时期，基层行政区划也是其中的一项内容。就贵州而言，基层行政区划的调整，是因统治和管理的需要而定。光绪三十一年（1905年），贵州巡抚林绍年[②]主持划拨兴义府各州、县及普安厅边界犬牙交错的插花地，将原属于兴义县以东的花鲜，以北的葛藤、查喇、胡家庄、白云寺、龙打坝、三妹、石脚八处拨给兴义府管辖。

然而，清末新政的种种变革，其结果没有巩固清廷的统治。由于救国救民新思潮的出现，清廷在贵州的统治亦处于风雨飘摇之中。宣统三年（1911年），在革命风潮下，贵州宣告独立，成立大汉贵州军政府[③]。不久，兴义府反正，由贵州军政府管辖。

二、改土归流后龙广社会治理的变化

改土归流之后，流官的管理触角直接深入基层社会。在官方的政策引导下，基层利益分配格局有了很大调整，地方土目产生分化。一部分忠心朝廷，借官府庇护，占有较多土地成为新兴地主，多数成中小地主，只有很少的一部分沦

---

① 张瑛等撰修. 兴义府志 [M]. 清道光四年线装本.

② 林绍年（1845—1916年），福建闽县人，同治年间进士，晚清时期呼吁立宪改革的大臣之一。

③ 大汉军政府，存在时间很短。在其之后的贵州政局，由兴义军阀刘显世掌控。

落为农民。以前的粮庄百姓、夫差百姓、私田百姓，成为流官治理下的自由民。这些自由民，一部分是地主的佃户，另一部分成为自耕农。

（一）财税金融渗透到基层民间社会之中

1. 地方财税与人口数量息息相关

清代初年，田赋分别按田亩、人丁征收秋粮和丁赋。秋粮按田亩分等级征收，上等田亩每亩征9升、中等8升、下等5升。

丁赋，即为人口税。上丁，为及龄壮丁，征银7钱；中丁，即年满16岁以上，17岁以下的丁口，征银2钱；上丁和中丁之外的称为下丁，下定征银1钱5分。所谓丁口，是清代户政名称。16岁至60岁之间的男子，为丁；妇女统称为口。乾隆五年（1740年）以后，清政府在基层社会治理中推行保甲制度，统计户口，将人口管理从以往的"计丁不计口"改为"将人丁和女口分别统计"。

清朝雍正五年（1727年）改土归流后，南笼府西面龙广寨，官府清查人口田亩，直接施行摊丁入亩，地方税赋大幅增加。

2. 货币金融的发展与地方基层经济紧密相连

清代后期，随着西方列强经济侵略的深化，中国的对外贸易一再处于入超状态，国内白银的大量外流，再加上各种对外赔款，清廷的财政恐慌加剧。"银不足，铜来凑"，铜钱成为清廷统治者考虑的替代物。与此同时，国门被打破之后，中国的资本主义工商业客观上得到了一定的发展。在这样的特定历史条件下，铜圆应运而生。

铜圆，中间无孔，外观与我国历代方孔钱不同。因此，铜圆又有铜板之称。铜圆作为合法的新式货币，是清末自光绪十五年（1889年）以来，各地铸造铜质"机制币"的通称。铜圆的出现，标志着中国金属货币的铸造工艺进入机械化生产的新阶段。铜圆和其他货币一起，构成了我国近代的货币体系。光绪二十六年（1900年），铜圆在广东试铸成功。同年，广东铸造的铜圆进入安龙县境内流通。每枚铜圆"当十文铜钱"使用。每100枚铜圆兑换银圆1圆。在最初的铜钱上，周围有英文的"广东一仙"字样。因此，一枚铜圆在民间也用"一仙"指代。

清代的方孔圆形通宝在龙广一带有广泛的流通。在龙广市面上曾流通的有"康熙通宝""光绪通宝""道光通宝"等。改土归流之后，龙广与外界的商业贸易得到很大发展。这与龙广民间社会广泛使用铜钱密不可分。清代的铜钱，在龙广一带的民间社会称之为"毛钱"。

（二）驿路的增修为对外交流的拓展提供了可能

明代安龙县境内就建有驿道。驿道是供驿马通行的大道，驿站是供给传递公文的人或来往官员途中歇宿、换马的处所。为加强西南与内地的交通联系，明清两代在西南地区的驿道经营上做了许多努力。清代修建的驿道宽 5 尺，路面由石块铺垫，来往货物等只能靠人挑马驮通过。从交通路线上看，清代龙广已纳入西南驿道的交通网络之中。按当时的驿邮制度，官方设木咱铺—马鞭田铺—龙广铺，兴义府城派发的公文可以畅通无阻地到达龙广。

光绪二十二年（1896 年），改建邮政成为清末新政的重要内容之一。在应付边疆危局的过程中，西南边疆地区落后的驿路交通颇受社会舆论诟病。在新政的影响下，宣统三年（1911 年），安龙县地方官府在龙广设立了邮政代办所。

（三）设置邮驿和驻扎官兵是巩固改土归流成果的必要象征

明朝末年，龙广海坝西端的"三棵树"地点[①]设立场市，以干支纪年的方法推算，卯日、酉日为场期，每六天赶一场。清代初年，龙广大的集市移到老场坝、小场坝。当地民众在两个地点赶场。按农历计算，卯酉日赶小场坝，子午日赶老场坝。三棵树、老场坝、小场坝都被称为"龙广场"。清乾隆年间在老场坝和小场坝两个地方设置了专门的龙广铺。[②] 常驻铺夫为三人。

清嘉庆道光年间，官府在龙广设塘，名为龙广塘，正式派军士驻扎。在龙广驻兵的作用，主要是维护官方驿道的畅通。铺址、塘址均在龙广的这两处集市上。虽然驻扎军力量不多，常驻兵士仅有五人，但是在改土归流之后龙广驻兵的象征意义更为明显。他们选择在人们日常赶场的地方长期驻扎，意味着龙广地方百姓时刻都能感受到官府权威的存在。

[①]　地址在现今龙广镇小场坝村的纳早寨子前。

[②]　铺驿是后来基层邮政代办所的前身。古代的邮驿传递，分驿递和铺递两大类。驿递，要快一些，以马为主，主要传递军书官檄，护送官物及其他官差。铺递，要慢很多，人和畜并用，以人步行为主，主要传递官府的一般公文。一般来说，铺是驿站在地方上的支线延伸。

三、改土归流后龙广的经济开发

（一）大量移民得以进入

雍正年间改土归流之后，布依族亭目地区的闭塞状态被打破。促进民族融合，是西南地区改土归流的重要影响之一。在原有的土司制度下，"蛮不出峒，汉不入境"的族群隔离状态不复存在。各地区之间的民众不分民汉，可以相互来往、自由交际。汉民可以在少数民族聚居区自由从事贸易或置产。布依族与周围汉族地区的联系和交流密切起来，道路交通亦随之得到发展。反之，道路交通的发展又促进了民族之间的交流与融合 ①。汉族移民源源不断进入盘江流域的布依族和苗族地区。当地布依族称这些外来的汉民为"客家"或者"客户"。从经济开发角度来说，这些在西南地区谋生的外来移民的贡献是巨大的。然而，在清廷的认识里，政治稳定和社会安宁也是必须考量的两个角度。这些外来移民也是刚刚改土归流的地方社会不稳定的因素，甚至清廷高层将一些进入西南地区的不法移民斥以"汉奸"的恶名 ②。

道光二十七年（1847 年），兴义府境内的"客民"将近 4 万人。这些外来的客民大都是贫苦农民。他们从外地过来以后，分散到兴义府亲辖地许多偏僻的地方开荒种地，逐渐定居下来。当然，这些人里也有少数在城镇居住，以经商为业。

（二）手工业得到发展

清代，龙广有极少数人从事木匠、篾匠、打铁、修补农具等手工业。民间有做粉面、酿酒、染布、做豆腐、榨油、碾米的小作坊，以及一些地方特色的手工作坊等。

龙广的民间酿酒历史悠久，都是以自酿自食为主。酿酒原料为玉米、糯米、高粱等。酿酒工具主要是传统的蒸酒甑桶，属于手工作坊式加工。蒸酒甑桶由三部分组成。下面用柴火烧水的锅，称为地锅；中间是装料用的木甑；上面是

---

① 当时的重要交通线包括南笼府（今安龙县）到兴义的道路、南笼府到贞丰的道路、南笼府到新城（今兴仁县）的道路。交通的发展，促进了物资交流。两广地区的货物及各类洋货可以运入府境，本地的物产亦能够顺利运往百色、南宁、梧州、广州等地。

② 黄梅. 清代西南边疆地区"汉奸"问题述论 [J]. 云南师范大学学报，2015(02)：47–59.

加冷水用来凝酒的锅，称为天锅。龙广一带的著名土酒，以科立寨的"云中窖"和"糯米翻花酒"比较出名。

纳桃寨有粉条和面条加工作坊。粉条的加工原料为本地土产的豌豆、绿豆和蚕豆。龙广当地百姓用的纺织产品，以自产自销为主。老百姓用木质的棉花纺车加工棉纱，再用木机床编出土布。这些土布当地称为小布。小布可以按照宽度分类，有 8 寸的宽度，也有 1 尺的宽度。农家纺织出来的土布，如有剩余，农民也会拿出来到龙广场上出售。作为商品的土布，通常情况下，是以 4 丈 8 尺为"一个"①。

桐柏寨有一贺姓子弟在光绪八年（1882 年）到广西隆林纳柔沟一个李姓人家中学习雏鸭孵化技术。雏鸭孵化技术在龙广民间称为"抱鸭儿"。第二年，贺家还专门邀请广西李姓师傅到桐柏寨开办雏鸭孵化房，很受地方百姓欢迎。自此以后，触压孵化技术在龙广落地生根。

（三）私塾教育逐步得以繁荣

如果说现今龙广镇辖区内的私塾教育在改土归流前后就已经有了萌芽，那么清代的同治年间（1862—1874 年）就是其快速发展期。在同治年间，龙广开办的私塾地点在龙广老场坝的黑神庙。当时入学儿童仅有 50 名左右。此后，直到民国初年，在龙广地方人口比较密集的寨子都有私塾开办②。关于这些私塾开办的情况，特别是较有名的几家，至今尚有零星的传说。当时开办私塾中有名的先生，是当地人记忆的一部分：有纳桃寨的王恩隆、王景星、王蓝田，坡燕的贺再渊，桐柏的张守白，等等。在私学的教育中，私塾先生重视毛笔书法，从填红字、描摹③到脱手，逐步练习。此外，还有不少当地的名绅也加入出资办学的潮流中，推动了龙广地方教育从私塾到现代学堂的发展进步。当然，龙广现代教育的历程也不是一帆风顺，受到整个社会发展状况的影响，时起时伏，有一个曲折发展的过程。例如，宣统元年（1909 年），龙广豪绅袁廷泰等人倡议集资，在龙广的五台创办了私学"公武小学堂"。然而，受时局的影响，该

---

① 即为一匹。

② 比如纳桃、纳兰、板拉、坡燕、桐柏、董谷、丁屯、科汪、柘仑、堡上寨。这些寨子的民众都重视发展教育。

③ 临摹，亦称"影格"。

学堂办学时间不长，宣统三年（1911年）即停办。

清末时期，龙广地区发展的私塾教育对于开发民智、推动地方文化发展等方面都具有重要的意义，而且具有鲜明的时代特征。在具体教学内容和方法上虽然没有显著的特色，基本还是传统私塾的教育，但是却为推动地方文化发展和社会进步，衔接现代教育等都起了不可低估的重要作用。当时所用教材大致分为启蒙和小学两个阶段。

首先，在启蒙阶段，用《三字经》《百家姓》《千字文》《弟子规》等。这个阶段，重在学生对汉字的辨认和识别，对学生的书写练习也有规范的要求。在中国古代传统经典中，《三字经》是启蒙教育中浅显易懂的读本之一。《三字经》中的内容涉及面广，几乎包括了中国传统文化中的历史地理、忠孝节义等。"仁、义、诚、信、孝"作为儒家的核心理念，贯穿于《三字经》之中。从格式上而言，《三字经》有通俗、易懂、顺口的优点。在传统经典读物中，《三字经》和《百家姓》以及《千字文》，合称为"三百千"。《弟子规》是清代教育家李毓秀（1647—1729年）的作品。原名为《训蒙文》。《弟子规》全文篇幅不大，总计360句话，有1080个汉字。其内容宽泛，涉及学生的衣、食、住、行等。从纲目上讲，《弟子规》包括孝、悌、谨、信、爱众、亲仁、学文七大部分。从格式上讲，《弟子规》也是三言韵文。它的核心思想在于宣传儒家传统的孝悌观念。

其次，在小学阶段，用《增广贤文》《幼学琼林》《千家诗》《唐诗三百首》《孝经》《论语》《古文观止》等。这个阶段重在培养学生的悟性，增强学生的吟诗作对和文章写作能力。

第三节　清末黔乱之后的龙广社会

一、清末黔乱概况

清末贵州大规模的社会动乱，始于咸丰五年（1855年）爆发的苗民起义。在太平天国运动冲击下，清廷对西南云贵边疆地区的经营处于有心无力的状态。"滇黔惨遭蹂躏十有余年，谁非朝廷赤子，岂忍坐视其颠危而不一拯救？唯以东南未尽荡平，西北尤其紧要，是以征兵筹饷，不得不先清腹地，再顾边陲。"[①]

———————
① （清）官修.清穆宗实录[M].卷131，北京：中华书局，1986：104–105.

可以说，在全国一盘棋的思路中，东南地区的太平天国运动最要命。东南作为清廷的主要财税之区不仅收不上来税赋，还要消耗大量的军政费用。而在西部边疆的经营中，西北的陕甘回民起义，几乎乱到了无可救药的地步。由于英俄两国对新疆的垂涎，西北边疆的危急程度要远甚于西南。

在西南边疆治理的分野中，贵州属云贵总督的辖地。在两省一督的治理框架下，贵州一旦有事，云南有协济贵州的义务。然而，咸丰六年（1856 年）云南境内爆发了回民起义。为平息境内叛乱，云南的军政开销骤增，军力不敷自用，无力顾及贵州。在内外交困的情势下，清廷在贵州改土归流过程中费尽心机的经营成果，几乎毁于一旦。整个贵州省域中，仅有贵阳、遵义等少数地区为官军控制。然而，在这为数不多的少数地区，由于外国教会势力介入地方社会，出现了诸多教案。诸如"青岩教案""开州教案""遵义教案""兴义教案"，等等。在处理频发的教案问题上，贵州的几任巡抚均感棘手。当此之际，时人将赴黔做官视为畏途。

黔乱的出现，与地方官府的运转失灵息息相关。没有外来协饷的大量输入，贵州地方军政衙门运转艰难。对贵州地方主政大员而言，捐输是较便捷的生财之道。其负面作用在于，买来职位的官员必定要搜刮地皮，加重地方民众的负担，同时也会影响地方官府的公信力。清代各省财政收入主要有地丁、厘金、捐输三大项。尤其在捐输方面，咸丰年间清廷尚未允许大规模捐输。然而到同治、光绪朝，捐输活动有很大变化。以往儒家士大夫不屑的捐官数量大增。通过捐输，捐官游走于地方官场。甚至在有些省份，捐官的数量已呈压倒正途科举之势[1]。受战乱影响，贵州省辖境之内田亩荒芜大半，地丁银收入寥寥，地方商业贸易一片萧条，厘税收入锐减。贵州省每年应征钱粮约 12.1664 万两，耗羡及耗米官租变价等项共 2.5656 万两，除存留外，例应解司库地丁银 6.454 万两，耗羡等项 1.0102 万两。同治三年（1864 年），实解司库银两额仅有 0.4638 万两，拖欠额度近 6 万两。贵州省地方财政收入的自给率维持在十分之一左右的

---

[1] Chan Ying-kit.The Odyssey of a Guangdong Official：Deng Chengxiu and Late Qing Political Culture[J]，Journal of Asian History，2018(02).

水平①。根据倪玉平教授的研究，同治六年（1867 年）贵州省逐渐在外省开办黔捐局，卖官所得数额十分可观。从同治六年（1867 年）至光绪五年（1879 年），贵州省捐输所得银子总计 2170 万两，占贵州军费开支的近三分之一②。捐输卖官，导致贵州官场贪腐积重难返，官府公信力严重下降。由于种种因素的制约，清廷在应对黔乱上缺乏长远部署，就形成了贵州地方民众的起义经常处于旋起旋灭的状态。与此同时，贵州地方主政官员也更换频繁，安心在贵州做官的人很少。黔乱从咸丰五年（1855 年）开始，直到光绪十八年（1872 年）才算最终平息。

二、清末时期龙广一带的局势

在清末咸丰、同治年间的贵州动乱中，贵州地方官府在基层的统治能力极其微弱，地方团练开始崛起。在黔西南这一带，以兴义刘官礼为首的地方团练武装对基层社会秩序则具有绝对的掌控力。咸丰八年（1858 年）冬，普安厅大坡铺华家屯的张凌翔、马河图率领当地穆斯林民众起义，得到兴义府、贞丰、安南③等地民众的响应。这支起义军打着长条白色军旗，以区别清政府官军的红色军旗，因此在民间也有"白旗军"之称。同治元年（1862 年），白旗军占据了龙广、交那、者桑河，势力范围包括兴义府亲辖地和府属的贞丰、册亨、新城、安南、兴义等地。

根据龙广一带的民间传说，同治二年（1863 年），官军与地方团练武装围剿驻扎于龙广的起义军。此时龙广纳兰寨的王开元、纳桃的王景星已带领了本寨及板拉、纳桃、大寨、纳早、坡燕等寨的人民群众加入白旗军的队伍。贺连级是龙广一带的起义军首领。他与王开元等人把龙广四十八寨按自然村寨分别编为什、哨、营④。王开元为总头领，贺连级为军事总指挥。他们选定 12 个寨

① 张祖佑.张惠肃公（亮基）年谱 [M].林绍年，鉴订 // 沈云龙，近代中国史料丛刊 [M].第 631 种，台北：文海出版社，1966：989—990.

② 倪玉平.清朝同光时期贵州隔省捐输研究 [J].近代史研究，2021(04)：70-85.

③ 安南，即今天的晴隆县。

④ 通常情况下，10 户或 10 人为 1 什。什上有哨。1 哨为 80—100 人。哨上有营。1 营为 500 人。

子的险要处修筑了 12 个营盘 ①。以营盘为根据地，躲在里面的百姓，能够做到种地与操练兼顾，进可攻，退可守，互相支援。同治四年（1865 年）8 月，兴义团练首领刘官礼率部攻打龙广四十八寨的 12 个营盘，未果。直到同治九年（1870 年）六月，龙广一带的起义才被官军平息。

三、从碑刻看乱世中龙广布依族社会秩序的重塑

从宏观的历史叙事而言，改土归流是西南地区的重大政治体制改革。其诱因或是土司争斗，或是土官的残暴，或是地方土官与中央的政治互动失衡。毋庸讳言，改土归流的终极目的是促进地方的稳定与社会关系的和谐。改土归流是一个渐进的过程，不是一蹴而就的。以清末时期龙广地方的发展情况而言，协饷的断绝、地方官府的腐败，以及地方民众的起义，使得地方秩序陷入长期的混乱。然而，从地方发展的实际情况而言，在清末时期地方官府势力不介入或者介入不了的情况下，龙广的基层社会治理框架中虽然没有了以往的土司，但普通民众可以在很小的范围内自发制定出共同遵守的基本守则，进而重构微观层面的社会秩序。龙广现存的一些民间碑刻，就是有力的明证。

（一）确立行为规范的公约类碑刻

在此类碑刻中，在龙广一带最著名的是板拉寨协力同心规碑。此碑位于板拉寨上坛水井边，清咸丰二年（1852）七月十六日建立。其全文如下：

> 尝闻国家之本以民为先，民生之原以食为务。故乡里之中，半路之人，乘苗之生长而置家，耕耘之播种者期收，无奈同乡共井，乡内不尽良民；园庐间里之间，君子梁上之人，有逞贪婪之念，以成贪取之心而夺人之食，恒有不夺不厌焉。凡我生苗熟粮，勤勤而被人之夺之者；能不同心报哉。予等板喇一村人家，屡被告烟火及恶匪掳掠，凡田地粮食、家屋财产，或被盗贼估偷估抢；或借撒谷为名，他人刀剪偷谷黍；或有妇女携筐入地，借采野菜为名，盗藏菽豆；又或有素无下法之徒，往往勾内入党，成群入户，劫掠财帛牛马等件，则危害最大者也。今我众人协力同心，拿获盗贼偷害，

---

① 这 12 个寨子是坡燕、科立、磨雍、纳东、哨笛山、佳皂、板秧、纳西、永革、柘仑、纳万和坡普。

无论旁人拿获者偿银贰千文；若本寨自拿获者，寨中鸣锣呼应，出力上前捆解送官。若有窝藏盗贼，众人齐检，便不可连累失主。以是农田同井，守望相助者，庶不忘之古道矣！是为记。

议田中偷禾苗稻把罚钱二千文；

议入地偷生偷黄豆瓜菜罚钱二千文；

议偷苞谷秆罚钱二千文；

议乱放牛马猪践踏庄稼罚钱四千文；

议寅夜盗贼流者送官；

议偷砍山林树罚钱一千二百文；

议窝赌盘博拿获者解官；

议食洋烟拿获者罚钱一千文；

公众共协议不取田地内粪，见者罚钱六百文。

咸丰二年七月十六日立

除了板拉寨的协力同心碑之外，还有一个是四轮碑。四轮碑（碑上刻为"轮"，当地方音与"楞"同）的大致位置，在324线国道与汕昆高速公路立交处，距龙广镇政府驻地约3000米。碑高1.95米、宽0.64米；碑帽高0.32米、宽0.60米。此碑亦属于乡规民约碑。碑文内容为完粮纳税、保护庄稼、安良缉盗等，共18条。四轮碑建于清道光十七年（1837年）十二月。从碑刻的情况看，现有的碑面有一些受损，字迹略有残脱。现立有新碑在一侧，坐落于龙广镇联新村四楞碑组。1988年8月24日县人民政府公布"龙广四楞碑"为县级文物保护单位。每年农历六月二十一日，当地民众赶四楞碑场的传统，沿袭至今。

（二）划定边界的公约类碑刻

此类碑刻在当地最为著名的是纳兰寨的记界公碑。此碑建于纳兰寨子中间，碑旁生有一株百年檬子树，碑侧有一口水塘，塘上搭建有"溯源台"一座。古树、水塘、古碑，形成了当地的一道人文风景。

纳兰记界公碑建立于嘉庆二年（1797年），已200多年。碑文如下：

记界公碑

尝闻人之善不得不传，人之恶不得不除。溯吾村王氏始祖本源，自从洪武设立以来，调北征南，于是随军来黔。先落业南笼府南乡锅背寨，居住数代，后迁西乡坡若寨，立成人家。由康熙年来，祖人务农为本，苦耕度活，创业开挖，留有箐头地方平地、山坡。由九头山、宕蛇、马营地，连冬瓜坪、槽萨、水井，直顺至坡戎堤到坡帕、焉宕任家丫口，为放牛处。顺下母猪凼、冗肉、碗号山，直下水淹凼一带。转到冗桃来到几子山、坡辰、冗若一带，并坡八业，为割草打柴之处，方才得纳粮上草，养活人口。以后因田地鲜少，才搬纳兰居住。不料嘉庆年来，地方度乱，怕因田地荒芜，后人无有所凭，放牛进箐，善恶不均，人心不一，故此立碑为记。

嘉庆二年二月二十八日　　　纳兰寨众等公立

（三）歌颂英雄的安抚类碑刻

此类碑刻在龙广一带最为有名的，当属贺连级墓碑。这座碑刻位于龙广镇中心小学后面的南环路边，在镇政府机关驻地旁，至今保存完整。墓碑正中书有"敕授武略骑尉贺连级府君墓"墓志，载有"清道光二十四年甲辰岁生，光绪二十七年辛丑岁殁"等繁体字。为贺连级立碑修墓的时间较晚，大约在光绪二十九年（1903年）修成。碑文内容如下：

莫为之前，虽美弗彰。莫为之后，虽盛勿传。国有史，碑有志，始垂千秋于不朽。详彼贺氏宗支，乃会稽河南二望。本庆府之后，汉侍中庆绳，避安帝讳，改为贺降。及后世，有传为江西南京派者，皆大宗、小宗之不废。此时，闻之于耳，未获遇之于目。如彼连级公，字荣昌者，乃天发公之孙，长文公之次子也。生于㧟拖，迁董谷，再迁田坝。荣公恒，精风水地舆焉。其为人也，历困穷而不屈其志，处丰亨犹不改其操。时值兵燹，乡党赖以保全。时至清平，子孙受以训诲。前此回叛黔疆，投军云南五载，跨马南征，五品功封，却以守府补用保全奏。咸感总督岑公今△△△猖狂，身任团务三秋，驾鹤西逝。荣三代，继以子承父任，恩赐殡仪，实沾太守石君。是所谓有功者，必荣有德者，必昌荣公之为人，为贺氏不易出咂之人，西乡不易得之人，虽未获父兄作之于前，幸有贤子继之于后。人称：旨堂，旨构良、冶良。弓唯公足以当之。是天之所以报有功、有德者，荣公生子四。长曰：应宗；次曰：应龙；三曰：应魁；四曰：应理。宗理于外，龙魁治于内。手足偕，而琴瑟致美。孝友立，而天地生欣。其子宗、龙，昆玉不失。府主厚赐。特为之修冢，以示恩，勒石以见志。是年，军门熊公已保应、宗于总司衔，其志犹未足。并投军于粤省，以图上进。其人尚未存室，先则拜祈名士。染翰荣宗，临期弗至。其母特命吾辈仓卒成编，差池难免。以待后之有才者，为之哂政。是以为志。

赞曰

公虽往矣誉犹存，实至各归万有尊。

五品功封酬帝德，千秋禴祀得儿孙。

（普安厅增生保用县丞张永弼书并撰）

依据上列碑刻的文字，贺连级的生卒为 1844—1901 年，享年 57 岁[①]。

龙广镇现存的这些古碑刻，大致的立碑时间集中在清朝的中后期。这些碑刻约定的内容涉及乡村社会治理和农业生产生活的行为准则，有保护自然环境和梳理淳朴乡风的意义。

小　结

改土归流、清末动乱，对龙广社会发展有很大的影响。以辩证的角度来看，改土归流客观上释放了当地的经济发展潜力。清末动乱为民间各种势力的壮大提供了可能。从龙广历史发展的脉络而言，清朝时期的龙广是观察西南地区农村基层社会发展的一个不可多得的窗口。龙广的治理与开发进程在某种程度上可以看作是龙广人的奋斗史。

---

① 龙广当地还有一种流行的说法是：清代咸同年间龙广民间反叛官府的势力很大，活动亦非常频繁，兴义的团练首领刘官礼对此深为恐慌。同治九年（1870 年），在官军的争斗中，贺连级被生擒。刘官礼杀了他及其部属达千余人。按照这个说法，贺连级的生卒应为 1844—1870 年，被告杀害时年仅 26 岁。以我们现有掌握的信息推测，在那个混乱的年代，地方团练首领谎报军功的可能性也不是没有。

一、后改土归流时代的村寨自治是农村基层社会政治发展的结果

在特殊的山地环境下，每个村寨都是相对封闭的自然人文地理单元。在龙广这样的少数民族聚居区，在村寨范围内进行自我管理、自我教育是统治成本最低的治理形式。改土归流，是地方统治权力上移的特殊表现。改土归流之后的官府对农村基层社会的渗透力并不强，少数民族村寨的民众一般都是建立在血缘关系基础之上的，同村同寨的人非亲即友，家族观念浓厚；"外人"则不可能独立地在村寨里生存下去。出于政治、经济、文化等诸多方面的因素考量，村寨需要有某种程度的自治权。村寨的具体事务，由各村各寨自行处理，进行自我管理和自我服务。官府允许村寨自治，可以说是理性的抉择。

在后改土归流时代，村寨自治维护了村民的团结和村寨内部的稳定，农村社会中的伦理道德秩序以及生产生活秩序得以规范。然而，村寨的自治行为受民间宗教信仰的影响较大。虽说生存环境恶劣和生产力不足都会产生封建迷信，但是在村寨自治方面，如果由公认的"神"来负责处理村寨的一些重大矛盾和纠纷，并不能很好地体现应有的公平和正义。从这个角度而言，村寨自治虽说有一定的原始民主性质，但同样也有明显的封闭性，与我们现代社会实行的村民自治，在内涵上无法同日而语。

二、外来移民是改土归流后西南地区基层社会秩序重建的重要力量

改土归流之前，土司在理论上具有担负国家藩篱的公共职能，也有维护地方社会稳定的公共职责。在整个西南地区，一些地方在改土归流之后，出现了兵力不足以及驻守士兵不服水土的问题；加之交通不便，使得派驻的流官十分艰难。而且流官的治理功能有限，形成对当时地方实力的极大隐患。例如，乾隆年间云南的车里宣慰司，就出现过改土归流后又复置土司的实例。

南北盘江流域改土归流的成果能够得到很好地巩固和加强，在很大程度上得益于外来移民。他们在南北盘江流域，或经商，或种地，或从事手工业，为当地带来了勃勃生机。当时间推移至清朝后期的黔省动乱之时，地方官府的统治力量式微，基层社会原有的秩序平衡受到影响。这些外来移民及其土生土长

的移民后代，为了维护自身的利益，或结团自保，或组织团练武装，成为一支特殊的力量出现在历史舞台，起到了维护基层社会稳定的作用。在乡村，龙广的袁氏武装，是如此；在城市，兴义的刘氏家族，亦是如此。他们知道，必须尽其所能维护社会稳定，意图只有在新辟的生存空间里，过上安稳的生活。从客观上讲，这些外来移民群体内部，不排除有少量不法之徒的存在。清廷对这些不法之徒也是心中不快，但从大局上看，清廷并没有因噎废食，没有为进入西南地区的外来移民设置太多的壁垒和障碍。从清末到民国，这些外来移民在基层农村社会中起到的积极作用，是无以替代的。

三、组建民间武装是移民群体维护劳动成果不可或缺的内在支撑

黔省动乱，因苗民反抗官府所致。为了稳定社会局势，官方允许民间自办武装。换言之，在动乱年代，民间武装是合法存在的特殊力量。然而，这些地方武装力量，从其诞生之时，就是为了维护其自身的特殊利益。在帮助官军恢复社会秩序的过程中，地方民间武装会表现出与官军的合作。例如，龙广的袁世龙就是在帮助官军的过程中战死的。然而，在官军与反叛的回民武装冲突处于胶着状态时，地方民间武装就会有骑墙的态度。对龙广地方袁绍先组织的团练而言，骑墙态度不完全是首领袁绍先的个人品格所决定的，而是地方武装在组建之初是出于保护家产的初衷决定的。可以说，地方武装没有不惜一切代价支持官军的内在动力。

官军平定地方叛乱势力后，龙广的民间地方武装依然有生存的土壤。因为在饷银不足的情况下，大批的官军不可能持久地驻扎在基层农村，政府的统治力量无法全盘掌控农村社会的运转。在这种情况下，农村社会的稳定还需要组建取之于民并用之于民的民间武装力量去维护。这样一来，官民两便。正因如此，也就有了袁绍先之子袁廷泰崛起的可能。而且龙广一带的外来移民群体，在生存理性的引导下，为了保护自己的劳动成果，也自然会参加到袁氏的团练武装之中。这一举动又加强了袁氏在当地的权威。与此同时，袁绍先的后辈子孙们也认识到只有依靠官方权威才能得到实惠，与官府作对没有好处。可以说，袁氏武装的长期存在，而且还可以不断地壮大，是从清末以来直至民国时期龙

广地方长期动乱不止的必然产物。

四、教育在农村基层社会中逐渐得到普遍认可

广义上的教育是影响人身心发展的社会实践活动。从狭义上来说，教育就是专门的学校教育。在改土归流之前，农村基层社会中的非土司血缘体系中的青年子弟，是被统治者的角色，没有资格接受教育。改土归流之后，封闭的人文环境被打破，普通民众家庭的子弟也就有了接受教育的可能。一些家境较好的少数民族子弟也有机会进入私塾学习儒家文化。可以说，农村文化教育的发展与官方进行改土归流同步而行。教育是农村社会中的人们实现身份晋阶的重要途径。这个观念逐渐也被少数民族的普通民众接受。

外来移民群体以贫苦农民为主，没有接触太多的文化教育，所以，他们从事的职业主要还是以种地居多。可以说，从改土归流之后的相当长时期内，外来移民把生存一直摆在非常重要的位置，自己的子弟是否能接受教育并不是那么重要。到了后来清末的动乱年代，外来移民群体为了更好的生存条件，组建民间武装以自卫，是不得已的选择。外来移民群体在当地站稳脚跟且没有了生存的担忧之后，开始创造各种条件来开办教育机构，以提升自身的文化知识水平。尤其是龙广的袁氏家族，在与官军打交道的过程中，逐步认识到了接受教育的必要性。无论多么强悍的武夫，如果没有文化知识武装头脑，是必定要吃亏的。在改土归流之后的龙广地区，私塾作为民间的教育机构从无到有，从小到大，发展势头很好。从历史源流上看，从清末到民国，再到新中国建立后，龙广教育能够持续不断地发展，是与清末时期龙广外来移民群体对教育的普遍重视有撇不开的关联。龙广教育的发展惠及生活在这片土地上的各族民众。民国时期之所以有那么多的龙广人走出龙广闯世界，得益于改土归流之后长期发展教育而形成的历史积淀。

第三章　保甲制度下龙广的治理与开发

第一节　民国时期保甲制的由来

一、保甲的渊源

保甲制度的存在有相当长的历史。它是一种社会统治方式，最核心的特征是将基层社会以家庭为单位进行管理。汉代，以家庭为单位，有伍（5家）—什（10家）—里（100家）的编排。唐代有邻（4家）—保（5家）—里（100家）的设计。宋代有保（10家）—大保（50家）—都保（500家）的划分。清代有牌（10家）—甲（100家）—保（1000家）的层级。

民国初期，由于西方以个人为单位的管理制度很受民国上层人士的推崇，传统的保甲制度在短时间里没有被重新认可，因此也得不到中央层面的推行。只有少数地方实力派军阀在自己辖区内，仍实行类似于保甲制度的管理方式。例如，广东的牌甲制、广西的村甲制、云南的团甲制等。北方还有一些省份，施行闾邻制等。到南京国民政府成立时，基层社会开始推行：邻（5家）—闾（25家）的社会管理模式。这种管理模式可以看成是以往封建时代保甲制度的延续。

民国政府认可并全面推行保甲制度，始于对红军的围剿。1931年6月，保甲制在江西修水县搞试点，原有的闾邻制被撤销。1932年，根据官方指定的《剿匪区年各县编查保甲户口条例》，10户为甲，10甲为保。1934年，国民党中央将保甲制作为全国通行之制度，要求各省市予以推行。自此，保甲制从江西向全国范围铺开。

二、民国时期的保甲形式

甲（10 户）—保（100 户）—乡镇（1000 户）的管理层级，是民国保甲制的大致划分。抗战全面爆发后，在推行"新县制"时，对保、甲、乡镇相应的规模做了弹性处理。甲的编制，可以酌情增减，但增减有个弹性的范围。一般不能少于 6 户，不能多于 15 户。保的编制也一样，减不能少于 6 甲，增不能多于 15 甲。乡镇的编制，减不能少于 6 保，增不能多于 15 保。

在机构设置上，民国时期的每个保都设有办公处。根据官方的定制，每个保的编制有限，设有正副保长各 1 名、民政干事 1 名、警卫干事 1 名、经济干事 1 名、文化干事 1 名。保长兼任辖区内民兵队的队长和国民学校的校长，实行行政、军事、文化的三位一体的管理体制。通常情况下，保长是由当地的地主或者土豪担任。国民党中央希望通过保甲制度，将保长、甲长培养成可以控制一方又听命于政府的特殊角色。

三、民国时期保甲制度的建设目标

"管""教""养""卫"是民国时期保甲制度的四个建设目标。管，即自治治事；教，即自信信道；养，即自养养人；卫，即自卫卫国。在抗日战争的特殊年月里，保甲制度的四个目标中，军摆在最为重要的位置之上。保甲制度鼓励民间各户的互相监督检举，加强了连坐法。在地方保甲武装中，民团和自卫队都是国家承认的准军事力量，在维护地方社会秩序和涵养兵源上有其存在的积极意义。

虽说国民党中央对基层的保甲制很是关切，但是保甲制在推行过程中，收效并不那么明显。其中，最重要的原因是，在基层社会中的公道正派人士不愿充当保长、甲长。由于他们的"能而不欲"，致使基层地方政府有时候只能将那些不肖之徒放到保长、甲长的职位上，基层社会自然少不了怨声载道的情况出现。

第二节　民国时期涉及龙广的行政区划变迁

进入民国之后，民国中央政府在构建新的中华民国过程中，在行政区划上做了许多探索和改革。1913 年 9 月 12 日，国民政府着手废府改县。在这样的大背景下，原来的兴义府亲辖地，改为南笼县。新设的南笼县，有自己的县公署，县官称为县知事。南笼县隶属于贵西道。全县划分为中区、南区、东一区、东二区、西一区、西二区、北一区、北二区八个区。

一、抗日战争全面爆发之前基层行政区划上的摸索和调整

首先，对"插花地"进行新的调整。第一次是在 1914 年，针对兴义县和南笼县管辖区域进行了新的调整①。1927 年，安龙县公署改称安龙县政府，县知事的名称被废弃，县行政长官改称为县长。第二次是在 1931 年，针对安龙、兴义两县的插花地又做了一些调整②。

其次，行政区划及名称的变革。1927 年 11 月 19 日，贵州省行政公署改南笼县的名称为安龙县。第二年撤销贵西道，安龙县受贵州省行政公署直辖。1932 年，国民党中央行政院颁布《行政督察专员公署暂行条例》，各省开始在省以下设置行政督察区作为二级行政区。1935 年，贵州全省建立了 11 个督察区，安龙县属第 3 督察区管辖。10 月 21 日，全县被分划为 8 个行政区③。1936 年 3 月，废除以序号排列的区名，安龙县划分为 5 个行政区④。1937 年 1 月 15 日，安龙县辖境内被划分为 8 个行政区⑤。同年 5 月，整编保甲，全县被整合成 7 个行政

---

① 原属兴义县的葛屯坪、猪洞、落水洞、顾屯、二龙桥、塘坊、花鲜、马鞍营八寨拨入南笼县（今安龙县）。同时，原属南笼县的二龙口、坡岗箐、新屯、老桅坡 4 处拨给兴义县。

② 原兴义县管辖的万屯、鲁屯、柳树塘、木扯冲 4 处划归安龙县；原安龙县管辖的坡岗、全福、戎东、火烂、找牛、干冲、长冲、兰竹塘、古磨 9 处划入兴义县。

③ 城区和普坪为一区，兴隆和平乐为二区，化力和坡脚为三区，龙广为四区，洒雨为五区，永和为六区，屯脚为七区，龙山为八区。

④ 这 5 个行政区是城关区、东区、南区、西区、北区。龙广为西区。

⑤ 一区城关，二区狗场，三区木咱，四区龙广，五区洒雨，六区镖罐窑，七区屯脚，八区龙山。四区辖龙广、龙泉、桐柏、五台、木飘、纳福、科汪、坡桑、合兴、柘伦、坡革、马鞭田、普会 13 个保。同年 2 月，官方统计龙广区共有 1166 户，7056 人。根据实际情况，官方又将龙广区重新划分为 4 个联保，共有 16 个保。第一联保辖合兴、塘坊、龙广、纳桃 4 个保。第二联保辖桐柏、柘伦、纳福、科汪 4 个保。第三联保辖普会、坡革、木飘、马鞭田 4 个保。第四联保辖坡桑、德卧、孔道、五台 4 个保。

区①。龙广境内总计有109个自然村寨，开始是被编整为6个联保，共有31保，下辖427甲。同年5月29日，6个联保又重编为5个联保，共有30保②。

　　再次，基层管理制度的变迁。1919年，安龙县在区以下推行保甲制度。1932年，设立行政督察区，作为二级行政区，以加强对地方的治理。行政督察区属于准行政区，虽然是虚级，其行政长官称为行政督察专员，仍然有专门的行政督察专员公署。在其几年时间内，这种管理制度一直处于变化状态，从督察区的调整、废止，到新的行政区的划分，结合保甲制度整合、编制和重编了联保制度。

二、抗日战争全面爆发后基层行政区划上的调整

　　1937年，随着日本侵华战争升级，中国进入全民抗战阶段。为遏制日本侵略势头，加强和巩固政府对基层社会的管理和控制，开始在全国范围内推行"新县制"。作为积极应对措施之一，国民政府在1938年3月出台了《抗战建国纲

---

① 一区为城区、二区为兴隆、三区为化力、四区为龙广、五区为洒雨、六区为屯脚、七区为北乡。

② 第一联保，辖一、二、十一、十二、十三、二十六6个保。一保为合兴场，二保为袁家店、纳东，十一保为板拉、纳桃、板拉新寨，十二保为坡燕、纳兰、大寨、科立、纳早、新寨；十三保为塘房、顾屯，二十六保为田湾、坡关、戎满。

第二联保，辖十四、十五、十六、十七4个保。十四保为桐柏、坎选、木扯冲，十五保为柘仑、坡普、比咱，十六保为堡上、落西、纳万、勇格，十七保为科汪、马黄箐、佳皂、菜子地。

第三联保，辖四、十八、十九、二十、二十一、二十二6个保。第四保为马鞭田、坡告，十八保为木飘、坪上、马岭、红岩、安窝、十二份，十九保为高普陇、何家洞、底西、金堂；二十保为磨舍、下坝、干田、磨哈，二十一保为坡革、洒选，二十二保为巧烂、木科、坝上。

第四联保，辖三、五、六、七、八、九、十7个保。三保为陡坡、新寨坪、大关坪，五保为坡桑、营脚、三姊妹、坝寡、泡木冲，六保为德卧寨、狮子口、大石板、独狮子、坡告丫口，七保为德卧场、田坝、杉树林、纳腊、冗名；八保为瓦厂、阿槽、纳枣弯、土井、坝梭、肖家营，九保为五台山、簸箕寨，十保为长冲、坝尾、孔家坝。

第五联保，辖二十三、二十四、二十五、二十七、二十八、二十九、三十7个保。二十三保为坛罐窑街、弄号、坡阴、花险，二十四保为赖力、弄泡、尾旦、箐头、纳平，二十五保为纳赖、红塘、挪然沟、上下箐，二十七保为马鞍营、落耳、大山、邓家沟、六郎，二十八保为岜号、坪坛、新坛、烂田湾，二十九保为岜号上坛、坡桑，三十保为大弯、坝盘乡。

领》①。在这个纲要中，国民政府对县政府、县参议会、县财政、区、乡（镇）、乡（镇）民代表会、乡（镇）财政、保甲等，都有了新规定并做了明确要求。新县制的中心任务是推进地方自治。

抗战全面爆发后，东南沿海大部分富庶之地相继落入敌寇之手，国民党的财政收入日趋紧张。为遏制国统区财源枯竭以及通货膨胀的势头，国民政府必须调整财税重心，将关注点向基层社会下移。在长远的利益考量上看，没有基层民众的出钱出粮出力，抗战就无法长期坚持到最后。从某种意义上讲，国民政府推行新县制，是自我挽救危局的重要步骤。从支持抗战的进程而言，新县制加强了基层社会组织的凝聚力，在动员基层社会的农民支持抗战方面，起到了积极效用。可以说，新县制从法律上以及制度上保障了对抗战的支持力度。

根据当时新县制的建设要求，安龙县很快加以推行贯彻。1938 年上半年，四区龙广划分为 3 个联保，辖 29 个保②。次年，贵州全省重编保甲，安龙县划为 6 个区。四区龙广辖合兴，马鞭田、永和、木飘、岜皓 5 个联保③。同年 6 月 1 日，划定四区龙广范围之内的是 5 个联保，共 33 个保④。

但是这种联保制度一直处于不断调整的状态，联保设置的数量和每个联保下辖的保的数量也在变化，但是每个保下辖的核心地区已经相对稳定下来。1940 年，四区龙广划分为 5 个联保，辖 31 个保⑤。1941 年 1 月 5 日，四区龙广

---

① 这个纲领以抗战为基本指导思想。其内容有 7 项 32 条。除前言外，内容分为总则、外交、军事、政治经济、民众运动、教育等。

② 同年 8 月调整为 27 个保。

③ 当时的人口中，布依族有 2487 户，14434 人；苗族 1256 户，6090 人。

④ 坡乐乡、德卧乡、孔道乡、马鞭田镇、五台乡所辖的 9 个保为第一联保；龙吟乡、永和乡、纳赖乡、马鞍营乡所辖的 5 个保为第二联保；柘仑乡、纳福乡、木飘乡、科汪乡所辖的 4 个保为第三联保；合兴镇、塘坊镇、龙泉乡、隆广乡、桐柏乡、坡关乡所辖的 12 个保为第四联保；岜皓乡、八渡乡、大弯乡所辖的 3 个保为第五联保。

⑤ 第一联保为合兴（辖 12 保）；第二联保为马鞭田（辖 9 保）；第三联保为永和（辖 5 保）；第四联保为木飘（辖 4 保）；第五联保为岜皓（辖 3 保）。

划分为 3 个镇，27 个乡、33 个保，共计 4273 户[①]。同年 11 月 1 日，安龙和兴义两县会同勘查县界并树立界碑[②]。

由于在推行新县制上，安龙县的反应速度快，落实较好，国民政府上层很快就重视到这个地处西南大后方的贵州县份。1942 年 1 月，贵州省决定将安龙县作为实施新县制的示范县，在行政建制上将县辖的区、联保改为乡镇。安龙县全境被划分为 16 个行政单位[③]。此次改革之后，直到 1949 年之前，龙广的行政区划未再有大的变更。

第三节　保甲制度下龙广的基层社会关系

一、地主与佃农：民国时期龙广的主要社会关系

民国时期，地主和佃农的关系在龙广基层社会中的地位十分特殊。地主对佃户的剥削方式主要是地租。地租分为 3 种，即物租[④]、力租[⑤]、钱租[⑥]。地租率在清代后期一般为"对半分"，到民国变为"主六佃四""主七佃三""主八佃二"。在地租之外，是雇工。雇工分年工、月工和零工。在雇工领域，男女薪酬差异很大，同等条件下的妇女薪酬是男工的一半。童工，东家管食宿，但不付工钱。有些东家即使给一些工钱，也很少。

在庄稼歉收的年份，农民要向地主、富农、商人和地主借贷。从道义上讲，

---

① 三个镇为合兴镇、德卧镇、龙广镇。合兴镇辖合兴、塘坊、龙广、龙泉、桐柏、坡关、柘仑、纳福、科汪 9 个乡，住所地合兴场，计 15 个保、1828 户。德卧镇辖木飘、马鞭田、坡桑、德卧、五台、孔道 6 个乡，计 10 个保、1334 户。龙广镇辖坛罐窑、岂皓、纳赖、马鞍营、大弯等 5 个乡，计 8 个保、1111 户。

② 在这次调整中，万屯、鲁屯划入兴义县。树立界碑的交界处主要有老桤坡、中梁干、凉水井、打石山、岩脚、观音庙、厂白、丫口、兰竹塘等处。

③ 这 16 个行政单位，包括二镇十四乡。二镇是指明忠镇与合兴镇。十四乡，是指笃山、高水、平乐、永和、鲁沟、洒雨、德卧、兴隆、坡脚、化力、屯脚、普坪、民新、龙山十四个乡。此时的合兴镇下辖 12 个保，共 86 个甲。合兴镇、德卧乡、永和乡为前四区龙广建置的范围。

④ 主要是指粮食。

⑤ 即劳役。

⑥ 即保证金。

地主有向佃农借贷的义务。如果佃户能够很快还本付息，借贷在民间社会就是一件名利双收的事情。从社会发展的角度而言，地主与佃户之间的借贷关系，有调解和缓和社会矛盾的内在价值。借贷分两种：一是质贷。佃农以牲畜、土地、青苗、山林甚至子女作借贷本息的抵押品。本息以金钱、农副产品付给。如果借贷人过期不还，失去抵押品所有权。二是货币借贷。这种借贷相对简单。只要借贷人向债权者借钱，双方立下借款和还款的相关字据，到期时借款人还款并收回字据的民间活动。一般情况下，借贷人是穷苦的农民。借贷的期限一般也很短。通常是在年末缺粮的冬季，或年初青黄不接时借贷。还贷的时间以晚秋初冬庄稼收获时为主。在农村社会中，农民在操办婚丧活动时往往也会靠借贷渡过难关。

在地主与佃农的关系互动中，除了地租和借贷之外，还有各种劳役。地主可以要求佃农、自耕农定期或不定期为他们做事。例如，从事砍柴、挖土、修房、修路等无偿劳动，甚至担负其丧葬、婚嫁、护卫等方面劳役和费用。

租用土地的佃户们，虽然辛勤劳作，但因沉重的租赋以及各种附加义务，他们生产的剩余产品能够被自己支配的份额十分有限。一年到头，即使风调雨顺，佃户能够维持温饱就是很好的年成。通常说的五谷丰登的年成，极少出现。所谓的"登"，就是丰收了9个年头，农户能够攒下三年余粮。在农村社会中，五谷丰登是农民长期以来的美好期盼。若是遇到灾荒年，庄稼歉收，甚至是颗粒无收，那么佃农与地主之间的矛盾就显得十分紧张了。

二、地方政府与商贩：民国时期龙广的重要社会关系

龙广成为现今黔西南州四大集镇之一。民国时期是龙广集市得到快速发展的重要时段。由于其优越的交通位置，龙广的商贸往来频繁，市场繁荣，从事贸易的商贩多。在基层社会治理中，地方政府与商贩的关系成为龙广的重要社会关系。这些商人很多在清末时期就是龙广民间社会举足轻重的人物。进入民国之后，龙广基层社会中地主与佃农之间的经济利益关系没有发生大的变化。这些"头面人物"在龙广的权势没有因清王朝的覆灭而削弱。相反，在民国时期这个充满变数的时代，这些地方人士与"新贵"建立起盘根错节的关系，以巩固其社会地位。

（一）民国时期龙广市场上的官家

在市场管理上，民国年间的安龙县没有专职的工商行政管理机构。具有市场管理职能的机构有县商会、县农业联合会、县税捐稽征处、县保警队。这4个机构分别兼营或代营市场管理的职能。其中，县税捐稽征处和县保警队在市场管理中有很强的执法能力。官方对基层社会的市场管理，主要体现在以下几个方面。

1. 收取税收的权力

基层社会的市场管理费有很多种，官家具有收取各类税费的权利。其中，主要有斗息、称息、牙捐、场款等。市场交易使用公斗需要缴费，费用被称为"斗息"。如果交易使用公称，也需要缴纳费用，这个费用被称为"称息"。"牲牙捐"则是牛、马、猪成交收取的费用。"场款"就是集市摆摊缴纳的摊位费，亦称摊子费。商贩，无论是行商还是坐商，都有缴纳各类税费的义务。

集市上的税费收取办法，比较简单。收取办法，主要有两种。一种是由税捐征收所派员到基层乡镇收取。这种收取办法，商贩群体乐于接受。另一种是包税①。包税的形式弹性很大，商贩群体有抵触情绪。一般情况下，包税先是政府招标，在龙广一带有影响力的地方乡绅投标，以承包的方式接下包税任务。在特定时间的特定收税领域，自负盈亏。例如，1949年6月至10月，安龙县招标承征合兴镇（今龙广）屠宰税、称捐、牲牙捐共3项，每月平均500元、德卧80元、永和90元。从税收的征收量看，龙广的税收征收量要远远高出德卧与永和。这从另一个侧面反映了龙广集市贸易的繁荣。

2. 市场定价的权力

在民国时期的龙广，官方在一些不易定价的行业领域内具有公认的市场定价权。在集镇的商品贸易方面，需要官方规范的市场定价范围较广。按当时的政府统计，农产品、手工产品、外来商品、矿产品在具体交易时都需要有公认可以参考的价格。俗话说，靠山吃山，靠水吃水。由于市场的繁荣，已经有不

---

① 包税，亦称"包税制"或"商包制"。它是指国家将某一种捐或税按一定的数额让私人或民间团体承包下来，再由私人或民间团体向实际的纳税人征收的制度。古罗马曾有包税制的存在，中国的宋元时期也非常流行。包税的形式虽然可以保证政府财政的稳定，但从长期看，一定会损害政府的税收根基。因为承包人会乘机搜刮钱财，加重民众负担。

少靠集镇谋生的人群。比如，泥水工、石木工，以及剃头匠、零用雇工等，他们以技术或服务参与到市场交易之中，虽说当时大部分龙广市场上的从业人员"薪酬"主要是市场规律支配下逐渐自然形成的，但是有时官方也会出具系列"参考价格"。这对维护公平交易的市场环境十分有益。与此同时，官方的定价行为还可以起到减少甚至避免矛盾纠纷的作用。

3. 经营许可的权力

官方有规范工商业经营的权力，工商业者的经营由官方设定的规范来制约。官方的介入，以监督、检查、管理等方式出现。例如对猪、牛等畜产品的经营行为，负有市场管理职能的组织，可以要求经营户不能哄抬物价，否则可以责令其停业并罚款。

对于官方界定的一些特殊商品，私商不允许介入。尤其是食盐之类的特殊商品，官方严禁走私。在贵州这个不产盐的地区，食盐等特殊商品的经营权在官府的重点关注范围之内。盐与地方财税收入息息相关，民国时期，食盐经营的风险高，成本大。经营食盐的商家大多有官方背景，一般情况下，即便是有资金的普通商人也不敢涉足。

4. 规范市场秩序的权力

市场的繁荣，商业的发展必然带来人流、客流、物流的增多，官方有整顿市场秩序并解决买卖纠纷的权力。这种权力不仅体现在对市场总体交易秩序的规范、人员与活动区域的布置、维持正常的交易秩序等多个方面，而且在市场交易时出现纠纷事件时，官方需要介入并予以处理，对维护龙广地方集市的口碑有积极作用。尤其是对涉及外来客商与本地商户的矛盾，商户与客户之间的纠纷，等等，官方力量的介入就显得十分必要。龙广一带的商业集市能够发展起来的重要因素，除了物资丰富之外，还有一个重要的因素，就是地方官府在维护龙广的市场秩序中起到了很好的效果。

5. 对基层社会予以适当监管的权力

民国期间，尤其是全面抗战后，对地方社会的管理已经提到了一个新的高度，比较集中表现在官方对客栈的检查等具体的事务上。为了保障、加强和拓展国民政府后勤战略保障的运输生命线，西南交通建设在不断进行。随着交通条件的改善，人员流动的数量和范围也随着扩大，一些原来相对闭塞的区域开始出现各种各样的"新面孔"。为了加强这些外来流动人员的管控，客栈检查就具有了特别的意义。在云贵地区，官方在日常社会治理过程中严格检查客栈，在加强基础社会管理，查获外来人员和物资，打击政敌等多个方面都发挥作用。龙广作为南北盘江流域的商贸名镇，人员流动量大，客栈相对较多，自然是官方检查的重点地域。客栈的经营者有配合检查的义务。

（二）民国时期龙广市场上的商贩和工匠

一般情况下，在与官方打交道的过程中，龙广市场上活动的商贩、工匠和临工等处于弱势地位。随着市场的繁荣发展，在龙广的商贩、工匠和临工等出于维护自身权益的需要，自发成立有工会和商会。这类民间自治组织在维护龙广基层社会的市场秩序上，具有积极作用。

一是工会。亦称劳工总会，或工人联合会。其成立的意图是为了工人集体的利益，可以和雇主围绕工薪展开谈判。在民国时期，工会是国民党联系工人群体的关键组织，有官方赋予的合法地位。在抗日活动中，政府对工人力量的动员，在很大程度上依靠工会的辅助。

安龙县的工会组织最早出现在龙广，且发起时间比较晚。1946 年 7 月 10 日，合兴镇（今龙广）的工人群体自发成立了自治性质的组织——安龙县合兴镇各业工人联合会。这个联合会的成立，由木工、石工、泥水工、缝纫、土布 5 个团体出资筹备。会员有 158 人。在民国的龙广基层社会治理中，工会开始有了自己的一席之地。

二是商会。商会是商人群体为促进工商业的发展而自愿发起成立的社会团体。它的存在是商品经济的必然产物。在民国期间，政府通过商会组织，与商人群体的联系有了很好的沟通渠道，商人之间彼此也可以进行互利的信息交流。此外，基层社会公益事业的发展，例如捐款、捐物等活动，也有商会的广泛参与。

1946 年 7 月 21 日，合兴镇（今龙广镇）糖、盐、油、屠宰、酒、百货 6 个行业，发起成立合兴镇商会。报名的会员 462 人，到会代表 286 人，选举代表 18 人，选出常务理事、候补理事、监事、候补监事等。商会的成立，在很大程度上起到了维护地方市场秩序的作用。

第四节　保甲制度下国民政府在龙广的社会治理

一、国民政府党务活动的范围向基层社会延伸

民国初期，国民党在贵州的影响不是很大，地方政务为贵州地方军阀把持。后来，随着时局的急剧变化，国民党在贵州的影响力得以逐渐增强。然而，从总体情形看，国民党势力在贵州基层社会的发展速度并不快。国民党的党务活动在基层社会出现得比较晚，而且受地方政治气候的影响很大。1927 年，国民党派李益之①到贵州开展党务工作，并在贵阳成立了党务特派员办事处。这一时期，李益之曾派员到安龙开展党务活动。然而，李益之等人的频繁活动，受到时任贵州省主席的桐梓系军阀周西成的抵触。在激烈的交锋中，周西成逮捕并杀掉了李益之。在此之后，国民党在贵州公开的党务活动停了很长一段时间。

在混乱的民国时局中，蒋介石通过各种手段不断弱化黔军势力，利用各种机会逐步控制贵州地方军政大权，确保国民党的党务活动在贵州的恢复。1932年 2 月，中国国民党安龙党务临时办事处在安龙县城设立。1935 年 8 月，临时办事处改为国民党安龙办事处。同年，国民党恢复在贵州的特派员办事处，正式成立中国国民党贵州省党部。并分别在各专区和各县市建立党务特派员办事处，开展活动。次年，安龙县设立党务指导办事处，开始吸收党员、发展基层党务。1939 年，国民党安龙县党部成立。在县党部的筹划下，城关区建立区党部 3 个，在城关区下辖各乡镇建立分部 20 余个。在很短的时间里，安龙县范围内的国民党员数就超过了 1000 名。经过 7 年时间的努力，到 1946 年，国民党安龙县党部将原有的 3 个区党部调整为 7 个区党部。龙广区为安龙县第四区党部。为扩大宣传力度，县党部编印有《新安龙》杂志。该杂志为半月刊，主要刊发国民党的政策法令，分发各区党部和乡镇分部以及乡镇区公所。

龙广的党务机构建立后，其活动主要是发展国民党党员和三青团团员。在基层的党务活动中，国民党曾有过急躁情绪。龙广区及下辖的乡镇公所人员、学校教职员，曾一度被要求集体登记并宣誓加入国民党。然而，由于种种主客

---

①　李益之（1906—1927 年），贵州凯里人，黄埔军校四期政治科毕业。

观因素的影响，国民党地方机构在基层社会的影响力一直不是很大，其活动有主客观的许多限制。在处理具体地方事务上，他们离不开地方乡绅的支持。

二、抗日征兵活动得到了基层社会的广泛支持

抗日战争全面爆发后，国民政府在云、贵、川三省广泛开展征兵活动，贵州作为西南抗战大后方的作用逐渐凸显出来。贵州虽为多民族聚居之地，但在应对民族危机的关键时段，各民族群众广泛参与到了这场战争之中。根据黔西南州档案馆、安龙县档案馆的资料显示，在 1937—1945 年的全面抗战期间，安龙县向抗日前线持续输送兵员数达 6849 名，在抗日战争中安龙籍官兵阵亡 1000 余人，比例接近 6.5 ：1。其中，在民国时期档案中查有姓名之阵亡者有 71 人，包括龙广籍阵亡者有 7 人[1]。在全面抗战过程中，龙广民众做出了诸多牺牲和贡献。在持续不断的抗战动员中，龙广普通民众的爱国热情被激发出来，现代意义上所提倡的国家观念逐渐被基层民众广泛认可并接受。

三、财政税收政策在基层社会的贯彻

民国年间，国民政府对基层社会管理中税收是一个大项目。从税务机构的设置、完善到具体的征收机关、征税种类、征收方式、征收时间等多方面，都有一个不断调整的过程。

从税收机关的设置来看，变化不大。民国初年，就在安龙县设立了县级财务委员会。县财务委员会在龙广设财务区，分级征收和管理各类税收。之后一直没有大的变化，直至 1945 年进行了一些小的调整和细化。在安龙县政府财政科下设立县税捐稽征处，专门管理县内的工商业和市场。稽征处下设 15 个征收所，其中合兴镇（龙广）征收所为乙等征收所。

从征收的类型来看，国家的统一课税以田赋为主。此外还有契税、印花税、屠宰税、营业税、鸦片烟税、烟酒税、市场交易税等专门针对工商业和市场交

---

① 这 7 名龙广籍烈士是：王懋长（1938 年 9 月 2 日于河南省商城阵亡，职务：团副兼营长）、王紫安（1937 年 10 月 22 日在浙江省嘉定阵亡，二等列兵）、吴炳臣（1938 年 1 月在安徽省阵亡，一等列兵）、周兴贵（1938 年 2 月在浙江省武康县阵亡，一等列兵）、黄志香（1938 年 9 月在湖北省广济县阵亡，二等列兵）、何德忠（1939 年 9 月在山西省长子县阵亡；一等列兵）、同发文（在安徽省溧阳县阵亡，档案记载的阵亡时间未能辨识；上等列兵）。

易行为的税种。国税、地方税都是从地方基层社会征收，且收入大部上缴。县级以下的地方开支就得另立各种"捐派"，即根据地方情况另立的税名。捐派名称不定，且名目繁多，每举办一事则立一名目，属于各个地方以"捐"①的名义进行征收。例如，碾谷成米，或是加工玉米需要交"碾捐"、手工艺人生产陶罐茶碗等生活用具需要交"陶捐"、专业手工艺家庭要交"户捐"、修房建屋需要交"房捐"等。到民国后期，各类"捐"的名目多如牛毛，常常成为基层地方势力巧取豪夺的重要手段。

龙广的田赋类型基本沿袭清代旧制，大部分时间内税种名称相对固定。例如，地丁②、秋粮③、耗羡④、平余⑤、规费⑥等为国家征收的主要税种。在具体征收过程中，税赋率按田土质量和耕作条件分为三等计算征收，每年分为两次征收，有上忙⑦和下忙⑧之分。

税种在民国后期又有调整变化。1939年开始，把田赋分为国税和地方税。国税包括地丁、秋粮等，赋率按田土质量和耕作条件分三等计算征收。每亩一等征收银圆两角，二等一角五，三等一角。地方税是针对公田、学田、庙田、客田等征收租谷，按田土质量和耕作条件确定租额。次年，又在上一年的基数上加收一倍，由地方政府实施。

由于税收政策在实际的执行过程中存在许多困难，导致政府的征税效果并不理想，所以，税收的征收物前后有几次较大的调整。民国初期，田赋折抵成银圆，便于计算和收缴。从民国初期到末年，这种征收方法最为常见。但是1929年后将秋粮、丁税合并征收，以银圆计算。1939年进行了一次调整，改征法币。1941年，龙广农民以大米为主作为田赋缴纳。

---

① 捐，在名义上是自愿缴纳，作为临时性的财政收入，实质上已经是地方政府的经常性的、稳定的财政性。具体征收的名目可以随需要变化。

② 按土地和人行征收的税，称之为地丁税。

③ 在秋季征收的田赋。

④ 附加税。

⑤ 地方官府另立名目加征的税。

⑥ 地方官府征收的各种名目的行政费，费种较多，各地的具体名目不一。

⑦ 上忙，即上半年征收。时间大致为农历二月开征到五月底止。

⑧ 下忙，即下半年征收。时间大致为农历八月到第二年正月止。

田赋征收由中央直接控制，在田赋征收过程中，采用"征实"与"征购"制度。"征实"，即按田赋征额和附加，折征实物稻谷。"征购"，即按田赋额再征实谷。1945 年，以"抗日"为名，推进税收制度变革，改为累进征借制①。第二年，即 1946 年，龙广的税收恢复按法币折算，赋率为每元折征谷 2 市斗②。但是法币贬值太快，为了保障税收实际总量，第二年开始又恢复征收实物稻谷。因为征购、征借，价格很低，政府实征赋税的额度已经大大超出了农民的负担能力。

四、地方武装力量迅速增强

"好男不当兵，好铁不打钉"的陈旧观念在民国期间的基层社会还有不小的影响，不愿当兵的情况在民间社会比较普遍。为了解决战争期间兵员的补给问题，基于抗日战争的时局需要，国民政府从 1936 年 3 月 1 日起，开始实施兵役法。在这部法律中，规定了凡 18–45 岁的男性公民在不服常备兵役之时，应服国民兵役。服役的男性公民，在战时状态下应按照政府的号召，参加抗战或担负与战争相关的各种任务。国民政府正式出台这部兵役法，也是民国时期在战损率高、兵员奇缺的情况下出台的应急之举。1938 年 4 月，国民政府军政部颁布了《兵役法施行暂行条例修正草案》。这个草案，将国民兵役进行了划分，即义勇、甲种、乙种。国民兵役在期限上也做了区别，有初期、前期、中期、后期 4 类。根据这个草案，壮丁必须无条件接受军事教育。

1938 年 1 月 2 日，龙广地方成立了第四区（龙广）战时国民兵义勇壮丁常备队③。国民兵义勇壮丁常备队，在战时要担任相应的军事守备任务。除守备之外，他们还要承担各种辅助性质的其他任务。诸如通讯、防空、救护、抗战宣传、消防、防谍宣传、开展捐献、征兵宣传、抢险救灾等活动。作为准军事化的地方部队，壮丁常备队虽然很少直接参战，但他们在抗战的大后方发挥的作用是无可替代的。

---

① 累进征借，是政府强迫基层的农户把粮食"借"给政府；政府在收粮之后给上缴粮食的农民发给"粮食库券"作为凭证。征借的粮食数量与实际征收的实物税等量，等于是政府加倍征收了农民的粮食。对多征的这部分粮食，名义上是借给政府。政府做出承诺，农民多缴的粮食从第五年起可以充抵新田赋。

② 一市斗，为 30 市斤。

③ 在成立初期，龙广常备队有队兵 72 名。

在这支武装之外，还有安龙县城派驻到龙广的自卫队。1938 年 10 月 1 日，安龙县国民自卫队成立，下设有 6 个班。其中有 4 个班驻扎于龙广地界，可见龙广在当时安龙县军事部署中的重要。当时，驻守龙广的自卫队有 56 人。他们的职责是保卫乡土，在遇有外敌入侵时，抗击敌人。1939 年 3 月 8 日，安龙县国民自卫队的武装力量从龙广撤走，改驻县城。

抗战时期，龙广是后方供给基地和兵员休整补充地。1936—1945 年，为支援中国抗战，美陆军第 57 军新编第 8 师联络组 69 人[1]分别驻扎在龙广、屯脚和安龙县城[2]。抗战结束后，龙广的地方武装有了一些变化。1948 年 7 月，安龙县民众自卫总队成立。其中的第十四、第十五、第十六 3 个队分别驻扎于当时龙广区下辖的合兴镇、德卧乡、永和乡。

五、基础建设速度加快

从历史时段而言，民国时期，云贵地区的交通设施建设落后的状态得到很好地缓解。尤其是抗战后勤运输压力的存在，对地方政府的基础设施投入形成了积极的影响。为保证抗战的后勤运输，贵州各级地方政府在基础设施建设上做出了很大努力。在这样一种大环境下，龙广地方的道路交通等基础设施建设也进入了一个高速发展时期。以原有的传统驿道为基础，开始了真正意义上的现代交通建设。

龙广最早的现代公路始于 1929 年。当时民国政府为战备所需，计划从安龙修筑一条公路到顶效[3]。开工之后，由于人力、物力等多种因素掣肘，公路建设并不顺利，在确定路线之后，仅修筑了路基就草草完结，没有达到预期的目标。3 年后，地方政府才动员民工重修了这条公路[4]。1943 年 7 月，这条简易公路修成通车。这条道路的修建，激发了安龙县基层各乡镇的修路的热情。1942—1946 年，根据安龙县政府的命令，辖区内各乡在农闲时征集大量民工开始修筑乡道。在短短几年时间里，安龙县境内建成了 7 条乡道。虽说修筑的路面宽度

---

① 这 69 人中，有美国军官 10 人，美军士兵 22 人。

② 黄朝文等. 金戈铁马入梦来——抗战中的安龙 [N]. 黔西南日报，2015-08-06（5）.

③ 地方政府动工修筑安龙至顶效公路（长 52.5 千米）的路基。其中安龙县境内里程有 39 千米，龙广镇境内 10 余千米。

④ 安龙县政府负责县城到马儿田一段，长 39.2 千米。共动员民工数量达两万余人。

不及一丈 ①，但铺砌路面用的都是四五寸厚度的石料，可供载重汽车行驶，建设质量足以支撑战备所需。其中，合兴镇（今龙广）到德卧 ② 的乡道长 10 千米。

六、基层社会禁烟艰难

鸦片的危害世人皆知。禁烟活动也贯穿民国始终。辛亥革命后，孙中山在 1912 年 3 月 2 日颁布了《大总统令禁烟文》，要求国民禁食鸦片，各地军阀虽不敢公开对抗中央政府禁烟令，但为了各自的利益，在弛禁鸦片方面，想尽了各种办法。贵州省地方贫瘠，税收总量小，各地军阀为了扩充税源，增加财力，在鸦片的种植和销售上打了不少主意。黔军首领刘显世 ③ 是较早开禁鸦片种植的地方军阀。其目的自然是希望以收取烟税来增加地方收入。但是"刘显世不敢公开行文饬令各县。他安排省议员到辖区各地传达弛禁密令，宣传种烟并向农民兜售烟种。派到地方的省议员每到一县，便将密令交县知事细阅，然后收回带走。这样，地方官府在基层社会向农民宣传种烟，也是口头宣传，不见诸文字" ④。

贵州开烟禁之后，龙广地方种植有罂粟。待果实收获后，地方民众里有加工吸食的现象。龙广集市上，也有处于半公开状态的鸦片铺子。1937 年，龙广曾兴起禁烟运动，受到当地民众的欢迎。但由于种鸦片的利润太过丰厚，地方政府在基层社会查禁鸦片的力度并不大。鸦片在民间社会仍是禁而不绝。这种状态一直持续到 1949 年新中国成立之后才真正得以改变。

第五节 保甲制度下龙广的经济开发

在民国特殊的时局之下，保甲制度的推行维系了地方基层社会人员流动的有序性。从民国时期的军事和政治上讲，保甲制度对巩固国民政府的权威起到的积极作用是毋庸置疑的。从基层社会的经济开发角度而言，虽然保甲制度在

---

① 一丈为 3.33 米。

② 合兴与德卧，是当时安龙县境内较为富庶的两个地方。

③ 刘显世（1870—1927 年），兴义人。兴义军阀首领刘官礼之子。历任贵州省省长、川滇黔三省护国联军副总司令。清末民国时期，刘氏家族在南北盘江流域的势力很强。

④ 佚名. 民国戒烟运动："毒瘾"难戒，欲拒还迎 [N]. 国防时报，2019–12–26（16）.

一定程度上限制了人员的流动，也遏制了社会活力的释放，但基层社会的经济发展依然呈现出应有的生机。

一、集市贸易兴旺繁荣

民国时期官方的力量介入龙广的基层经济生活中之后，民间的集市贸易并没有因为官方收取各类苛捐杂税而凋零。恰恰相反，官方的强势介入，为基层社会的经济生活带来了秩序和繁荣。龙广集市上交易的货物主要是满足人们日常生活所需。大致可以分为"土""洋"两类：米、面、粉丝、烟叶、土布、香料、烟叶、铁质农具、竹编制品、木制品；以及各类杂货等本地加工生产的传统的"土货"；外来的洋纱、洋布、洋油、火柴、川盐、熟烟丝等。此外，还有土酒店铺摊子、肉摊子、供商贩休息的客栈和马店等。龙广集市上的交易，推动了龙广经济的发展和地方的繁荣。

龙广集市（龙广场）的场地经过几次较大的迁徙。最早是历史上自然形成的集市，叫老场坝①。由于集市空间布局窄小，而且位于属于地势低洼处，夏天经常遭受水患困扰，导致不能正常赶场。1916—1919年，在袁廷泰的倡议下，将原来的赶场地点迁到了龙广街上。袁氏家族在新辟的集市上规划街市布局，修建了"五省宫"，铺砌的青石板路从五省宫铺至袁家店的"卧雪山庄"，又在五省宫前青石板道路两侧建西洋式场棚四座，供客商设摊卖货。从此，这个新辟的集市场地被称为"龙广新场坝"，亦称"合兴场"。起初场期为6天一场，在农历的卯日和酉日赶场。1946年，龙广新场坝的场期改为每3天赶一场，逢子、午、卯、酉日为赶场天。与此同时，龙广添设牛、马、大牲畜和猪、鸡、鸭等畜禽交易市场。直到新中国成立初期，龙广的畜禽市场交易十分活跃。抗战胜利前后，西区龙广除有新场坝（合兴场）之外，又新辟了德卧、坛罐窑（今永和）两个集市。

二、工商业有了较大发展

推动龙广工商业发展的主要有两类人：外来的客商和本地商人。外来客商以苏发祥为代表。清朝末年至民国初年，广商苏发祥以百色"源茂隆"分号经

---

① 其场地位于现在的小场坝村内。

理的身份来安龙经商，主要经营鸦片、棉纱、布匹、洋货、广货和糖食，数额巨大。在龙广设有商号，置地建房，成为黔桂两省交界地区著名商人。

本地商人充分利用地缘优势，资金和技术条件具备就单打独干，个人财力无法推动的就采用联手合营的方式。例如，1943年，龙广绅商合股开办了一家陶瓷厂，雇请贞丰窑上的10个师傅和工人38名，砌窑5孔，年产陶瓷120挑，产值6000多元[1]。再如，纳桃寨开办了一家私人榨油坊，加工菜籽油和桐油。抗战时期，桐油是政府规定的战略物资，属于管控商品，主要用于出口创汇，而且民间也不允许桐油私自交易。即使如此，在商业利润的推动下，也有不少商人涉足桐油的生产、加工和运输等过程。

随着各类作坊、加工企业的不断出现，加工出的产品除了极少部分在本地消费，大部分都被销售到周边地区甚至卖到了省外。例如，1949年龙广区合兴镇八村[2]有30多家粉丝加工作坊。每家作坊安装有石磨、粉缸等手工器具，用当地产的米豆做原料加工粉丝。八村当时的粉丝年产能力在1000担上下。他们出产的粉丝，除在本地销售外，还以人挑马驮的方式运往广西百色等地出售。

三、各类货币在龙广流通

民国初年龙广地方仍然按照长期以来的传统使用银圆进行买卖交换。新政府发行"法币"以来很长一段时间，龙广民间仍然是银圆和法币并行。1931年，龙广基层社会开始广泛使用国民政府发行的纸质关金券[3]。关金券，简称为"关金"，全称为"海关金单位兑换券"，是国民政府进行金融改革的产物。南京国民政府在1930年1月做出规定：国家使用金单位代替海关两。海关征税使用的金融单位为"海关金单位"。1931年5月，中央银行正式发行关金券。最初，它只是作为缴纳关税之用，并不在市场上流通。后来，因为关金券与外国货币挂钩计值，所以面值和实际价值比较稳定且呈逐年上升的趋势。10多年时间里，关金券的含金量不断增加，显示出了明显的储藏功能。1942年，国民政府财政部规定，1元"关金"等于20元"法币"，从此关金券开始成为真正的纸币，

---

① 1949年，受战乱因素的影响，该厂停办。

② 即今天龙广镇的顾屯村。

③ 龙广地方百姓称关金券为"纸洋"。

开始有了流通货币的功能。在金融市场上，关金券和"法币"，并行不悖。自此以后，一直到 1948 年 8 月，国民政府实行"币制改革"，发行金圆券后，关金券和法币才被停用。

1935 年 11 月，国民政府在全国范围内推行法币，是为了遏制白银外流现象。在官方的强势推动下，龙广基层社会中的法币流通权得以全面贯彻。法币的币值在民国期间的很长时间里保持着相对稳定的状态。根据国民政府规定，法币发行初期与英镑挂钩，可以在官方指定的银行无限制兑换。到了 1936 年，国民政府与美国的金融谈判取得成效。中国政府可以向美国出售白银，换取美元作为法币发行的外汇储备。这样，国民政府的法币就和英镑与美元直接挂钩，这在很大程度上起到了稳定币值的作用。1937 年抗日战争全面爆发后，法币作为纸币本位制货币，国内一切公私款项必须使用法币结算，市面流通的银圆收归国家所有。银圆 1 圆，兑换法币 1 圆。从维持民国时期中国财政金融的稳定性而言，法币也曾经是功不可没[1]。

除了关金券、法币之外，国民政府发行的辅币在龙广基层社会也得到全面流通。这些包括铜圆、镍币、锑币等。1947 年，国民政府货币增发量陡增，关金券面额提高 250 倍，即 1000 元升值 25 万元。1948 年关金券随法币一道崩溃。同年 8 月，国民政府发行金圆券，面额有 1 元、5 元、10 元、50 元、100 元 5 种。金圆券 1 元兑换法币 300 万元，禁止银圆流通。1949 年 4 月，国民政府企图挽回金融信誉，发行银圆券代替金圆券作为主要货币，但是基层广大民众不敢使用。龙广集市上出现了以货易货的现象。同年 10 月，中华人民共和国宣告成立，银圆券从此退出人们的视野。

四、教育办学顺应时代发展潮流

民国初年，各地创办的学堂改称为学校，设校长一职，负责学校的一切行

---

① 在第二次世界大战期间，世界范围内出现了激烈的货币战争。最典型的案例有两个。一个是德国仿制英镑，另一个是日本仿制中国的法币。像中国这样的弱国，是货币战争的受害者。国民政府推行法币的意图在于，最大限度地挽回自己在货币战争中的损失。例如，为了对付日本的仿币，国民政府根据实际需要促使法币贬值和增发大面额货币，以对冲伪币的影响。国民政府在 1940 年取消无限制兑换，法币的币值开始下跌，国内通货膨胀现象逐渐加剧。这在很大程度上影响了中国财政金融的稳定性。

政管理。1927年，龙广小学除校长外，还设有教导、总务二课，各课设主任一人；私立学校设校董会，由校董会聘任校长。1940年，乡村以保开办的民办学校，由乡、镇长、保长兼任校长，所辖事务训导、指导等三处，分别管理教学业务和具体事务。

保立小学的教育覆盖范围，是在各保辖区内的民众。其办学经费以各保原有的学产为基础，不足的经费由各保辖区内的住户分担。保立小学的校舍，除了该保内原有的校舍外，还可以借用保辖区内原有的一些公共建筑①。伴随着国民政府在乡村力推所谓的"一保一学"，原先由地方士绅把控的地方教育主导权逐步转到了国家政权手中，教育服从政治的基本策略在基层社会得到贯彻。例如，宣传抗日、征兵宣传等活动，地方政权就可以从保学作为切入口。可以说，国家在很大程度上扩展了基层社会中保学机构的教育功能，保学的发展与乡村社会的运行紧密地结合在一起，学校教育、政治宣传、发展经济可以通过协作融为一体，在某种意义上增强了国家对乡村社会的治理能力。

在这一时期的初小，为四年制，即一到四年级为初小。高小，为两年制，即五到六年级。每学年为春季始业，为上学期，秋季为下学期。初小开设国语、算术、常识、书法、工艺、美术、体育、音乐八门课程。高小开设国语、算术、珠算、公民、自然、地理、历史、卫生、应用文、工艺、美术、体育、音乐十三门课程。另外根据国家形势的需要，抗战时期又增设"战时补充"等课目。

1915年，初等小学堂改为国民学校。1916年，在雅坡小学堂②以及晏氏小学堂③的基础上，设立了龙广初级小学堂，办学地点设在黑神庙。同年，袁家店设立一所女子小学堂。1923年恢复开办私立五台初级小学。1936年，五台初级小学改为五台山初等高级小学，办学性质仍为私立。同年，袁廷泰捐资在五省宫后面修建校舍，将设于黑神庙的龙广初级小学堂迁上来，开设初小和高小，改称为西区两级小学。至1933年，西区两级小学改称为安龙县第四小学，后又改称为安龙县立龙广小学。龙广小学附设妇女职业班。女性能够进入学堂接受

---

① 比如，一些家族的祠堂、原本就存在的庙宇等。具有公益性质的建筑，一般都有高大宽敞的连体房间，可以拿来就用，不必筹资另修学舍。

② 这个学堂为地方乡绅刘芷渊创办。

③ 这个学堂规模同样也不大，为地方人士晏锡侯创办。

教育，在龙广地方有启迪民智的实际效用。

除安龙县立龙广小学外，龙广一带还设立了其他的一些学堂①。其招生范围基本上是学校周边地区的青少年。1942年，科汪短期小学改称为合兴镇国民学校。1935年，龙广乡村师范学校开办，办学地址在龙广街上。该校曾得到龙广一带地方乡绅的大力支持。与开办中小学相比，师范类学校的开办成本相对要高出很多。龙广乡村师范学校没有得到贵州省政府的核准，因此，该校办学仅维持了一年之久，受资金匮乏等多种因素的制约，被迫停办。

第六节　民国时期的龙广人物

一、称霸龙广的袁廷泰

（一）在动乱时局中逐渐发迹的袁廷泰

龙广袁氏家族的发迹始于清末黔省动乱时期。清朝末期，朝廷在贵州的军事力量薄弱，直到辛亥革命的时间段里，地方社会的变乱不止，民不聊生。在基层人群生存安全需求的驱动下，地方各色人物逐渐粉墨登台，进入人们的视野。有的依靠行商积累财富并成为地方名人，有的依靠建立地方武装而称霸一方，也有两者兼营的情况。袁廷泰就是那个时代迅速崛起的龙广地方势力。他从经商起家，继而兴办地方团练，其后依靠武装不断拓展商业领域，并迅速做大，成为影响力遍及整个贵州乃至整个中国西南地区的重要力量。

---

① 这些学校主要有马鞭田初小、雅坡初小、龙泉初小、木飘短期小学、木飘联保民校、马鞭田联保民校、邑皓联保民校、永和联保民校、私立坡关初小、私立纳兰初小、柘仑私立小学堂、长冲短期小学、科汪短期小学。

袁廷泰①，清同治七年（1868 年）五月生于龙广镇五台村。4 岁时父母先后亡故②，其庶母李氏将其隐藏在乡间，依靠纺织为生。袁廷泰幼时曾入私塾学习，不久辍学在家，在庶母李氏的教导下长大成人。袁廷泰成年后逐渐显露出超常的经商才能。起初，袁廷泰主要精力在于务农，后来为销售其庶母织染的布匹，经常在龙广集镇活动。他长于算计，信守承诺，很快就找到了经商门道，生意发展迅速。他从市场上购回白布，染成青布、蓝布，然后拿到龙广和附近的集市销售，马鞭田、罈罐窑等地亦在他的活动范围。他一边赚钱，一边广交朋友，由此而结识了刘兴发、刘芷渊、贺汉廷、王薪芝、赵和春③等地方上"有头有脸"的人物。在这些人的支持下，袁廷泰当上了乡长。

借助地方政治资源，加上善于经商的头脑，袁廷泰的生意越做越大，经销洋烟、桐油、土硝、棉纱、布匹、盐巴（即食盐）等紧俏商品，活动范围也逐渐扩大到兴义和贞丰，甚至把生意做到了广西百色一带。短短数年时间，袁廷泰就成了龙广地方有名的富人。然而社会动荡，民生凋敝，继续发展的空间极其有限。光绪十九年（1893 年）袁廷泰年方 25 岁，为了保护自家的财物，在贺成高、王凤仪、何兴斋等龙广和德卧地方乡绅的极力举荐和推动下，袁廷泰开始创办五台团练。因为从小习武，练兵有方，而且勤于操练，这支团练队伍

---

① 袁廷泰（1868—1945 年），字干臣。袁氏一族发展到袁廷泰这一辈时，在龙广已有四代。根据龙广民间传说，其曾祖袁明朝在嘉庆初年因惹上了人命官司，带着两个儿子从老家湖北恩施的宣恩县一路逃到今天贵州省黔西南地区的龙广一带，定居之后，生存了下来。对袁明朝到龙广以后的情况，说法不一。有的说他以务农为生，也有的说他在龙广是以保镖为业。对此，姑且存疑。至于袁明朝之子袁世龙这一支，人丁很旺。袁世龙育有五个儿子，袁绍先为幼子。在清代咸丰、同治年间的贵州动乱中，袁氏家族在龙广逐渐活跃起来。他们兴办团练，募有乡民千余。这支武装跟随官军镇压反叛势力。在一次为清军解围的战斗中，袁世龙亲自点炮，因炮身爆裂身亡。此后，袁绍先掌控这支武装，他们在地方的"水汉冲突"（即龙广地方布依族人与外来汉族之间的矛盾冲突，直至发展为武装械斗）中迅速崛起。然而，袁绍先跟官军保持距离，在官军与反叛武装之间玩平衡术。清军势力平息了反叛力量之后，袁绍先成为官军打击对象。

② 袁绍先被抓后，押到贵阳。官府将其以"私设关卡收税"的罪名予以处斩。其妻蔡氏闻讯后，自尽而死。

③ 这些民国时期龙广地方的小"名人"后来都名不见经传，其具体姓名各说纷纭，且无从考证核实。现参照多家的记述，暂记如此。

迅速发展。加上贺成高等人的举荐，很快受到兴义府知府石廷栋[1]的赏识。袁廷泰在创办的五台团练被石廷栋看中，被作为兴义地方官府器重和扶持的对象，袁廷泰本人当上了"西区团总"，负责全权处理西区（龙广）各项事务，从此开始发迹，成为黔西南地区（旧称"盘江八属"）的名人。

此时席卷整个滇东和黔西南地区的白旗军起义的战事刚刚平息。在百废待兴的社会环境中，为了恢复在地方民间社会中的威信，在剿匪事务上，知府及其属下的官军需要得到地方民间乡绅的支持和民间力量的配合，所以从某种意义上说，袁廷泰与石廷栋的关系，看似社会精英的结盟，实际上是彼此的相互需要，在互利互惠中，实现了两者的共同发展。依靠石廷栋的支持，袁廷泰逐渐掌握了龙广一带的管理权，甚至民间的诉讼纠纷都要找他来"评公理"。在知府的重用下，袁廷泰的社会地位迅速提升，他扩大贸易、广置田产，而且举家从五台搬迁到龙广街上。可以说，袁廷泰在龙广的经营，为民国时期袁氏家族的崛起奠定了深厚的基础。

早在清光绪年间推行变法立宪以来，全国各府县均设立议会。袁廷泰崛起之后，曾出任兴义府的议会议长，其地方影响力已经超出龙广一地。

（二）民国时期的袁廷泰

进入民国之后，龙广的袁氏家族在袁廷泰的经营下，势力仍处于持续发展壮大的状态。在 1925 年，彭汉章[2]担任贵州省省长之时，袁廷泰被聘为贵州省政府高等顾问。次年，他自任团务处长，筹办"盘江八属联合民团"，其实是为他的儿子袁祖铭招募壮丁，补充兵源。在动乱岁月，年轻人投军也是为生活所迫，因此袁廷泰在整个南北盘江流域，征募了大批士兵充实到儿子袁祖铭的部队中。父以子贵，袁氏家族权倾一时。

民国时期，龙广地方社会治理中许多重要活动都与袁廷泰密切相关。由于袁廷泰手中有团练武装，安龙县县长也要敬他三分。安龙县的地方官府在处理许多事情上要先请示袁廷泰之后，才能付诸实施。在这样的社会环境下，袁廷泰在龙广地界的威势无人可比。

---

① 石廷栋，生卒年不详，云南昆明人。在清廷平息云贵的动乱过程中，战功卓著，以军功授官。光绪十八年（1892 年）到任兴义知府，并奉旨在云南、贵州、广西三省边界剿匪。

② 彭汉章（1890—1927 年），四川三台县人，贵州军阀。

袁廷泰在龙广地方可以自立法度，裁断"官司"[①]，收取钱财。后来袁祖铭被北洋军阀吴佩孚看中，委任为"五省联军总司令"。袁廷泰马上在龙广建五省会馆（时称"五省宫"），炫耀儿子带来的荣光，并在此设立公堂，妄断讼狱。他不仅拥有刑事"裁断"权，而且还有司法执行权，可以随意处置他裁定的"罪人"，草菅人命。只要袁廷泰认为是"不法之徒"，就可以派人予以处置。

1. 私设刑场

以维护民间社会的基本道德伦理和地方秩序为名，袁氏家族在龙广一带的威势达到了巅峰状态。这可以从一个关于袁廷泰活剐人[②]的事情中得到佐证。这件事即便已经过去了80年，龙广地方仍然有人在讲这件事。

据说事情发生在1942年。有一个叫杨祥芳的龙广人，虽有家室，却和一个姓胡女子厮混，准备迎娶为妾。其父杨长清坚决反对，不许胡姓女子进家门。于是，杨祥芳与胡姓女子合谋，花钱从鲁屯请了杀手弄死了亲生父亲。杨家与袁廷泰有亲戚关系，杨长清是袁廷泰的内侄。袁廷泰得悉此事后，立即派人将杨祥芳和胡姓女子关进了自家宅院中私设的小牢房[③]。之后不久，便移送到区公所的牢房里。对这件事的审判，袁廷泰亲力亲为，将两人判了死罪，活剐处死[④]。

2. 壬戌南笼匪祸

民国时期龙广的社会治安基本依靠武力，袁氏家族的财富和地位也依仗其手下的民团。不断扩充军事实力的行为贯穿了袁氏家族发展壮大的全过程。1922年袁廷泰获得了一批枪支弹药，准备扩充武力。他在安龙创立安龙保安营，招募了100多人。在扩充军力和做大地方的野心驱动下，尝试通过"招安"的方式引进广西的部分散兵和土匪来扩充兵力。

---

① 官司，不仅是民事纠纷，也包括刑事案子。

② 即活剥人皮。

③ 据龙广的民间传说，这个宅院是在龙广街上的袁家店，即袁廷泰早期在龙广场坝置办的院子，最初建造时为5间草房。

④ 民间传说，审讯是在公开进行的。在当年3月龙广的一个赶场天，袁廷泰命人在龙广街上的大操场（今龙广镇中心学校校址）架设刑场。他亲自坐镇，具体实施活剐的是袁家的两个家丁。行刑之后，尸首示众三天。这件事在民国时期的龙广是一件令人谈之色变的大事，至今对民间社会都有影响。

　　袁廷泰派人联络广西的土匪来安龙。1922 年 3 月初，广西土匪果真到了安龙[①]。3 月 20 日，进入安龙县城的桂匪，受到县城官绅名流的热情款待。然而，令袁廷泰意想不到的是，桂匪在进入安龙县城的第二天就明火执仗包围了安龙县团防局，打死贵州省议会议员郑德昌，把包括袁廷泰在内的县城官绅多人绑了起来，接着洗劫了安龙县城。到 22 日，桂匪将绑架的官绅们以及几百名妇女、儿童一起带走，离开了县城，向广西回撤。此时，遭难的袁廷泰与土匪交涉，在几经讨价还价之后，桂匪同意收取 8 万银圆赎金放人。

　　为筹措钱款，桂匪先将何兴斋、谢德利等十余名官绅放回，以袁廷泰、辅佐臣和数百名妇女、儿童为人质。此事的袁祖铭虽正值春风得意之时，得到消息后，急忙派人携 5 万银圆回安龙县城。龙广的袁氏家族也试图靠武力抢人。23 日，安龙县和兴义县的保安营和袁廷泰的民团家丁对桂匪进行追击。但考虑到袁廷泰的安危，武力解决的措施只好作罢。由于短期内 8 万银圆难以凑足，交款期限一再拖延。土匪开始向广西撤退。直到 4 月 20 日，交了 8 万银圆之后，袁廷泰才被赎出，其余人质仍在土匪手中。贵州的官军和地方武装为追击桂匪，进入了广西百色境内。

　　事发后，安龙地方也试图找到和平协商的解决方法。龙广镇的富商苏发祥恰好正住在百色，所以被委任为黔方代表来协调办理此事。苏发祥在应对这次突发事件时，以百色商会会长之名，在当地商界筹得 3 万巨资赎人。苏发祥本人捐资就达 1 万银圆。到 5 月下旬，311 名人质被赎回，此事才算得以平息。因这次匪祸事件时逢农历壬戌狗年，当地的民众称为"壬戌南笼匪祸"。

　　这次匪祸因袁氏家族的"发家梦"而起，其中还有安龙和龙广地方士绅对权力和势力的贪欲等多种因素，给当地带来了一场巨大的灾难。在这个过程中，袁家、商人、官绅自身也遭受巨大的损失和人员的伤亡，更是波及了众多普通家庭，是当地社会治安管理混乱的一次见证，也是民国时期龙广地方人们生活状态的一种反映。从事情的发展和处理的过程来看，军界、商界和政界都卷入这场事件之中。虽然袁廷泰在安龙的基层社会中黑白通吃，但仍然不得不自食

---

　　① 进入安龙的广西土匪，有两股。一股广西籍土匪在翟高明的带领下从贞丰来到安龙；另外一股土匪在陈豹带领下，从广西旧州渡过南盘江，经过册亨板坝，驻扎在安龙县城北的坡脚村。

其果。苏发祥是龙广地方商界的"领头羊"，他的生意更需要地方势力的保护，可以说，此次事件是民国基层社会治理中"官商结盟"现象的一个明证。

3. 水利建设

民国年间，龙广无任何农业生产基础设施，政府无力也无心在农田水利设施上投入财力、物力。长期以来，龙广地方的农业生产还是靠天吃饭。特别是龙广大田坝，地势平坦，连片的稻田有 7000 多亩，在正常年景，是农业生产的宝地。然而，正是因为水患的存在，每年雨季来临，龙广农业生产都会有不同程度的损失。在雨季，从狮子山、罗山丫口以及赖山和七星等地的洪水一时间堵在龙广海尾，难以排泄，就会形成洪灾。据说，在龙广大田坝，曾经最厉害的一次洪水淹没了 4500 多亩田地，甚至连一些村寨的民房也被洪水淹没，整个坝区成了一片泽国。

兴修水利本来是一件功在当前，利在千秋的好事。民国时期龙广最大、最有名的水利建设就是海尾的隧洞。在袁廷泰的组织规划下，由乡绅带头，民间筹款的方式筹建资金，准备把海尾的隧洞打穿，方便雨季洪水及时流走。然而，因为技术手段等原因，多次尝试都没有成功。为了兴修水利，几经折腾，反而加重了当地人的经济负担。针对海尾隧洞的水利建设最终以失败告终，但是从组织动员、资金筹措、协调安排，以及具体的施工推进等各个程序看来，地方乡绅对龙广基层社会治理的推动作用也是有目共睹的。特别是袁廷泰的影响力，更是无人小觑。但是也要看到，缺乏政府的统一规划和资金投入，为了解决水利建设的难题，仅仅依靠乡绅的个人影响力和推动是不行的。缺乏科学依据，盲目动用大量人力、物力进行基础设施建设最后加重了普通百姓的负担。

4. 兴办教育

民国时期，龙广地方的发展中教育发挥了重要作用。在推动龙广教育发展的过程，地方的"头面人物"发挥了非常重要的作用。其中，袁廷泰就是一个很好的例子。作为地方教育的积极支持者，在他的人生历程中，兴办教育是不可或缺的内容。

为办好学校教育，袁廷泰不惜高薪厚酬，从外地聘请教师。据龙广一带的民间传说，袁廷泰请来了许多外地教师①。他请来的先生先后有 30 余人，都是当时贵州教育界知名之士。由于资料匮乏，这些教师的生平事迹现已很难查考。然而，可以肯定的是，他们的到来为龙广地方教育的发展做出了贡献。

倡办地方教育事业。袁廷泰率先解囊，并向当地的有钱人家募捐。这些有钱人对袁廷泰多有敬畏，也愿意在地方教育事业上出钱出力。如富商苏发祥即捐出大洋 6000 元。袁廷泰于清末首创龙广西区学校，1919 年继办龙广场坝高初两级小学与五台小学，其后又创办袁家店女子小学与安龙县城的盘江中学②。就安龙县教育发展而言，倡建盘江中学是袁廷泰最突出的贡献。盘江中学初创时，有人告诉袁廷泰，办教育不仅要学生文科成绩好，还要理化科的成绩好。为此，袁廷泰花费重金购置甲、乙种理化仪器两套，《四部丛刊》一部；以甲种理化仪器赠贵阳高中，《四部丛刊》赠贵州大学，以乙种理化仪器赠予盘江中学。

袁廷泰在推动龙广现代教育发展方面有突出的推动作用是毋庸置疑的。但是，在多民族聚居的山区，教育其实还有更多地需要考量的因素。龙广地方是汉、布依、苗多民族杂居之地，乡村社会中历来都有族别文化的差异，还有先来之"主"与后到之"客"的分野。在资源有限，人口却无限增长，人地关系紧张的情况下，常常出现各类"欺凌"现象，以致发生群体性纠纷。这种矛盾和冲突在清末白旗军起义结束之后，仍然以各种形式不时出现，甚至又有不断蔓延扩张的态势。自袁廷泰得势以来，开始自己"制定规章"，从语言、服装、民俗活动，乃至于婚丧嫁娶活动等方面加以规定。乡人因为畏惧他的权势，不得不忍在心里，"侧目"以待。此外，从当时的教育内容、教育手段、教育路径等多角度来看，全面评价那个时代教育对多民族地方社会发展的作用，还有更多值得探讨的问题。

二、军界人物袁祖铭

袁祖铭（1889—1927 年），号鼎卿，龙广人。他出身行伍，曾官至贵州省

---

① 在龙广一带的民间传说中，有名有姓的外地教师，包括盘州市县的王景晴、邓叔美、罗重民；从贵阳请来了王从周、周杏村、魏子修、许少犹、陈子和、李超凡、贾仲民、颜爱博、付孟秋、张季麓、张和轩、冯一生等。

② 该中学后来改称安龙中学。

省长，陆军上将，是贵州省继刘显世之后位高爵显的黔系军阀首领。他皮肤白皙，喜留八字胡须，也有"银面金须将军"之称。

据龙广一带的民间传说，袁祖铭儿时品性顽劣，喜欢舞刀弄棒，不愿读书。其父袁廷泰虽然教子严厉，而且常以棍棒"伺候"，担任仍然改变不了袁祖铭顽劣的本性。等他稍微大些，马上就给他操办婚事，希望用娶亲成家的方式帮助他改改性子。据说，即便这样，也是收效不大。一次，袁祖铭在外面惹事了，袁廷泰把他吊在房梁上，打得皮开肉绽，直到儿媳张氏跪着哭着求情，才勉强饶恕。后来袁廷泰把他送到兴义府念私塾。一次，因带头旷课，袁祖铭被私塾先生何霄凤打了一顿鞭子，就不读书了跑回了家。袁廷泰得知事情原委后，大骂他，并在第二天带着礼物和儿子一起到兴义，向先生何霄凤赔罪，还让儿子下跪谢罪。像袁廷泰这样在龙广一带有权有势的人物都这样看重教育，对当地百姓也造成了不小的影响。此后，袁祖铭在学习上开始有所转变，进步很快，而且在读完私塾之后，考入贵阳陆军小学堂[①]。当他从贵阳陆军小学堂毕业之时，正值兴义的地方势力刘显世掌握贵州地方军权时。经王文华[②]举荐，袁祖铭从贵阳回到兴义，帮助刘显世训练地方乡团，很受器重。其在黔军中的职位从基层的排长做起，一路升迁，官至黔军总司令、援川各军前敌总指挥及川黔边防督办等职，威名远播四川、湖南。在民国时期的西南地区军界中，袁祖铭逐渐赢得了自身的地位。

在民国时期的贵州局势中，内斗极为惨烈。王文华被刺杀后，卢焘主政贵州，但其威望不足。在黔军将士的拥戴下，袁祖铭取得贵州军政大权。1922年8月，北洋政府正式委任袁祖铭为贵州省省长。吴佩孚为了稳定西南地区军政大局，对袁祖铭的活动极为关注。在吴佩孚的支持下，袁祖铭被授予陆军上将军衔，统辖10多万人，可以节制川、黔、鄂、秦、陇五省联军，故有"五省联军总司令"之称。1926年11月，袁祖铭率部驻扎于湖南省常德的铺坪地区。此时，正值国民政府北伐之际，袁祖铭接受了蒋介石的委派，出任北伐军左翼军前敌总指挥。但是，袁祖铭与北洋军阀吴佩孚的往来一直没有中断。正因如此，袁祖铭的"骑

---

①　光绪三十二年（1906年）初，陆军部要求各省的军事学堂，改办陆军小学。这是贵州第一所陆军学校。其招生规模不大，每期的生员数在数十人至上百人不等。辛亥革命后停办。

②　王文华（1888—1921年），兴义人。曾任陆军上将，黔军总司令。

墙"态度，使蒋介石大为不快。北伐军中路总指挥唐生智电令袁祖铭率部开赴北伐前线，向鄂西地区进攻。但是，袁祖铭却阳奉阴违，不听号令。他在湖南常德摊派赋税，招募兵勇，占地为王的意图十分明显。在蒋介石的授意下，唐生智密令周斓①设计除掉袁祖铭。1927 年 1 月 30 日，袁祖铭被周斓设宴诛杀，时年 38 岁。袁祖铭被刺以后，黔军群龙无首，实力锐减。对龙广的袁廷泰而言，袁祖铭的被刺，使其失去了外在的保护伞，袁氏家族在龙广的权势受到了不小的打击。

三、政商两界如鱼得水的苏发祥

苏发祥（1873—1946 年），广东省南海县②人。他学徒出身，初识汉字。1904 年前后，30 岁的苏发祥经商到龙广，寄居在龙广塘坊街上的黎家客马店，当时人们称他为"苏老板"。起初，苏发祥从龙广的顾屯收购粉条贩运到广西，又在南宁捎回广西的胡椒、八角、洋纱、布匹等回安龙县城和龙广出卖，从中赚取利润。自此以后，苏家的生意越做越大，后来发展到雇用云南板桥的马帮给他运输商品和货物。赚钱发迹后的苏发祥在龙广的塘坊娶了第二个妻子黎氏③。

宣统年间，苏发祥在龙广的塘坊街丫口修造了自己的住宅。民国初年，苏发祥结识担任贵州军务督办的兴义军阀首领刘显世。其经商才能深受刘氏器重。兴安公司总办刘若愚病故后，刘显世即委任苏发祥担任该公司总办。苏发祥在龙广招募保镖，组建保镖队。除此之外，他雇用的记账先生、厨师和小伙计都是龙广人。当时正值军阀割据，时局动乱，商旅裹足，地方商业贸易环境很差。兴义、安龙两县的食盐供应奇缺问题特别突出。在刘氏军阀的支持下，苏发祥改兴安公司为兴义盐业专卖公司，生意一直很好。为扩大经营，他又在安顺设分公司，转运川盐。他另在云南的一盐厂设分局，经销滇盐。苏发祥募集地方绅士入股，又有武装部队保护，他的商队可以让食盐经营在盘江流域通畅无阻。

---

① 周斓（1892—1952 年），湖南衡阳人。国民革命军陆军二级上将军衔。设宴诛杀袁祖铭时，周斓任国民革命军第八军教导师师长。

② 今广东佛山市。

③ 在民国时期的农村，女性有姓有名的，极少。一般情况下，成家之时，称为某某氏。

当时，兴义、兴仁、安龙、贞丰、册亨等地的市场有"斗米斤盐"之说。苏发祥的利润之大，不难想见。

1922年袁祖铭当上贵州省省长之后，在龙广一带活动的苏发祥得到了袁祖铭的支持，将盐业专卖公司改组成"永昌恒商号"。除了直接经商外，苏发祥以"永昌恒商号"的名义开始代办金融汇票业务。"永昌恒总号"设于兴义县，又分别在安顺、百色、南宁设立分号，在重庆、武汉、广州、香港设联络网点。苏发祥本人自任总经理，李东升、朱海生等担任分号经理。当时，经常带兵外出打仗的袁祖铭、何厚光、刘成钧、王天培等为方便汇兑，积极入股支持苏发祥。龙广一带的人，对苏发祥的"永昌恒商号"的商业信誉，很是认可。经常有人在苏发祥的商号入股或汇兑。经过多年的经营，苏发祥的股东遍及盘江八县。安龙的朱徽伍、蒋德安，兴义的何应钦家族，以及赵伯俊、何正初等地方豪绅，都是苏发祥的股东。

在苏发祥的"永昌恒商号"里，大烟是其中的一项大宗买卖。他所雇用的运货马帮，马匹达上百。据龙广一带的民间传说，苏发祥的生意规模很大。有一次，因天气不好，苏发祥雇用的马帮在龙广的塘坊逗留。马驮子罗列在苏家、班家大院，像围墙一般。他的马匹无店可容，只好放牧于龙广海坝海尾三棵树、八棵树一带。苏发祥贩销的大烟，用杉木包装，每驮有4箱，每箱装足500两，一驮就是2000两，100驮就有20万两。为苏发祥运输大烟的马帮，一年来回数十次。

鸦片的利润十分丰厚，非一般商品可比。龙广民间对苏发祥的势力估摸不透，因此，在龙广一带有"苏家银子，袁家汉子，班家房子，刘家谷子"的说法。苏发祥做生意有自身的技巧。他事必躬亲，管理精细。每次货物进出，他都要亲自检验。

1927年，袁祖铭被刺身亡后，苏发祥的"永昌恒商号"收铺。他退居广西百色，独自开设"九八行货栈"。苏发祥在龙广的房舍租给龙广的各路商人、货主，堆存商品货物。苏发祥因是贸易的行家里手，又享有盛誉，来往租住苏家房舍的客商络绎不绝。仅凭租房一项，苏发祥在龙广每年就能收取不少钱财。

苏发祥一生娶了两房妻子，养育有二男六女。其儿女亲家有兴义的赵家、泥凼的何家，鲁屯的李家，龙广的袁家和班家。上至国民政府的部长、省长，下至地方的实力人物，都与苏发祥结了姻亲。在龙广地界，苏家人财两旺，门庭显耀。

苏发祥是当年在南北盘江流域出名的巨商大户，在地方公益事业上多有义举。对此，龙广民间多有传说。例如，1922年，新创办的"西区两级小学"①，由小场坝黑神庙迁到了龙广新场坝五省宫。地方政府无力增拨办学经费，地方人士为办学资金一筹莫展。这时，鲁屯的李光甫到龙广变卖了其在纳东购置的祠堂田亩和附带的100多亩松林。这片田地，土壤肥沃，每年可收租谷50石。李光甫要价3000银圆。苏发祥闻讯，慨然解囊，购买此地，捐赠给西区两级小学作办学之用。1926年，安龙县城的盘江中学初办，苏发祥捐资银圆6000元②。

抗战时期，在整个西南地区，路政建设被放在了首要位置。许多地方乡绅为此出了很多力。龙广的苏发祥就是其中的一个。在1943年1月，苏发祥邮汇5000元，支持正在修建的兴义安龙公路的新桥桥梁。县政府传令嘉奖。

民国年间，龙广地方一度流行疟疾③。在龙广一带流行的是一种恶性疟疾，属于打摆子病中的"闷头摆"，在当时的医疗条件下很不好治。一般的中草药不见疗效。民间有"插秧忙，病上床；秋后谷子黄，闷头摆子似虎狼"的说法。作为龙广的富商，苏发祥在家中常备西药和中成药，拿给患病的街坊邻居服用，挽救了不少性命。由于分文不取，他在当地赢得了赞誉。

1937年，抗日战争爆发后，苏发祥因中风返回兴义居住。其商业大权交给大儿子苏满朝继承。其房屋田产分配给子女，只留部分田地和银钱养老。1946年，苏发祥在兴义病逝，享年73岁，葬于龙广。

四、投笔从戎的忠勇烈士王懋长

王懋长（1901—1937年），布依族，清光绪二十七年（1901年）生，兴义府亲辖地西乡永化里纳南寨④人，曾任国民革命军36师108旅2016团副团长。他参加过上海的淞沪会战。1937年，他在河南商城牺牲。

---

① 今龙广镇中心小学的前身。
② 还有一个民间版本说是5000元。
③ 民间俗称"打摆子"。
④ 今安龙县龙广镇纳桃村纳桃五组。

作为一名布依族青年，王懋长的成长经历与民国时期的社会环境和龙广地方兴起的新式教育密切相关。1925 年，24 岁的王懋长完成了他的学习生涯，成为盘江中学第一期毕业生。毕业后，他被西区龙广小学聘为教员。但是为了能够看到更宽阔的世界和有更大的发展空间，几年后，他辞职离开了龙广。起初，他到了贵阳，几经周折之后，于 1930 年，到达南京，以兴义同乡的身份结识了已身居高位的何应钦。在何应钦的鼓励和支持下，王懋长考入中央陆军军官学校①。1934 年，王懋长从该校第九期步科第 3 队毕业，即被分配到国民革命军第三十六师一百零八旅二百一十六团的部队中担任见习排长。次年（1935 年），王懋长正式担任该团迫击炮排排长，不久任上尉连长。

作为一名来自龙广的热血青年，王懋长在不断地学习、思考的军旅生涯中，逐渐成长为一名坚定的爱国者，投身于捍卫中华民族的时代潮流。1937 年 8 月，驻扎苏北的王懋长所在的部队一百零八旅赴上海参加淞沪抗战。王懋长率领的连队驻守苏州河南岸。在抗击敌人的战斗中，王懋长负重伤，被转移到江西南昌医治。第二年伤愈后，王懋长重返部队，在原部队二百一十六团升任团副兼营长。1938 年 9 月，日军向王懋长驻守的河南商城进攻。在此次战役中，王懋长壮烈牺牲，时年 27 岁。

五、隐秘战线上的英雄杨滨

杨滨（1913—1990 年），原名杨重，布依族，1913 年生于今安龙县龙广镇柘仓村屯脚寨子的一个农民家庭。他长期在滇军任职，抗美援朝时随军赴朝参战，曾任福建省军区司令等职。

因幼年丧父，杨滨在成长的过程中历尽了磨难，也得到了锻炼。1929 年，国民革命军第四十三军的贺锡恒旅长②在安龙县境内招募兵员，时年 16 岁的杨滨加入了这支队伍。次年，杨滨来到昆明。1931 年他考入了云南讲武学校军士队，并于 1932 年加入滇军。1934 年杨滨毕业于云南教导团第三期。第二年，

---

①　这个学校开办于 1928 年 3 月，是南京国民政府设置最早的军事教育机构，直接受南京国民政府军事委员会领导。其设置的初衷是培养效忠于国民政府的军事人才。

②　贺锡恒，安龙县人，生卒年不详。

他留校任工兵见习分队队长兼器械操教官①。昆明在民国时期，有"民主堡垒"的美誉，各种思潮都很活跃。当时，因为老乡关系，杨滨结识了韦杵，并在他的影响下思想发生了巨大变化②。虽然几经辗转，由费炳③介绍，杨滨加入了中国共产党，并按组织安排，以军校教官的身份为掩护，从事地下工作。1937年初，杨滨获得了到南京工兵学校进修的机会；7月中旬，毕业后返回昆明，进入国民党六十军一百八十四师④师部工作；3个月后，杨滨随一百八十四师开赴抗日前线。1938年初，六十军移师武汉。同年3月，他所在的部队投入台儿庄战役。同年6月，一百八十四师组建工兵营，杨滨任该工兵营二连连长。同年秋，部队转移到湖南浏阳。

1939年春，部队在江西奉新、高安一带布防。次年10月，六十军由江西移防云南文山，杨滨升任一百八十四师工兵营副营长。1944年下半年，组建六十军骑兵营，杨滨任营长。1945年，六十军赴越南受降，随后在越南整编。杨滨改任军部副官兼直属特务营营长，成为曾泽生⑤的心腹干将。

1946年，内战爆发，六十军开赴东北。途中，部队里的中共地下党工作由杨滨负责。杨滨为首的地下组织将得力人员安排到六十军的要害部门。他们加紧了与高级军官的联系，伺机起义。此时，党中央任命刘浩担任滇军工作委员会副书记和东北军区政治部前方办事处处长。刘浩是云南人，曾在滇黔交界的云南罗平县板桥小学工作。杨滨送妻子回龙广家乡时，曾携带费炳的介绍信与其见过面。

1947年4月，刘浩奉东北局指示，携译电员、报务员和电台潜入六十军，与杨滨一起开展地下工作。5月下旬，曾泽生将一百八十四师暂编为二十一师后令其撤向吉林郊区。这一消息被刘浩和杨滨领导的地下组织及时截获。第二天，

---

① 当年云南教导团改为昆明军分校。

② 韦杵是安龙县钱相人，曾任国民革命军第九军军长。韦杵与杨滨是安龙同乡，都是布依族。在昆明，韦杵与杨滨交往甚多，经常把邹韬奋的《萍踪寄语》等进步书籍借给杨滨看。韦杵的进步言行，对杨滨影响较深。

③ 费炳是黄埔军校第八期毕业生，此时供职于云南讲武学校。

④ 此时一百八十四师隶属于六十军，师长为张冲。

⑤ 曾泽生（1902—1973年），云南永善人，1955年授予中将军衔。解放东北时，曾泽生任国民党六十军军长。

二十一师在途中遭遇伏击，时任师长陇耀[1]险些丧命。半个月之后，在杨滨的策动下，陇耀弃暗投明。曾泽生命令杨滨率工兵紧急修建吉林市城防工事。杨滨借机把吉林城区防御工事和火力部署送到共产党人手中，加速了吉林市解放的进程。此时，张冲[2]受党中央委派赴任松江省副主席、东北人民解放军高级参议。张冲作为滇军的老前辈在哈尔滨发表广播讲话，对六十军形成了很大的影响。

1948 年 3 月，六十军由吉林市撤入长春市，随即被人民解放军包围。在中共地下党组织的策动下，六十军于 10 月 17 日宣布起义。长春和平解放。第二年 1 月 3 日，六十军改编为中国人民解放军第五十军，杨滨任一百五十师四百四十二团团长，随解放军参加了解放鄂西、成都等地的重大战役。

1952 年 2 月，五十军回师驻于湖北。同年 10 月，五十军加入中国人民志愿军序列。在朝鲜，杨滨升任一百五十师参谋长。在抗美援朝战争中，杨滨亲身经历了多次苦战，九死一生。1955 年 4 月，杨滨随志愿军回国后，升任副师长，获得多项荣誉[3]。之后，杨滨分别担任福州军区工程兵副主任，福建省军区司令员、顾问等职，享受正军级待遇。1962 年 11 月，杨滨授予大校军衔。在闽

---

① 陇耀（1908—1977 年），四川金阳人，长期在滇军任职。

② 张冲（1901—1980 年），云南泸西县人，抗日名将。1938 年 10 月，张冲作为六十军一百八十四师师长在崇阳战役失利后，遭人诬陷，被免职后调回云南。1945 年 10 月 3 日，杜聿明在昆明发动政变，逼迫龙云离开云南。这对张冲刺激很大。张冲于 1947 年 1 月辗转到了延安，并加入共产党。内战中，中共中央派遣张冲奔赴东北，主要任务是策反滇军。

③ 杨滨获得的荣誉主要有三级八一勋章、三级独立自由勋章、二级解放勋章、二级红星功勋章。前三种勋章都是 1955 年授予的。八一勋章获得者是红军时期（1927 年 8 月 1 日~1937 年 7 月 6 日）参加革命有功且无重大过失的人员。八一勋章，分为三级。一级八一勋章授予红军时期的师级和师级以上干部；二级八一勋章授予红军时期的团营级干部；三级勋章授予红军时期的连级以下干部。独立自由勋章获得者是抗日战争时期的有功人员。独立自由勋章、解放勋章，也是按照级别，都有三个等级。红星功勋章是 1988 年授予的。其获得者是解放军离退休干部，有两个等级。

工作期间，他指挥了闽江大桥[①]、乌龙江大桥[②]和龙坎铁路[③]的建设。

1964 年上映的《兵临城下》这部谍战剧，反映的就是解放东北时期杨滨的事迹。在 1989 年新中国成立 40 周年献礼的电视连续剧《长夜春晓》中，以杨滨的真名展现出解放长春时他在六十军地下工作中所做的突出贡献。

离休后的杨滨特别关心家乡建设。安龙招堤的"还乡桥"，就是杨滨在 1981 年捐资修建的。1990 年 12 月 29 日，杨滨在上海病逝，享年 77 岁。

小　　结

民国时期的龙广，地处西南大后方，政治、经济、文化等各方面的发展都与国家的命运紧密地连接在了一起。尤其是抗战期间，它不再是一个偏僻的边远集镇，抗战中的兵员供给、道路交通、财税征调等，都有龙广人的参与。经济基础决定上层建筑。在民国期间，龙广能够走出那么多著名的时代弄潮儿，与龙广经济商贸的发展息息相关。

一、保甲制度下国家统治权力渗透至基层社会

与清朝改土归流的权力上移相比，民国时期官方以加强保甲制度为基础，进行了适应时局变化的变革。基层社会的保甲制度，在加强官方统治权威的同时，的确也肯定了基层社会在某种程度上存在的自治权利。然而在这个变革中，代表着官方权威的统治力量持续下移，代表国家公权力符号的乡镇公所附设在农村大大小小的集市上，千百年来乡村社会中的绅权自治状态有了质的改变。以往的"皇权不下县"的传说，成为明日黄花。中国基层的政治发展开始朝着近代化的方向前进。

从整体的运行情况而言，保甲制度确实贯彻了"自治治事、自信信道、自

---

① 闽江大桥，在福州市区，1970 年建成。跨越闽江，连接台江、仓山两区。从 1970 年建成至 1993 年，闽江大桥是福州市区内闽江上唯一通行重型车辆的大桥。

② 该桥于 1970 年 4 月动工，1971 年 9 月建成。其位置在福州市东南方向 17 千米的乌龙江下游渡口，是福厦公路必经的咽喉。在当时，这座桥是国内屈指可数的混凝土特大型公路桥。它的建设，结束了乌龙江渡口汽车船渡的历史。

③ 龙坎铁路建造于 1970 年，1972 年完工。线路长 36 千米，自龙岩向南偏西，经红炭山、富岭，到永定区坎市镇。通过这条铁路，闽西地区丰富的煤炭、毛竹等资源得以开发。

养养人、自卫卫国"的理念。尤其在抗战的艰难岁月里，这个理念很好地服务了抗战大局的需要，从本质上突出了服务于军事的大方向，在很大程度上提升了官方在基层社会中的国民动员能力和资源整合能力。

民国的保甲制度是从管人的角度加强对基层社会的管控，没有触碰中国基层社会由来已久的土地问题，从而存在着很大的局限性。尤其是基层社会中的豪绅富商，在基层社会秩序的构建中仍有无可替代的话语权。官方在基层社会中开展的各类活动，需要取得这些豪绅富商的支持，否则必然在处理基层事务上举步维艰。

二、外向发展是龙广移民群体的精神追求

移民创造的文化具有先天的开放性和创新性。这些移民在开拓进取的道路上，造就了自身独特的敢于担当和勇于冒险的精神特质。移民的人口流动性高。来自各地的移民到了龙广一带。他们很少有排外心理，不封闭自我，注重个人的实力和潜能的发挥。正是这种开放性，使得龙广这片土地拥有了自由拓展的空间。

来自不同文化背景的移民在互动过程中，互相吸收与借鉴先进的观念与生产生活方式，突破固有的思想观念局限。在龙广，移民文化的开放性表现在，这些移民不仅能吸收当地少数民族文化的积极成分，还能有效地传播中国文化的优良传统。正是这种开放性的存在，使得龙广的外来移民能够扩大交往范围和活动范围、开阔眼界，敢于担当和勇于创新。袁廷泰在龙广能够广结人脉，遇事能左右逢源，不能仅仅归结为其能力所致，移民群体的开放性心理和勇于任事的心态，也是其能够发迹的社会基础。在民国时期龙广在兴办教育上，敢于将优秀的私塾先生引进来，也敢于让自己的子弟走出龙广，闯天下。如此一来，大批走出去的龙广人极大地拓展了龙广人的外在发展空间。

民国时期的龙广走出了许多著名人物。他们的活动轨迹是围绕着国家发展的时局而动的。袁祖铭作为龙广袁氏家族中的佼佼者，在与北洋政府以及蒋介石政府打交道的过程中，获得了丰厚的回报。袁氏家族也以此为荣。王懋长、杨滨、班续昭积极参与到国家独立和民族复兴的事业中来，为国家建设做出了贡献。如果说，清朝时期龙广的外来移民群体是以生存理性为首要目的而从事各种活动的，那么民国时期的龙广人就已经有了理性生存的愿望。服务于国家

和民族，是建立在生存理性基础之上的精神追求。

三、乡村经济发展的难题在保甲制度下无法破解

靠山吃山，靠水吃水。龙广的百姓靠着繁荣的集镇就必然围绕商业贸易想办法。家庭手工业是龙广农村家庭经济的重要补充形式。在商品经济得到不断发展的时候，粮食以及各类农产品成为龙广农村能够换取外界物质的土产品。然而，在赋税繁重的情况下，农民生活水平极为窘迫，很少有财力去扩大农业生产。民国时期，龙广农村社会的土地兼并现象，几乎处于放任自流的状态。在战争、洪涝灾害等各种主客观因素的制约下，农村的地权变更频繁，中小地主下降，土地逐渐向极少数大地主手中集聚，佃农数量增加，农村的社会矛盾很难缓解。普通佃农占农村人口的大多数，但是这部分人在乡村的社会分层中处于底层，在民国时期的乡村社会中几乎没有话语权，无力改变受压迫的客观现实。

四、龙广的各族民众是新式教育发展的受益者

龙广的新式教育肇始于清末民国。在千年未有之大变局之下，袁廷泰、苏发祥这样的地方豪绅和商人是新式教育的积极倡导者。在发展教育方面，这些乡绅富户是介于官府和民间社会之间的开路先锋。龙广的新式教育发展起来以后，培养了大批人才，其中包括许多少数民族的优秀分子。

在民国时期的龙广教育中，中国传统的儒家文化和忠孝观念影响着龙广的青年子弟。这种影响是超越族属身份的教育。尽管受教育者的风俗习惯和思想观念不尽相同，各种观念也会形成碰撞，然而教育的结果是不同民族身份的人在爱国的观念上趋于同一，在龙广当地营造了和谐共存的社会氛围。

第四章 土地改革背景下龙广以治理促开发的尝试

第一节 建国初期土地改革的基本情况

土地改革是劳苦大众在中国共产党的领导下的一场社会革命。早在民主革命时期，中国共产党就提出了土地革命的纲领，在解放区逐步开展了土地改革。在新中国成立前，凡是赶走了国民党势力的解放区，都废除了封建剥削的土地制度，进行了土地改革。

一、土地改革的背景

（一）基层农村生产力的解放迫切需要土地改革予以全面破局

从中国的土地占有情况看，新中国成立前的封建土地制度存在很多弊端。人口中，10% 的地主富农占有农村 70% 以上份额的耕地。占农村人口总数 90% 的是贫苦农民。他们依附于地主富农，终年辛劳，生活困苦。

地主阶级依靠土地来剥削贫苦农民。他们与地方官僚勾结在一起，共同维护着基层社会的统治格局。在基层农村，一些有钱有势的大地主还养着"团防"武装，作为镇压民众的工具。因此，解决农村的土地问题，才能真正解放农村生产力。土地改革是新中国成立初期，农村普通民众的迫切要求。

"打土豪，分田地"是当时的革命口号，以武装斗争的形式解决农民的土地问题，是新民主主义革命时期我们党取得成功的关键。从本质上看，打土豪，分田地，实现耕者有其田，符合农村普通民众的意愿。

（二）无产阶级先锋队的本质决定了共产党人必须慎重推进土地改革

中国共产党是信仰马列主义的无产阶级先锋队。作为无产阶级的政党，不能有阶级私利。中国共产党建立初期，在经历了许多挫折之后，我党选择了农村包围城市的道路，是很大进步。在中国农村，地主虽然占有土地的最大份额，但也有农民占有小块土地的情况存在。农村贫苦民众是革命过程中最坚定的力量，他们的利益不能受损。因此，在面对土地改革的问题上，中国共产党必须认真对待实际工作中存在的复杂局面，真正做到为人民服务。

随着时局的变化，农村各阶级的态度也在变化。地主自然是土地改革的最大受损者，但在不同时期，党的具体政策会根据时局做出调整。在抗日战争时期，地主是党的统战对象，放弃没收他们的土地，实施的是减租政策。新中国成立后，农地主的土地被政府无偿没收。但政府在分配土地的过程中，力求使无地或少地农民获得土地之时，也尽量不损害原本已拥有少量土地的农民利益。可以说，土改的过程，极其考验执政党的政治智慧。

（三）群众的革命热情，是一个从不自觉到自觉的变化过程

在土地改革中，共产党做到了放手发动群众。在共产党人的领导下，农村消灭了封建土地制度，打碎了农民身上的枷锁，农村原有的生产关系得以改变，农民群众获得了彻底地解放。这个解放的过程从实质上看，是一个从不自觉到自觉的重大转变。土地改革与群众的革命热情紧密相连。只有群众的自觉，才能进一步巩固新生的政权，进而加强工农联盟和人民民主专政。

土地改革运动有其存在的历史必然性。在中国农村特有的人文环境下，对土地和农民之间的关系如何把握，是执政能力的内在表现。在大多数农民文化程度不高的情况下，如果说农民有多么高尚的政治觉悟，是很牵强的。抛开政治觉悟，如果说大多数农民关心土地的归属权，这种判断在任何时候都是合乎道理的。国民党在中国大陆的失败，不仅是军事上的失败，还有与对农村的治理过程中没有把握好土地和农民之间的关系有关联。美国学者在对中国大陆的研究中也认为"国民党在农村没有能力保证农民的土地、安全和食物，这就意

味着政府失去了合法性"①。

二、土改改革的方法

共产党人从中国农村实际出发，依靠贫农，团结中农，从而有步骤地、分别地消灭封建剥削制度，进而发展农业生产。在大规模大的土改过程中，政府通过下派大批的土改工作队，进行开展思想政治教育。在土改工作队的引导下，贫农、雇农首先被发动起来。他们自发组织成立贫农团，成为领导农村土改的中坚力量。贫农团发起组织农会，吸引中农加入，这样农会就成了执行土改政策的合法机构。

农会的工作是没收地主土地以及接收公共土地，有时还会征收富农的多余土地。农会以乡或大的行政村为单位，采用"抽多补少，抽肥补瘦"的措施，按人口数量平均且无偿地分配土地。无地或少地的农民是最大的受益者，中农在土改运动中基本不受损失。与之相比，地主阶层根据实际情况被予以差别对待。地主群体中的恶霸分子，民愤很大的，政府给予严厉惩处。大多数地主可以分到与普通农民同样的土地，能够从事生产劳动，有生活的出路。

第二节　龙广的土地改革

1949年12月23日，国民党安龙县政府宣布起义，接受共产党领导。自此，安龙县和平解放。1950年1月，中共兴仁军政代表团安龙办事处成立。同年3月25日，在地方社会各界的筹措下，安龙县人民政府成立。全县划分为6个区、2个镇、14个乡。同月，龙广区公所成立，隶属安龙县人民政府，区公所驻地在合兴镇街上的五省宫（五省会馆）内。4月7日兴仁专署成立，安龙县隶之。同月，分别建立合兴镇、德卧乡、永和乡人民政府，属龙广区公所管辖。合兴镇下辖8个行政村，德卧乡下辖9个行政村，永和乡下辖6个行政村。

从和平解放当年的6月至次年10月，安龙县建立各族各界代表会议，乡镇设立人民代表会议。乡镇的农民代表由乡镇人民代表会议选举。1951年10月，龙广区公所被撤销，改设为安龙县第二区公所，隶属关系与下辖乡镇、行政村沿袭不变。在土地改革过程中，由于龙广的特殊人文地理环境，要推翻原有的

---

① 罗平汉. 怎样正确看待土地改革运动 [J]. 红旗文稿，2011，17：14-17.

土地制度，涉及面较广。从实际情况看，土地改革运动在龙广的推行过程，并不是那么顺利。

一、土地改革前的准备

（一）和平处理"水汉"之间的摩擦

所谓"水汉"，是龙广地方民众"自我认同"和"自我认异"的直接反映。"水"是指龙广本地原有的布依族人；"汉"是指后来移民龙广的汉族人。龙广镇的汉人与布依族的矛盾有一个不断积累的发展的过程。汉人移民到龙广的原因有多种。定居之后，在初步相互接触交往过程中，虽然思想文化背景不同，生产生活方式各异，倒也相安无事。但是，随着定居下来人的子孙后裔人口的不断增加，和外来移民的不断涌入，有限的土地、有限的生存空间内矛盾逐渐增多。特别是后来者的群体势力越来越强大，对原有的社会格局形成巨大威胁时，群体与群体之间的矛盾更是以各种个体和偶发事件的方式表现出来。例如，民国年间，龙广恶霸袁德龄是汉族地主，德卧的实力人物岑国斌是布依族，他们之间为收取鸦片烟租，互相争夺地盘，导致整个区域内汉族与布依族之间的关系趋于紧张。

对龙广一带的民族摩擦事件，贵州省委派专人予以调查。如果此类事件得不到很好的处理，会影响到接下来的土地改革进程。通过个别访谈、召开民族座谈会等方式，民汉双方的意见逐渐取得一致。在官方的主持下，双方达成谅解协议①。

（二）镇压恶霸地主袁德龄

袁德龄（生年不详—1950 年），黔系军阀袁祖铭的大儿子，袁廷泰（袁干臣）

---

① 协议内容包括：第一，少数民族抢汉族村寨（如纳兰民兵抢孔家坝、柘仑抢纳坎村）一律清点退还原物；第二，少数民族村庄被劫严重而生活发生困难的，由政府贷给 40 多头耕牛及部分生活贷款，解决困难；第三，少数民族贺明辉、贺腾志杀害罗某某一人，由当事人出钱买棺材将罗某某由洞中捞出安葬。此外，袁廷泰家中有一块《平苗功碑》，其中有歧视当地少数民族的文字。在处理这次摩擦事件中，这块碑在谈判和协商中被提及。调查人员报上级组织批准后将其销毁。

之孙。民国时期，袁德龄被国民党兴仁专署委任为直属大队长，后又充任县民团大队长和合兴镇（今龙广）镇长。仗势欺人的袁德龄是龙广一带的恶霸地主。

在民国时期，这支盘踞在龙广的地主武装就曾经阻挠经过龙广的红军部队。1925年4月2日，中国工农红军第一军团二师及中央军委纵队后梯队，经过安龙，曾在龙广一带休整①。红军路过龙广时，与袁家地主武装发生过战斗。这在党史和军史中称为"龙广战斗"。

依仗着祖父和父亲的势力，袁德龄在龙广一手遮天。1939年，袁德龄指使匪徒20多人抢劫德卧乡乡民汤氏。汤家在抵抗过程中，打死匪徒一人。袁德龄借机诬告汤家擅杀人命，将汤家8间房屋和40亩左右的水田全部霸占，致使汤家老幼沦为乞丐。

1943年，袁德龄看中了一窦姓人家约8亩的一片好田。袁德龄指使手下先用低价买，窦家不卖。袁德龄便将其爪牙抢劫杀害的一个广商的尸体丢在窦家的房屋后面，诬陷窦家杀人。袁德龄以此为借口，将窦家男丁关押起来，强势霸占了窦家的田地。

袁德龄的祖父袁廷泰在1945年去世。在袁氏家产中，袁德龄分得袁家在龙广五台山的祖业。从地形上看，龙广的五台山是5个紧凑山峰之间的一个平缓地，约有10多亩地大小的土坪。这块土坪四面由高山、石壁环绕，是天然的军事堡垒，易守难攻。袁德龄对五台山祖宅做了修葺，派10余名家丁驻守。他们拥有捷克式、中正式、汉阳造等各种军事装备。其宅后山脚有一口很深的水洞，样子像马槽，当地人称为"马槽洞"。袁德龄带领他的地主武装，拦劫过往的商人，捆绑吊打交不起地租的佃农。袁德龄还抓兵派款，强收洋烟税。当地百姓中若有反抗者，便被抓来吊打，甚至被杀，丢进马槽洞。龙广当地人称这个马槽洞为"万人坑"。袁氏一家移居龙广的历史虽然不长，但是很快就发展成为当地一大"望族"。到了袁德龄这代，当地老百姓已经习惯了袁氏家族的仗势欺人。袁德龄和其父袁祖铭生前的军长何厚光、警卫旅长杨维，以及何、杨二人的弟兄子侄抱成一团，祸害乡里。在新中国成立前后，他们在当地勾结土豪劣绅和土匪，形成了一股

---

① 红军长征经过安龙的具体路线是：大部队路过安龙的大坪、石丫口、长冲、冼革，进入马鞭田，在龙广一带休整后，经塘坊、狮子山、马儿田进入三家寨、新寨、黑山、郑屯、阿夏，在顶效镇一带宿营。

地方恶势力，在龙广一带作威作福，危害一方。

据龙广一带的民间传说，在新中国成立前夕，袁德龄在龙广一带占有的土地多达900余亩。他的地租多按"四比六"分，即佃户占四成，袁德龄家占六成。在风调雨顺的年份，袁德龄家往往会借口收成好，改为"三比七"分。穷苦农民借袁家的债，一般是借一斗还两斗，借一元还两元。如到期还不清，则加倍计算利息，重则拆房抬物，甚至全家被赶走。

新中国成立初期，龙广一带以袁德龄为首的地方恶势力在民间社会散布反对中国共产党和新生人民政府的种种谣言，甚至以武力恐吓贫苦农民。袁德龄指使其子袁芳仁等携带枪支，参与土匪枪杀曾控告袁德龄的乡民。可以说，在龙广一带，袁德龄的民愤极大。

袁德龄案在龙广属于有重大社会影响的案件。因此，法院采取了公审、公判的方式审理。公审、公判案件是新中国成立初期人民法院常用的一种审理方式，有群众参加且是在法庭外审判有重大社会意义的案件。公审公判的效果，有利于树立和巩固新生政权的威望。1950年12月15日，安龙县人民法院在龙广场坝召开公审公判大会，参加的群众有1万余人。在公审公判后，袁德龄被枪毙。

（三）全面清剿顽匪

1950年3月25日安龙县人民政府正式成立后，在辖区内相继建立了区一级的政权组织，龙广区人民政府亦在其内。为加强地方武装，龙广区各乡村农会组建人民自卫队，吸收青壮年参加，发给武器或自带武器，保卫新生政权。1951年农村人民自卫队改称民兵，按乡镇、村、组编中队、分队、小队。

1950年4月，土匪活动十分频繁。安龙县城周围地区亦有土匪活动。龙广区虽说地处安龙县西部，但安兴公路[①]从龙广经过，交通相对便利。龙广周边还有几股土匪。例如，德卧匪首何首元、高木乡匪首周大全、民新乡匪首冯开龄与国民党保二团、保四团的残部勾结，社会治安极其混乱。当地匪众最多时，达千余人。安兴公路沿线地区是各路土匪和国民党残部活动的主要区域。

各路武装的首领都喜欢虚张声势，自称纵队司令、支队司令或者师长、团长，等等。他们常常裹挟本地农民为匪，向地方民众强行派粮派款。地方民众稍加

---

① 这里指安龙至兴义的公路。

反抗，就会有灭顶之灾。在社会治安极其混乱的状态下，解放军大批驻扎龙广，在地方民兵部队配合下，开始了全面剿匪的斗争。龙广的剿匪活动始于1950年3月，到1951年1月基本结束。

二、龙广的土地改革进程

1950年1月，党中央下达了《关于在各级人民政府内设土改委员会和组织各级农协直接领导土地改革的指示》。根据这个指示，开始在解放区进行有步骤的土地改革。土改的基本内容大致为：地主阶级的土地予以没收，将其分配给无地少地的农民；将原有的封建剥削土地所有制转变成农民的土地所有制。对于地主，同样也要分给一定数量的土地，使其成为新社会的劳动者。同年6月30日，中央人民政府颁布《中华人民共和国土地改革法》，对富农阶层的政策予以规范，不再是征收富农多余的土地财产，而是对富农经济予以保护。8月4日，《关于划分农村阶级成分的决定》出台后，对农村的阶级成分划分提供了可操作的要求。在这个决定中，党中央确立的土改总路线和总政策是：依靠贫农、雇农，团结中农，中立富农，有步骤地有分别地消灭封建剥削制度，发展农业生产。

根据中央决策，中共兴仁地委、专署决定在辖区搞试点[1]。根据试点的情况，再予以推广。安龙县辖区从1951年4月到1952年9月分四期进行土地改革。龙广区在安龙县范围内属于第三批土改地区。具体时间段为1952年1月至6月。为做好土改工作，贵州省下派有工作队。

在龙广的土地改革试点方法中，以乡为单位，分五步展开。第一，以民众喜闻乐见的方式宣传党、政府的有关方针政策。在此基础上团结民众，进而建立地方性的农民协会。第二，在发动群众的过程中，按《中央人民政府政务院关于划分农村阶级成分的决定》和有关政策标准，有计划、有步骤地划分农村阶级成分。第三，由于土地质量不一，为摸清底数，组织要求民众自报产量，进而组织人力实地查田评产，进行登记造册。与此同时，没收地主土地和其他

---

[1]　兴仁县交乐乡、泗源乡（今杨泗屯乡）和普安县青山区开展试点。具体试点时期从1951年5月中旬开始，到8月结束。内容是：划分阶级成分，查田评产，分配土地总结和解决遗留问题。

财产。第四，确立乡农协的基层威望。乡农协在民主讨论的基础上，以公平、合理的原则，分配农村生产资料。其中不仅包括土地，还有耕畜、农具等。第五，加强基层组织建设，与此同时不忘农业生产，组织农民从事农业劳作；同时根据中共中央和中共贵州省委有关土地制度的方针政策，结合实际情况，因地制宜地巩固和完善土地改革政策。

土改工作队深入基层社会，通过访贫问苦的形式，发现和培养土改积极分子，逐步发动群众，建立以贫农、雇农为核心的农民协会①。农民协会是土改政策的执行机关。通过阶级划分后，农民协会发动群众全面开展对地主阶级的斗争。与此同时，对那些破坏土改的顽劣分子予以镇压。在半年时间内，龙广区所辖的 16 个行政村根据实际情况没收了地主阶层的土地，无偿分给农户，再由人民政府颁发土地证，作为正式确权凭证。

土地改革运动彻底铲除了封建剥削制度，农村旧有的生产关系得以改变，基层社会拥护社会主义制度的信心得以确立，爱党、爱国之情空前高涨。这可以从基层社会支援抗美援朝的行动上显现出来。1951 年 6 月下旬，安龙县城乡全面掀起捐献钱粮支援抗美援朝的高潮。仅城关、龙广、化力 3 个区捐献的钱物就有 70 多亿②。

第三节　土地改革后龙广社会治理的变化

一、地方政权建设迅速步入正轨

（一）地方武装力量得以加强

在龙广的基层社会治理中，正规部队逐渐退出日常的管理事务。地方的党政机构和部门逐渐挑起了基层社会治理的责任。为巩固基层社会的新生政权，地方武装的震慑作用依然存在。只是，此时的地方武装力量开始以地方民兵为主。从性质上而言，基层社会的民兵是不脱离生产的群众武装组织。国家投资少，益处多。

---

① 以贫农和雇农为核心建立起来的农民协会，简称农协。

② 虽说新中国成立初期流通的人民币与现在流通的不是一回事，但从额度上来讲，70 多亿的人民币在当时的购买力亦是相当大的。

它既是国家武装力量的组成部分，也是预备役的组成部分。民兵制度逐渐成为国家的一项不可替代的军事制度。其组织架构也按班、排、连、营、团为单位。

1951年7月，安龙县二区龙广人民武装部建立，接着建立了下辖的各乡镇武装部。武装部是本地区的军事领导指挥机关，受上级军事机关和同级地方党委的双重领导。一般情况下，同级党委书记，兼任同级武装部的党委第一书记。武装部的日常事务主要是负责辖区内的民兵组织建设、辖区民兵的军事训练、兵役登记和兵员的征集，烈军属优抚工作，等等。

在新中国成立初期的社会环境下，农村还有残留的国民党武装人员和土匪频繁活动。为保护新生的地方政权，龙广区和下辖各乡镇的武装人员维持在一个比较大的规模。满员状态下可以达到623人①。此外，地方基层武装部还配有单独的枪库②。

1954年7月，经过整编，撤销龙广区武装部，只配1名现役干部为区武装助理员。直到1958年5月，龙广区武装部得以恢复。自1958年起至1965年，龙广区建立有民兵团，各公社建民兵营和基干民兵连，设民兵技术专业队。民兵组织分为普通民兵、基干民兵两类。其中，基干民兵属于第一类预备役，普通民兵属于第二类。在新中国成立初期，由于维护基层社会的稳定，民兵在执行值班和巡逻，可以持枪，遇到可疑人员有盘查的责任和权利。

（二）政法机关的设置向基层社会延伸

安龙基层政法机关是实现国家政权对基层社会管理的直接载体。1950年7月15日，安龙县人民政府建立安龙县公安局，随后向各区派驻公安员。龙广的公安员办公地点在龙广街上一间没收来的地主屋内。龙广的公安员负责全区下辖区域包括合兴镇、德卧乡和永和乡在内共23个行政村的治安工作。

当然，基层政府机关的设置也一直处于不断调适变化之中。1952年建立合兴镇公安派出所；1954年9月撤销。12月安龙县派驻公安员。1953年1月，县人民法院分别在龙广、普坪设立巡回法庭。龙广为安龙县第二巡回法庭，下设德卧、永和两个审判站。这个巡回法庭负责龙广及其附近14个乡镇简单刑事

---

① 其中干部148人，队员475人。

② 龙广区当时的枪库有捷克造轻机枪1挺、步枪157支、五四式手枪6支、土枪318支、步枪子弹2065发。

案件和民事案件的立案和审理。设立巡回法庭是新中国成立初期我国司法制度的一个创新。在司法实践中，巡回法庭的作用是为了方便诉讼当事人，有利于避免审理案件中可能存在的人情案、关系案，从而促进司法公正理念的维护。

1951年至1954年的4年时间里，龙广区共发生案件37件，侦破31件①。公安部门逮捕犯罪嫌疑人11名②。从案件的总量上看，龙广本地虽仍有不安定的因素，但从1951年以后社会治安已趋于稳定。

（三）"三反"运动使基层政权机构得到整顿

新中国成立初期，在资产阶级的糖衣炮弹下，政府机关的一些人员开始有了贪污、浪费及官僚主义的苗头，一些干部甚至是领导干部思想堕落，行为上脱离了为人民服务的根本宗旨。为此，党中央适时开展了反贪污、反浪费、反官僚主义的"三反"运动。

1951年12月1日，中共中央正式发出了《关于实行精兵简政、增产节约、反对贪污、反对浪费和反对官僚主义的决定》。在这个决定中，"三反"作为贯彻中央精兵简政、增产节约两个中心任务的具体措施，要求各地各部门普遍检查已经存在的贪污问题、浪费问题和官僚主义问题。1951年12月8日，中共中央又做出了《关于反贪污斗争必须大张旗鼓地去进行的指示》。在这个指示中，反贪污的基调被着重地确立起来。此后，一个全国范围内的"三反"运动开展了起来。"三反"运动的时间段大致为1952年1月到1952年10月。其规模浩大，涉及面广。1952年1月，按照安龙县委的部署，"三反"运动在龙广区的区机关和各乡镇干部全面铺开。4月，中共中央发出了两个以"三反"为主题的三个文件。一是《关于处理贪污浪费问题的若干规定》，二是《关于

---

① 侦破的案件中，盗窃案9件、暗杀3件、凶杀2件、死因不明1件、投毒1件、伪装人民解放军人员1件、破坏国有林1件、反革命和管制分子组织集团暗杀1件、造谣案2件、纵火案1件、一贯道非法集会1件。其中侦破的一贯道非法集会，比较典型。所谓一贯，出自孔子"吾道一以贯之"。一贯道，又名"中华道德慈善会"，是新中国成立前流传最广、势力最大、危害最严重的反动会道门之一。1950年抗美援朝时期，一贯道到处进行封建迷信活动，散播"第三次世界大战快起来了，美蒋军要来北京"等谣言，迷惑群众，号召入教者对抗新生的基层人民政权。

② 这11名犯罪嫌疑人中，包括盗窃5人、凶杀犯3人、伪造证件1人、破坏国有林2人。

处理小贪污分子的五项决定》，三是《中华人民共和国惩治贪污条例》。这三个文件规定了"严肃与宽大相结合"与"坦白从宽，抗拒从严；一般从宽，恶劣从严"的处理方针和政策。根据这三个文件精神，安龙县各地在"三反"运动中揭发出来的犯有贪污问题和浪费问题的干部，分别做出不同处理。

二、乡村社会治理重心突出

（一）民间社会的婚姻登记纳入基层社会治理范围之中

在传统中国的婚姻家庭观念中，妇女的地位低，话语权弱。婚姻缔结依靠"父母之命，媒妁之言"。通常，政府也不直接过问民间社会的婚姻缔结行为。新中国成立后，中国基层社会发生了欣欣向荣的变化。基层社会中的广大民众对婚姻自由有了新认识。虽然说基层农村社会中的包办婚姻、买卖婚姻、虐待妇女等现象还大量存在，但新的思潮也逐渐被基层民众所接受。

1950 年，新中国出台了《中华人民共和国婚姻法》，废除了封建主义的婚姻制度，以法律的形式来规范人们的婚姻行为，进而在社会生活领域中树立起应有的法律权威。《中华人民共和国婚姻法》规定："实行男女婚姻自由、一夫一妻、男女权利平等、保证妇女和子女合法利益的新型婚姻制度。"新的婚姻法颁布以后，基层社会中一些年轻男女敢于自由恋爱，进而组织家庭。新型的婚恋关系中妇女的话语权增强，在家庭中的地位得以提升。

为了对付反革命势力对新生政权的破坏，基层社会管理中的审查制度十分严格。反映在婚姻的缔结行为上，就是准备结婚的男女双方要有行政村或所在乡镇政府开具的介绍信方可办理结婚手续；非农业户口的人要办结婚证，也必须持有所在单位的介绍信。与此同时，涉及军人结婚的情形，审查更严格一些。政治背景和家庭背景的审查是其中的必查环节。在婚姻家庭生活中，出轨行为在当时基层社会中也是很不光彩的事情。

（二）现代医疗卫生事业开始起步

新中国成立初期，基层社会的群众没有卫生习惯，偶有传染病发生的情况是客观存在的现实。到了 1952 年春天，朝鲜战场上美军使用了细菌武器，给我国造成了很大的压力。在这种特殊的时空场域中，党中央把卫生健康问题提到了爱国主义的高度。对此，毛主席号召广大群众："动员起来，讲究卫生，减少疾病，提高健康水平，粉碎敌人的细菌战争。"为加强领导，中央成立了专门的防疫委员会。出于保家卫国的目标，全国范围内的爱国主义卫生运动得以展开，各省纷纷行动起来。1953 年 5 月，二区（龙广）卫生所设立。西医、西药逐渐进入普通百姓的视野中。1954 年 9 月 20 日，龙广中西医联合诊所建立，这个诊所是安龙县境内建立的第一个中西医诊所。

（三）兴办教育成为土地改革后农村社会进步的标志

新中国成立初期，在社会各界的支持下，龙广的教育事业仍在不断发展。扫盲培训班在有条件的村寨开展起来，以帮助农民提升文化素养。对于农民的文化教育，主要目标是扫盲。

在学校教育上，新中国成立初期的龙广也有很多进步。从性质上讲，公办教育占主导地位。1951 年，龙广小学改称安龙县第二区小学，属县办。区以下乡村小学均为民办，春季开学。1951 年 8 月，永和民族小学建立。1952 年 5 月中旬，经省教育厅批准，永和民族小学经费由省财政直拨，书籍、学习用品、学生衣服由政府供给，学生享受助学金。1953 年 7 月，龙广区设教育视导组，配备教育视导员；龙广区所有小学都改为秋季开学。龙广小学除本部外，还开办分校。九村所办的 4 个教学点，全部集中于丁屯后，改建成了 1 所学校，到1954 年该校改称星光小学，性质仍属民办。1955 年秋，恢复龙广小学校名，改为包括初小（1~4 年级）和高小（5~6 年级）在内的六年制学校。此外，龙广一带还在纳万村开办了纳万初级小学①及龙广区五台乡果约星光小学②。

1957 年 9 月 16 日，龙广民办中学成立大会暨开学典礼举行。首批录取初一新生 110 名。校址在老场坝黑神庙。1958 年，龙广民办中学改为龙广农业中学，校址迁到包包寨佛堂，在校学生 4180 人。该校首任校长贺发德在工作中的成绩突出，曾出席黔西南州群英表彰会。同年，为服务基层社会的教育发展，龙广新华书店在龙广街设立。这是龙广有史以来，第一次出现的官办图书销售机构。由于地方民众的文化程度偏低，龙广的新华书店的业务长期以来以辖区内的中

---

① 该校成立于 1952 年，属民办性质。

② 该校成立于 1956 年，属民办性质。

小学教材为主。

（四）邮政交通加强了龙广与外界的联系

现代邮政设施建设和邮政业务的普及，有效地促进了龙广地方与外界的联系。1951 年，设龙广邮电所，隶属安龙县邮电局。随着业务量的增加，到 1959年 1 月试办为龙广邮电支局，主要业务范围包括电报、电话、邮寄、报刊发行 4 种。

此外，交通基础设施不断完善，彻底改变了龙广地方的内外交通。1953 年，兴仁专区客运汽车开始往返经过龙广，结束了当地不通客运汽车的历史。在道路维护方面，1954 年，龙广公路专业养护道班设立。养护道班的职责是养护公路，尤其是小规模的路基维护最为常见。在养护公路之外，道班还有巡视道路的任务，设立有专门的道班员岗位。

（五）民族识别为民族平等政策的贯彻奠定了基础

1949 年 9 月，中国人民政治协商会议确立的《共同纲领》中，明文规定了"各民族一律平等，施行团结互助"。这在法律层面确立了民族平等的政策基调，改变了以往对待少数民族的歧视和压迫态度。1950 年国庆节，受周恩来总理之邀，全国各地的少数民族代表 300 多人进京参观。其中，一个湖南的少数民族代表提出了自己是土家族而不是苗族的情况，引起了党中央的重视。民族识别问题开始逐渐提上日程。经过各方的努力，到 1953 年，全国上报的民族名称总数超过 400 个。

贵州的民族识别工作较为繁杂。各县上报的民族名称总数有上百个。在民族识别过程中，1954 年第一次全国人口普查数据起到了非常重要的作用。经过翔实地调查，贵州的布依族、苗族、侗族、黎族作为新中国成立初期第一批被识别的 38 个少数民族，出现在人们视野中。从地方档案资料的情况看，龙广镇的少数民族识别工作较为顺利。因为其境内的少数民族成分不多，居住状况相对聚集。在民族识别之后，龙广镇的少数民族群众就以少数民族身份开始享受国家给予的各项优惠政策，以崭新的政治面貌参与到国家建设之中。

（六）财税金融秩序逐步回归正常轨道

新中国成立初期，百废待兴。龙广作为农业区的地位没有变。1950 年 12 月，龙广区税务所建立。这是安龙县建立的第一个区税务所。以往征收的田赋，名称改为农业税。这一时期龙广区的财政收入主要还是农业税，与以往没有多少变化。除此之外，还有工商税。纳税人是在龙广辖区从事经营活动的工商业者。1951年，地方税种增设农业税附加。农业税以稻谷实物交纳，个体农户家庭为纳税人。从1956年起，随着合作社的推进，农业生产搞集体经营，农业税的纳税人转变为农业合作社。

1950年3月起，基层社会的市面流通中禁止使用银圆、铜圆。龙广开始流通新中国第一套人民币。面值有1元、5元、10元、20元、50元、100元、200元、500元，最高面值为50000元，共12种面值。第一套人民币的发行，结束了国民党时期币值混乱的局面。从性质上讲，第一套人民币是战时货币，服务于人民解放战争。解放军的触角伸向哪里，人民币就紧跟到哪里。1955年3月1日起，全国范围内流通使用第二套人民币。面值有分、角、元，共11种面值。面值有1分、2分、5分，1角、2角、5角，1元、2元、3元、5元、10元[①]。第二套人民币1元折抵第一套人民币1万元。

1951年8月，安龙县人民银行在龙广建立流动服务组；1951年10月30日建立龙广区营业所，在性质上属于县人民银行的延伸机构。1955年龙广全区14个乡镇都建立了农村信用合作社。农村信用合作社由中国人民银行的农村网点改建而成。其宗旨是"农民在资金上互帮互助"，由农民出钱组成信用合作社的资本金。

第四节　土地改革后龙广以社会治理促经济开发的尝试

一、农业生产的变革

长期以来，龙广的经济开发，主要反映在农业生产上。龙广镇的龙广坝子有13616亩，海拔1200米，土地肥沃，适宜农耕。数千年来，龙广都是原始农业生产活动。在长期的封建土地制度下，龙广镇的农业生产力发展缓慢。农村的普通民众还是使用传统农业生产工具进行农业劳动。到20世纪50年代，水

---

① 这套人民币有独特的3元面额的纸币，由苏联代印，因此在当时也被民间称为"苏三币"。当时我们的政策是全面向苏联学习，苏联卢布中有3元面额，我们也就学了过来。从1955年3月开始发行到1964年5月停止流通，3元面额的纸币实际流通时间仅有9年。

稻还是以撒播为主要播种方式。在水稻收割后，犁耙平整土地，将拌好草木灰的种子撒播在田里，不进行后续管理。由于土地肥沃程度有差异，植株体发育不一，水稻亩产普遍不高。这种情况，直到土地改革之后才有了大的改观。

（一）农业生产互助组的尝试

农业生产互助组是一种生产互助形式。具体做法是，由几户或十几户农民，按照自愿原则组织起来，共同劳动，换工互助，以解决组员间缺少劳力、耕畜、农具的困难。土地、耕畜、农具和收获的产品仍旧归农民所有。

在日常的互助组劳动过程中，以工分的形式计算劳动量。工分的计算方法，有多种。例如，底分死计、底分活评、定额计工、以产量测工等。由于工分计算不容易操作，在实际的劳动生产时的计分流于形式，按劳分配的原则无法落实。在这样的情形下，逐渐形成了干多、干少一个样，干好、干坏一个样的局面。基层社会的平均主义和"大锅饭"，就是在工分计算劳动量的特殊形势下逐渐形成的。

当然，集体劳动的互助组形式，对推广农业新技术十分有利。因为，新技术的推行，不需要逐个征求群众的意见，只要互助组同意即可。1952年春，合兴镇的陈仕林互助组闻名全县。这个互助组采用小麦良种，水稻盐水选种，推广盒式秧田育秧，稀株密植，连续3年获得丰收。

（二）初级农业生产合作社的尝试

1953年12月16日，中共中央通过《关于发展农业生产合作社的决议》。经过省、地委、县委的层层传达后，基层社会开始组织落实。龙广区原来的农村农业生产互助组相继联合组织农业合作社。这是一种半社会主义性质的初级农业生产合作社，简称初级社。在中国共产党领导下，农民以土地入股，统一经营的农业生产组织。自愿、互利原则是初级社得到基本原则。土地入股之后，农民手中的耕畜、大型农具等主要生产资料也交给统一经营和使用，由初级社付给农民适当的报酬。

合作社在社员分工和协作基础上组织集体劳动。产品由社统一分配，在交纳农业税，扣除生产费、公积金和公益金后，剩余的劳动成果分给社员，作为土地等生产资料的报酬和社员的劳动报酬。劳动报酬按社员参加劳动所计工分比值分配。允许社员留有自耕地，经营家庭副业。

合兴镇四村 [①] 建立了三联、桃林、保卫 3 个初级社。初级农业合作社的开办和经营，为高级农业合作社的创办打下了基础。

（三）高级农业生产合作社的尝试

1955 年，在中国共产党领导下，龙广区农村由初级社转入高级农业生产合作社，简称高级社。在高级社中，土地报酬被取消，参加高级社的社员土地被无条件地转归高级社集体所有；群众自家的耕畜、大型农具按自愿原则折价归社，进而推动土地、耕畜、大型农具等生产资料公有化。

在高级社内部，有明确的分工协作计划。在此基础上，高级社组织社员集体劳动，收获的劳动产品由高级社统一分配。在交纳农业税，完成国家统购任务，扣除生产费、公积金、公益金后，所剩部分以按劳分配的原则在社员中予以分配。此时，社员私有的生产资料、庭院里的零星树木、家畜家禽、各类小农具不入社，且允许耕种自留地经营家庭副业。

龙广区所辖乡镇在 1956 年全面实现高级社的建立。1965 年 2 月，龙广乡建立的曙光高级农业生产合作社是安龙县第一个高级社 [②]。在管理上，该社是两级管理体制，合作社内部设立有农田水利专业队 [③] 和副业队 [④]。在该社成立当年，农民积极性比较高，全社集体生产的粮食总量大幅提升。继曙光高级社之后，龙广相继建立了几个高级社 [⑤]。这些高级社成立之后，便开始推广曙光高级社的集体化经验。

二、农田水利建设的变革

在中国共产党的领导下，土地改革运动使得农村的农业生产关系得到彻底地改变。生产互助组、生产合作社，既是基层社会的自治组织，也是集体性质的经济组织。在这种集体生产的模式下，农业生产力得以发展，农田水利建设迈出新步伐，农村抵御自然灾害的能力逐渐得以加强。一些前人不敢想也干不

---

① 即今天的纳桃寨。
② 该社下辖 504 户、1801 人、劳动力 955 个、被划入 14 个生产队。
③ 农田水利专业队负责地方农田水利。
④ 副业队从事非农事务。诸如运输、养猪、酿酒、烧砖瓦、加工火药、面粉、建筑等。
⑤ 这一时期成立的高级社，主要有东安、龙泉、明光、红光、群光、星光高级社。

成的事，在新中国成立初期得到实现。

1956年3月，安龙县成立淌淌河引水工程指挥部，由安龙县委直接管辖。起初，在龙广、德卧两个乡范围内调集民工修建引水渠。1957年11月下旬，淌淌河水利工程龙广段开始兴建，因工程浩大，民工征集范围超出了龙广和德卧两乡的范围。1958年3月，淌淌河水利工程"妇女打炮眼组"贺天芬、贺德珍、贺显志、贺文景4位布依族姑娘，被贵州授予省级"千锤姑娘能工巧匠"的荣誉。在社会各界的共同努力下，淌淌河水利工程耗时长达10余年，于1967年竣工通水。

龙广海子的排水工程，是新中国成立初期在龙广一带最得民心的水利工程①。该工程的建设是国家和地方多方力量共同完成的②，开挖的土石方有11万立方米，防洪受益面积达4500亩。

1957年12月底，安龙县调集民工修建柏仑水库。柏仑水库的大致位置在龙广的柏仑村与兴义郑屯交界处，是以服务农田灌溉为主，兼顾人畜饮水的小型水库。水库设计的坝高为31.5米，水库设计容量为200多万立方米，当时的有效灌溉面积达2.3万亩。其受益面积广，受益人群多，涉及龙广、新桥、德卧范围内共130多个自然村寨的各族民众③。

三、粮食购销的变革

新中国成立初期龙广的农业生产，从以往的小农经济各自为政的散乱状态进入计划经济的经营轨道中来。尤其是朝鲜战争爆发后，粮食作为关乎国计民生的战略物资，越来越受到重视。粮食的购销环节，开始出现了政府代购、代运的情况，政府逐步禁止私商自由经营粮食生意。1953年10月，国家出台了《关于实行粮食的计划收购和计划供应的命令》，正式确立了国家在粮食购销领域内的话语权。同年11月，全国在基层社会正式禁止民间自由买卖粮食。粮食由国家统一购销。

---

① 1956年11月，经兴义专区、黔南州先后勘测设计，龙广海子排洪工程动工，为民办公助水利工程。至1959年夏，打通隧洞497米。1965年冬，龙广公社纳桃、小场坝、新场坝和长湾公社坡关4个大队的21个生产队，再次组织劳动力对排洪隧洞进行扩修。扩修工程于1966年5月竣工。

② 国家投入资金27.72万元，社队自筹3.67万元，累计投工67400个。

③ 王贞鸿，等.柏仑水库改扩建工程稳步推进[N].黔西南日报，2009-07-13（2）.

龙广的粮库设在袁家店。1953 年，龙广区的粮库原有 10 个粮仓，可储藏谷物 360 吨。1954 年，龙广区粮库在袁家店新建粮仓。新型的粮仓铺设有木地板、防雨板、竹气笼和通风木槽，龙广的地方仓储能力得以改善。到 1955 年，国家实行"三定"原则①，即农户的粮食产量按正常核定后，一定 3 年不变。当时的政策是：增产不增购，灾歉减兑，只购余粮，不购口粮，杜绝浪费。在农村生产力有限的情况下，这样的政策得到了群众的广泛支持。龙广的粮食购销能力以本地仓储情况为基础。在政府的支持下，龙广的粮食仓储设施不断完善。1956 年，龙广区粮库改建为标准粮库。1958 年，龙广区新建仓库 10 处，粮食总库容量 7720 吨，储量能力大幅提升。

为了统一安排粮食购销的措施，按照国家规定，基层政府核定农业社的粮食产量和城镇居民的用粮标准。1957 年，龙广的农业社（户）被分为三类：余粮社（户）、自足社（户）和缺粮社（户）。具体操作程序是：对缺粮社（户）进行统销粮食，将余粮社（户）正常年景粮食产量扣除各项用粮②和应交公粮③后，凡达到起购点④的均按单一统购率⑤，并经民主评议后，以社（户）为单位施行计划采购。

四、畜牧业生产的变革

长期以来，畜牧业发展都是靠民众自发养殖，散养为主。新中国成立初期，随着土地改革的深入发展以及国家政策的调整，龙广的畜牧业发展情况受国家计划经济干预的程度在不断加强。1951 年，农村民众散养的肥猪收购和调拨，由供销社以及县商业局下设在基层的商店承担；居民所需猪肉都在市场选购。后来由龙广区食品站收购肥猪，供应居民猪肉。

这一时期农村的畜牧养殖防疫逐渐进入基层政府的视野。1955 年 2 月 12

---

① 三定，是指定产、定购、定销。
② 主要指口粮、种子、饲料。
③ 这部分包括地方的自抽粮。
④ 起购标准是：每社余粮 100 千克，每户余粮 2.5 千克。
⑤ 包含的比例在 80%~90%。

日—3 月 10 日，科汪乡 5 个自然村寨耕牛发生炭疽病①，死亡 30 头。当时的龙广区在应对炭疽病方面，因经验不足，消毒不严，为牲畜注射疫苗不及时，致使炭疽病扩散，造成了一些不必要的损失②。

五、合作社模式下集市贸易的变革

新中国成立初期，合兴场仍为三天赶一场，子、午日为小场期，卯、酉日为大场期。1952 年起称"龙广场"。这一时期，龙广区集市发展到 4 个，即龙广、德卧、永和、岜皓。

1951 年 10 月，安龙县民族贸易商店在龙广设固定商贸组，经营百货，即专营、批发、零售各类生活必需品。例如，针织品、食盐、棉纱、卷烟等。由于新中国成立初期的工业基础薄弱，许多基本生活用品满足不了日常需要。为了应对这个困难，出现了种类繁多的票证。粮票、油票、煤票、火柴票等，不一而足。例如，新中国成立初期的衣料供应，由国家统一调配。衣料属于紧俏物资，城乡居民购买布料，需要持布票作为购买凭证。布票本身不具有价值，不允许买卖流通。20 世纪 50 年代的布票，称为"购布票""购布证""棉布购买证"。到了 60 年代，称为"布券"或"布票"。任何一种票证都有一个不成文的规定，即过期作废。从票证的使用情况看，在当时的农村社会里，识字的农民毕竟不多，在使用各类票证时，有很多无法克服的困难。1952 年，龙广市场管理委员会成立。其职责是管好多种经济成分并存的市场秩序，对合法经营者予以保护，同时对投机倒把行为予以严厉打击。

"投机倒把"是二十世纪六七十年代的特殊名词，具有浓厚的计划经济时代的色彩。其本意主要指市场上为牟取暴利而进行的买空卖空行为、囤积居奇行为以及套购转卖行为。在社会主义经济改造时期，原有的已被认定为资本主义的商业被限制、利用和改造。在这样的环境下，"投机倒把"行为，往往被

---

① 炭疽病，由炭疽杆菌引发的传染性疾病。人因接触病畜或食用了由病畜加工的产品会发生病菌感染。临床表现是皮肤坏死、溃疡、血液凝固不良、寒战、呕吐、腹痛、严重腹泻等症状，偶尔会伴发败血症。

② 这一事件发生后，被兴义专署通报批评。后来，在上级政府的强力干预下，龙广区的炭疽病防治得到控制，畜牧业生产受到的影响被降到最低限度。此类事件若是在新中国成立前，引起政府重视的可能性极小。

视为"挖社会主义墙脚"，应采用阶级斗争的手段予以严惩。

1952 年年底，龙广区供销合作社成立。自此，龙广市场管理委员会由供销社代管。供销社是二十世纪五六十年代的产物。它是以自愿联合的理念，采用自下而上的方式组成的经济实体。通常情况下，在一个县域范围内，会有一个供销联合社。联合社在县辖区内，会有若干个基层供销合作社作为社员社。各级供销社在经济上独立承担经营责任，上级联社对下级社一般不下达经营任务。当然，国家委托的政策性经营业务除外。

在供销社系统之外，还有国营商业系统。在中国共产党领导下，中国的商业从半封建半殖民地的旧商业转变为社会主义商业，进而形成了高度集中的计划商业体制。1956 年，县商业局在龙广设批发商店和零售商店。自此，龙广的商业贸易被纳入高度集中的计划商业体制中来。基层社会中所有的物质和消费品，由国家统一收购、调拨和销售。国营商业机构在基层社会的商品流通领域中占主导地位。在物资相对匮乏的新中国成立初期，计划商业体制对于保障社会资源的合理分配和维持基层民众的生活需求，功不可没。毕竟，在计划经济体制下，商品流通的成本较低，计划商业体制的运行达到了稳定农村市场和稳定农村经济的目标，促进了城乡物资交流。

1955 年，龙广铁业农具生产合作社成立。这是龙广一带从事个体经营的手工业劳动者在自主自愿原则的基础上组织起来的生产合作社，属于集体经济组织，具有社会主义的生产性质。该社于 1958 年转办为龙广轻工业联合厂[①]，属龙广区领导。1961 年，龙广轻工业联合厂的名称又改为龙广手工业农具合作社。

第五节　土地改革时期的龙广人物

一、忠诚于革命事业的王秉鋆

王秉鋆（1919—2009 年），龙广镇纳桃村人，布依族。1938 年，19 岁的王秉鋆在云南镇南师范学校读书时加入了"中华民族解放先锋队"。这个先锋

---

　　① 这个轻工业联合厂在 1961 年吸纳了合兴镇（今龙广）的"合群缝纫社"。合群缝纫社，在 1958 年开办初期，有裁和缝两个工种。在那个量体裁衣的年代，合群缝纫社的成立极大地解决了农村民众制作衣服的难题。

队是由中共地下党领导的青年抗日组织。从镇南师范学校毕业后，王秉鋆留在云南，在大姚县以小学教师身份作掩护，继续从事地下工作。

1941 年，王秉鋆成为中共党员，在中共云南地下党的运作下，进入滇军服役。1945 年 10 月，从事地下工作的王秉鋆被捕入狱，服刑 3 个月后又被无罪释放。之后，他回到了部队，并随部队调到昆明布防。1946 年，王秉鋆回到龙广镇，以龙广小学教员的身份作掩护开展地下工作。他以办夜校的方式，宣传中国共产党的思想和主张。

随着国共内战的爆发，国民党在基层社会的征兵、征粮、征税活动十分频繁。然而，这一时期国民党发动的内战不得民心，在基层政权所具有的威望与抗战时期不可同日而语。1948 年夏天，王秉鋆在龙广一带领导地方群众的抗征活动。同年 7 月，在磨雍寨银子洞成立了以王秉鋆为首的组织——扶风社。在群众的支持下，扶风社很快发展到 500 余人。扶风社把分散在群众中的土枪土炮、梭镖、马刀等集中起来，以村寨为单位组成自卫小组进行活动，在龙广一带声势不小。驻守在龙广的保警兵以及乡丁轻易不敢下乡征兵派款。有的村寨甚至出现了没人敢当保长、甲长的情况，在位的保长、甲长们也不敢轻举妄动，龙广的一些保甲基层政权几近瘫痪。

扶风社成立后，王秉鋆借纳兰寨子王久长家办丧事之机，通知成员前往吊祭，以此显示组织的力量。成员全副武装，将玩狮子的道具带上，集中于纳桃寨，一同前往王久长家。纳兰寨位于合兴镇（今龙广）公所脚下。据民间传说，扶风社成员进入纳兰寨后，100 余支火枪按次序鸣发，7 支由青壮年组成的狮子队锣鼓齐奏。队伍有意拉出纳兰寨，从镇公所大门前路过。路两边看热闹的群众很多，镇公所的公职人员以及县城驻守龙广征兵的人都没敢出面制止。

在做好了前期的宣传动员和充分的组织筹划工作之后，为进一步发展革命事业、推动革命进程，1949 年 3 月，王秉鋆在龙广成立了一支 100 多人的地下武装。在王秉鋆的领导下，这支武装得到了龙广一带民众的普遍支持，规模迅速壮大了起来。同年 6 月，以王秉鋆为首的龙广地下党发动了"永和—龙广暴动"，歼灭了永和乡的一个保警分队，缴获保警队的全部枪支弹药，占领了永和乡公所。部队开始张贴《告民众书》，召开大会，宣布部队番号，打开地主的粮仓，把粮食分给穷人。此后，革命武装占领了合兴镇的镇公所，国民党安龙地方当局急忙派兵前来镇压。经过一系列斗智斗勇的活动，为保存实力，革命武装部分人员回到龙广乡下继续坚持斗争，部分转入地下开展革命工作。

这次武装活动有力打击了国民党在龙广一带的地方军政势力。此后，王秉鋆负责安龙县的地下工作，培养王雄在安龙地区展开工作。为了配合解放军在大西南的解放行动，王雄安排部署安龙县内各地群众进行武装暴动，利用民族身份和文化心理等因素，劝说龙广的国民党保安团弃暗投明，为和平解放安龙做出了贡献[①]。

二、党培养的布依族优秀干部王安泽

王安泽（1934—1995 年），布依族，安龙县龙广镇永革寨人，中学文化程度。龙广解放后，王安泽经组织选派参加安龙县干部训练班，结业后参加工作，历任安龙县委书记、兴义地委副书记、黔西南州委书记、贵州省副省长、贵州省人大常委会副主任等重要领导职务。

王安泽曾参加了基层社会的镇压反革命运动。在土地改革中，王安泽深入基层，坚持实地调查，尽可能将工作做实、做细。在后来农村社会的合作化运动以及基层人民政权的建设中，王安泽也积极参与，认真工作，深受普通群众的欢迎。随着职位的升迁，王安泽坚持实地调查的作风没有变，在中央重大决策部署的落实上，他能够一如既往地坚持深入基层，亲自组织实施。

1988 年，王安泽担任贵州省副省长后，主要分管农业和农村工作。在冬季农业开发、夏粮生产、农业高产示范、以工代赈坡改梯以及农田水利建设上，起到了很大的推动作用。到 1993 年王安泽进入贵州省人大任职，仍积极参与全省的经济工作的重大决策，到基层社会中进行走访调研。在贵州省人大工作期间，王安泽在推动贵州的农业和农村立法工作上，做了很多工作。比如，主持审议出台了《贵州省乡镇企业条例》《贵州省农业技术推广条例（修正案）》；主持审议修改《贵州省农业承包合同管理条例（草案）》《贵州省基本农田保护条例（草案）》等。

---

① 新中国成立初期，王雄征集粮草，支援经过安龙的解放军进入云南，在清除匪患，保卫新生的人民政权的过程中起到了重要作用。

三、杰出的女性代表班续昭

班续昭（1913 年—不详），出生于龙广的塘坊。云南省著名军医，曾任云南省政协第四届、第五届委员。班续昭是民国期间走出龙广的杰出女性代表。她成长的各个重要阶段与龙广这块故土都有密切关系。

作为一名女性，班续昭能有机会接受现代教育并非一件容易的事。班续昭有机会求学，得益于两个方面的重要因素。其一，有足够的经济条件；其二，得益于龙广地方兴起的现代学堂教育，龙广女子有了上学的机会。1927 年，班续昭毕业于龙广小学堂，考入设立在贵阳的贵州省女子师范学校[①]。在校期间，班续昭思想活跃，积极参加抗日救亡，具有了一个新女性的思想基础。1933 年，班续昭毕业回到龙广，与苏发祥的次子苏满春完婚。在龙广地界，班家和苏家联姻，是门当户对。然而，在女子无才便是德的社会中，婆母不让班续昭外出读书。幸好，公公苏发祥是通情达理的人，愿意支持她继续深造。

为完成学业，班续昭付出了常人难以想象的努力。在贵阳上学期间，其成绩很受时任贵阳女子师范校长钱慎哉[②]的赏识。次年（1934 年），在钱慎哉的帮助下，班续昭赴广州求学[③]。3 年后，日寇全面侵华。中山大学师生以各种形式参与到抗日救国运动中。1938 年秋，广州沦陷，中山大学西迁云南省澄江湖畔。学校搬迁必经贵州，班续昭借机回龙广省亲。然而，其婆母坚持要她留在龙广做一个家庭主妇。是选择家庭还是继续外出求学，成为班续昭的艰难抉择。在这种情况下，班续昭求学初衷未改，毅然选择奔赴澄江，继续念书。在云南学习生活 3 年后，班续昭随中山大学回迁广东继续学习。1941 年，她被分派到桂林省立医院做实习生。1942 年，班续昭正式从中山大学毕业，被直接分配到南宁的国家卫生署医疗防疫十三队[④]。在南宁工作一年后，她被正式调入桂林省立医院工作。

---

① 此时的这个女子学校，学制 6 年。

② 钱慎哉，生卒年不详。王家烈主政贵州时期，钱慎哉曾任贵州的政府机关报《新黔日报》的社长。

③ 中山大学医学院在这一时期，称为国立中山大学医学院。这个医学院要求学生掌握德文知识。因此，班续昭在中德中学学习了 1 年德文之后，才于 1935 年正式进入中山大学医学院学习。

④ 驻地在南宁市九成桥。

在抗战岁月中，班续昭经历了一段非常艰苦的时期。1944 年，日寇发动豫湘桂战役。桂林省立医院迁至宜山，负责抢救和治疗伤员。日军攻入广西后，国民党军政当局为桂林省立医院调来了专用列车，在军队的武装保护下从宜山迁到柳州。在此之际，班续昭在第九战区供职的族兄帮助下，和几个同学一起辗转到了贵州。班续昭借此机会再次回到了龙广的家。1945 年，抗战胜利。为谋生计，班续昭供职于兴义县卫生院。此时，她取得了医师合格证书和行医资格。因长期颠沛流离，繁重的学习和工作导致她积劳成疾。于是，班续昭到云南的昌华医院就医。在住院治疗期间，班续昭承受了巨大的压力。龙广的夫家不愿再为她花钱，8 个月的住院医疗花费除了医院红十字会减免部分之外，都是她从同学那里借来的。1946 年年底，33 岁的班续昭病愈，从云南返回家乡龙广。这一年，她的公公苏发祥病逝，她的亲生父母也相继离世。在龙广休养一年多以后，班续昭在 1948 年来到兴义县城开了家私人诊所。不久，班续昭赴云南省立妇婴保健院，担任主治医师。

新中国建立后，班续昭的事业开始步入正轨，为国家的医疗事业作出了突出贡献。1949 年 12 月 9 日，卢汉将军在昆明率部起义。在国民党势力撤退之际，各种破坏持续不断地发生，班续昭为保护云南省立妇婴保健院做出了突出贡献。昆明解放后，班续昭组织和带领昆明的医药卫生界的同仁，参加云南和平解放的庆祝活动。1950 年 5 月，班续昭奉命调入中国人民解放军医院第二野战军第八医院担任军医，负责接管了原国民党陆军第三十八后方勤务医院。12 月，解放军接管云南的两所教会医院[①]。这几家医院后来合并组成了云南省陆军医院，院址分设在东寺街和金碧路。1952 年，云南省陆军医院改编为西南军区第十八陆军医院。1954 年初，这个陆军医院按战斗序列，被称为中国人民解放军第四十三医院。1955 年，42 岁的班续昭被授予大尉军衔。1958 年 7 月，人民解放军第四十三医院从东寺街金碧路迁到大观路白马庙。次年 3 月始，第四十三医院整编为昆明军区总医院。1960 年，班续昭任昆明军区总医院妇产科主治医师。

中昆明军区总医院工作两年后，因为出色的业务能力和勤勉认真的工作态度，班续昭与同事何懋永奉命调入曲靖，在当地的陆军第六十九医院组建妇产

---

① 这两所教会医院分别是惠滇医院和慈群医院。

科。班续昭先后担任妇产科副主任、主任，后又晋升少校军衔。即便是工作再繁忙，班续昭也不忘学习，苦心钻研妇科知识。她陆续发表了许多论文。在《新生儿口服卡介苗经验总结》[①]文章中，班续昭总结了新中国成立后新生儿口服卡介苗的相关医疗经验，为后继的研究和临床实践提供了相应的基础。除此之外，她在新生儿溶血病、针刺抗炎实践等方面亦有一些专门的研究。

在后来的"文革"时期，她依然坚持严谨的工作态度和工作作风，不断钻研，努力提高业务水平和医疗科学研究。在医学界，班续昭亦有许多兼职身份[②]。1980年，班续昭晋升主任医师，专业技术七级岗。1983年，她晋升为技术六级岗。1985年，晋升技术五级岗后，她调到解放军第五十七中心医院。1987年7月，班续昭退休，当时她74岁。

班续昭关心桑梓建设，关爱家乡人民。1958年，班续昭就曾拟定支援龙广家乡发展的五年计划，每年拟支持200元，5年共计捐助1000元。她认为，自己的人生得益于龙广现代教育的发展。可以说，没有龙广的现代教育，她只是一个普通的家庭妇女。因此，在她捐出的1000元里，有800元给了龙广中学[③]，其余的200元用于修整赖山大队的纳桑提水站。她在昆明工作期间，龙广家乡的人去昆明看病、求学，凡是能帮上忙的，她都尽力去做。1981年，安龙县举办自治县成立15周年庆典，班续昭受安龙县政府邀请回乡出席典礼，成为龙广人的骄傲。

小　结

一、土地改革运动加强了地方政权的社会动员能力

新中国成立后，龙广的农村社会亦处在保甲制统治下。除了血缘关系外，

---

① 这篇文章发表于《云南医药》，1959年第01期。
② 班续昭有许多兼职身份。作为医生，她曾兼任昆明军区医学科学委员会委员兼妇产科专业组副组长，中华医学会云南省分会妇产科学会会员，中国中西医结合研究会云南分会妇产科专业组成员；作为军人，班续昭曾是昆明军区后勤部第二届军人代表大会代表，云南省拥军优属代表，昆明市拥政爱民先进代表。此外，她积极参政议政，先后被选举为政协云南省第四届委员、第五届委员。
③ 今龙广一中。

农村民众之间缺乏联系的纽带。起初，广大农民对新政权的性质认识不深。这种情况，到中国共产党在龙广建立新的地方政权之后，开始有了一些变化。在地方党组织的努力下，龙广的农村社会完成了政治重组，地方经济得以恢复和发展。由于党组织的宣传到位，土地改革进行得较为彻底，普通民众对新政权的拥护，超过了以往的任何时代。

依托新生的地方政权，龙广的各级党政机构和军队干部为主的动员主体，形成了较强大的社会动员网络。龙广农村社会中进行的各项改革都被纳入这张动员网络之中。被动员的客体是当地的各族百姓。随着动员工作的持续深入，普通群众自觉或不自觉地调整自身的言行，以迎合动员主体的要求，进而希望保存和巩固自身的既得利益。可以说，土地改革的过程体现了动员主体和动员客体之间的互动与博弈。动员主体巧妙地设计了动员方向和动员的价值目标，通过对以土地资源为主的社会资源的掌握和支配，达到了社会动员的目标。动员客体在与动员主体之间的互动中，逐渐形成了对新政权的认知，进而配合乃至支持动员主体的政策实施，促使龙广的农村政治经济面貌发生了质的变化，农村社会中普通民众的思维方式也发生了大的转变。

在土地改革的实践中，社会动员主体借用了阶级身份的理念，来划分农村不同的利益主体，具有浓厚的政治运动色彩。龙广农村在土地改革运动中形成的社会动员模式是自上而下的垂直式的管理。这深深影响了龙广的农村社会面貌，也为后来龙广发生的一些政治、经济变化做了必要的铺垫。

二、土地改革运动促进了乡村社会中的民族团结

民族聚居和民族杂居是我国西南地区民族分布的常见形态。由不同的民族构成了共存的乡镇，由不同的文化构成了共生的地域。龙广镇属于多民族聚居的乡镇，在新中国成立初期的土地改革运动中，民族问题是地方政权贯彻中央土改政策过程中的关注点。在这个过程中，民族团结成为当时民族工作的主基调。农村土地关系中存在的复杂民族关系和阶级关系交织在一起，为多民族聚居乡镇进行的土地改革增添了一份复杂性。龙广的民族关系在改土归流之后，就显得较微妙。外来移民在当地逐渐取得了强势的主导地位，土客群体之间存在着一定的矛盾。到新中国成立初期的土改运动时期，以阶级关系来划分人群，打破了以往的民族身份界限，促进了民族关系的发展。在特定的乡村社会环境中，

不同民族身份的人在很大程度上实现了交流和融合。

在中国共产党领导下，穷人翻身当家作主，各民族的穷人联合起立，共同参与乡村的政治运动，围绕着消灭地主阶级主导的封建土地所有制为目的，进而，实现了"耕者有其田"的目标。在农民获得土地的同时，执政党获得了不同民族身份的农民群体的广泛拥护。在执政党民族团结的政策指引下，农村的政治关系、经济关系发生了显著变化，乡村社会中不同民族身份的人走上了团结发展的道路。

三、土地改革运动中的少数民族干部得到培养和选拔

贵州地方党和政府在土地改革过程中非常注意培养少数民族干部。少数民族地区的土地改革，群众基础比较薄弱。据龙广参加过土改运动的老人回忆，起初的土地改革工作并不容易在基层推。后来，在工作队的耐心引导下，各族群众才认识到地主阶级才是穷人共同的敌人。民族地区的土改运动是在民族团结的基础上进行的。可以说，没有民族团结的存在，阶级斗争在民族地区就搞不成。要让普通群众对党和政府的政策有充分的了解，必须依靠少数民族干部。

从龙广的土地改革进程而言，当地的新生政权采取了"慎重稳进"的工作方针，派下去的工作队也是本着一切从民族团结的原则出发，结合实际情况推行土改工作的。对提拔起来的少数民族干部，地方党和政府大胆提拔使用，使他们能够迅速地在工作中得到锻炼。像王秉鋆、王安泽这样的优秀干部，就是在这样的大环境中逐步走上领导岗位的。

四、土地改革后，农村生产关系的变革在发展农村生产力上的促进作用有限

封建地主土地所有制被废除后，实行的农民土地所有制，仍然是小农经济的性质，具有明显的分散性。以家庭为经营单位的农业生产，其产出能力仍然靠占有的土地数量和家庭人口的多寡。在土地改革过程中，农村的家庭能够分多少土地，取决于家庭人口数量。人口多的，自然分得的土地就多。总体来说，土改后农村的农业生产资料分配，呈现均等化的趋势。

土地改革后，农村社会中的农民仍是小私有者的角色，其生产条件和生产

能力不可能一直保持不变。农家收入的多少，绝大部分仍然是靠来自农业的产出。农业产出的多少，与农户投入农业生产的土地数量及劳动力数量有关。土地多且劳动力多的农户，自然就富裕一些。在这样的情况下，有些农民由于善于经营，逐渐富裕起来。这部分农民随着自身财富的积累就有可能成为新富农。而有些农民因为经营不善，或者遇到了别的不可抗力的打击，逐渐贫困，就可能成为新的贫农或雇农。关于土地改革后这种竞争与新的阶级分化。对于农民而言，在土地改革之后，也存在"怕铲平"的心理，一些富户"怕冒尖"，也有的存在"怕吃大锅饭"的内在顾虑。

在土改后的数年时间里，农村社会阶层的变化非常明显。原有的贫农在朝着中农的方向发展，而原来的中农朝着富农的方向迈步。大部分农民开始过上了相对富裕的生活。只有少量的农民，仍停滞在贫农水平，其生产与生活都存在一定的困难。

从土地改革的历史进程看，当时农村的农业生产方式依然是落后的人力加畜力方式，现代的农业机械投入非常少。国家在这一时期的工业水平还支撑不起农业的现代化。后来兴起的农业合作化运动，仍然是通过提高劳动力的密集使用，来达到增产的目标。从实际效果看，劳动力的密集使用在某种程度上的确可以达到增产的实效，但从长远看，在农业生产和农村的发展上，仅仅靠变革生产关系，并不能从根本上促进农业生产和农村的快速发展。

第五章　实施家庭联产责任制之前龙广的治理与开发

第一节　龙广的社会治理实践

从土地改革到实施家庭联产承包责任制之前，龙广基层农村社会治理经历了大跃进和文化大革命。"人民公社"按照"政社合一"的模式运转。在这一时期，龙广基层社会还是有一些积极的发展。

一、财税金融秩序运行平稳

从社会运行情况看，这一时期的基层社会中虽然有许多天灾人祸的存在，政治波折方面的影响尤为明显。但是，无可否认的是，这一时期的财税金融秩序没有受到太大的冲击。基层社会无论在政治上怎样折腾，既使经济出现了严重倒退，也没有发生货币大幅贬值的情况。

（一）财税征收未受太大影响

中国的农村土地，不像苏联的集体农庄，也跟西方资本主义国家有很大不同。土地是国有的，这个属性没有发生大的变化。由于基层社会的经济结构没有大的发展。基层地方税收仍以农业税为主。在这一时期，农村的农业税纳税人不是以家庭为单位的农户，而是以生产大队为纳税单位，农民不直接与征税机关打交道。

在传统的各项税收基础上，为提高财政收入，满足地方社会管理等各项必要的支出，国家开始增加新的税种。1959 年，龙广增设了农林特产税。[①] 其征

---

① 其征税范围包括园艺作物收入、林产品收入、水产品收入和其他收入。

税幅度，按照不同产品的收益情况省级地方可以自行确立，由财政部门征收。从性质上讲，农林特产税，在税收领域不是独立的税种，可以归入农业税征收的范畴。农林特产税的征收，对像安龙这样的山区县而言，是地方财政的重要税源所在。

在这一时期，龙广辖区内的税务机构和核算方法等也有一些新的变化。龙广区内的 6 个公社在 1963 年 4 月都陆续建立了基层税务所。[①] 生产大队作为财税的一级管理和核算单位，设有专业专职的财会人员。随着时局的变化，从 1969 年起，龙广区农业税任务趋于稳定，每三年作为一个征收段。从 1976 年起，龙广区各公社实行农业税负担又做了调整，确定了五年不变。与此同时，农业税附加的征收额度，按正税的 8% 征收。

（二）金融货币流通渠道通畅

金融货币，在某种意义上讲，是政权在特定的时空范围内所拥有的社会信用。作为政权的信用所在，这一时期的人民币在基层社会中的流通渠道没有阻碍，普通民众对人民币的认可受政治气候的影响不是很大。

这一时期，龙广基层社会的金融市场最大的变化是第三套人民币的流通。1962 年 4 月 20 日是其最初的发行时间。这套人民币的制造技术，为我国独立研发。自建国以后，我国的造币技术对苏联有严重的依赖。第三套人民币的问世，意味着我国在金融领域摆脱了外国对制币技术的垄断。从总体情况看，第三套人民币有 10 元（两种版别）、5 元（两种版别）、2 元（两种版别）、1 元（三种版别）、5 角（三种版别）、2 角（三种版别）、1 角（九种版别）、共 7 种面值 24 张版别。

从 1964 年开始，第三套人民币在国内流通了 38 年，直到 2000 年 7 月 1 日才正式停止流通。这套人民币，具有典型的民族特色，体现了文化教育改革新风貌。1 元币的正面是女拖拉机手图案，象征农业大发展，背面的羊群，象征牲畜兴旺。2 元币、5 元币的设计图案，都是反映工业发展的主题。10 元币的正面图案，设计的是"人民代表步出大会堂"，反映着人民当家作主的意境。

1964 年，农业银行从人民银行分离出来，设立龙广营业所。与此同时，各

---

① 这六个公社是：龙广、科汪、五台、长湾、永和、纳赖。

公社结合各自的实际情况，设立有集体性质的金融机构－信用社。信用社的最初资本金，由社员筹资。信用社以"农民在资金上的互帮互助"为经营宗旨。其在起初成立时就有了明确的定位：筹集农村闲散资金，为农村发展提供金融服务，打击民间各种形式的高利贷。

二、基层社会的文教医疗卫生事业发展壮大

（一）兴办教育的势头依然强劲

在这一时期，龙广教育事业也有发展。虽然有一些小的波折存在，但是总体而言是一直在稳步向前。基层民众对发展教育有很高的积极性。1959年，龙广公社各生产队集体和社员群众献工献料，开始修建龙广农业中学校舍。该校于1960年基本建成。受各种因素的影响，龙广农业中学建成后，在1961年停办1年，1962年改为龙广民办中学后，上级教育部门又允许其恢复办学。1969年9月，龙广民办中学复课，1970年秋转为公办学校，名称改为"安龙县第三中学"。1977年8月，在安龙县第三中学的基础上，建立有完全中学性质的龙广中学。完全中学的设立，是龙广教育事业发展过程中的一个重要环节。它意味着龙广一带的青年子弟在本地就可以完成大学之前的学业。

除中学之外，龙广的小学也有一些发展。1963年，纳坎大队新开了民办小学，纳坎大队的学生从纳万小学分离出来，在新办小学就读。1966年9月，七星民办小学创办。1970年，全区共有民办小学29所、教学点4处，有6所民办完小附设初中班，科汪、五台、长湾3所民办小学转为公办。1980年8月，恢复龙广小学。龙广取消民办小学所开设的初中班，将学生分散到公办小学附设的初中班或龙广中学就读。小学学制恢复为6年。①

这一时期，龙广的幼教机构也有开办。1959年，龙广公社纳桃大队就开办了服务本大队辖区民众的托儿所。1980年，纳桃大队开办学前班，第二年改为幼儿园，1983年被评为贵州省托幼先进单位，命名为"农村中心幼儿园"。

---

　　① 在新中国龙广教育事业的发展过程中，也有一些波折。1966年，因"文化大革命"运动的影响，龙广小学停办，龙广民办中学停课，辖区内的一些乡村小学不能正常上课。同年8月，"红卫兵"、"红小兵"在龙广一带十分活跃。进入"文革"中后期，龙广中小学教育逐步回到正常轨道，在原有的基础得到了进一步发展。

（二）医疗卫生事业得到很大发展

首先，发起除四害运动。这个运动，是与这一时期的医疗卫生事业紧密相关的。它最早起源于 1952 年的爱国主义卫生运动，因为在朝鲜战争中，美国使用了细菌武器，国内的爱国主义卫生运动，进行了全国范围内的社会动员，主要以反细菌战为目的。以爱国主义卫生运动为名进行的社会动员，为接下来的除四害运动打下了初步基础。中央在 1955 年的年底出台的《征询对农业十七条的意见》中，要求在七年内消灭老鼠、麻雀、蚊子和苍蝇。老鼠、麻雀繁殖快，到处吃粮食，在性质上属于偷盗国家财产的小偷；苍蝇和蚊子，有传播细菌的害处，严重影响人类的健康。这个十七条意见发展到 1958 年 2 月，党中央发出来《关于除四害讲卫生的指示》，在全国范围内形成了"除四害"运动。

中央的"除四害"运动，在龙广地区有了新花样。1958 年 5 月，龙广开展的"除四害"运动，是灭鼠、打麻雀、打野兽、灭蚊蝇。这个运动，是全民动员的状态下进行的，在当地影响不小。灭鼠，无可非议，灭蚊蝇也无可厚非。然而打野兽，影响了地方生态环境中的食物链，打麻雀，也会影响地方的生态环境。客观地讲，对打麻雀的争议一直存在。虽然麻雀吃粮食，但麻雀在幼鸟时期要吃活虫子才能长大。直到 1959 年以后，麻雀从四害中剔除出来，除四害运动中的麻雀，改成了"臭虫"。

对于当时环境中"除四害"运动，从今人的角度回顾其过程，利弊得失，可谓是褒贬不一。从改善农村社会的卫生条件和民众的卫生习惯而言，是有利的。然而从今人经常谈及的生态环境保护来说，除四害运动对地方生态的不利影响亦是不小。

其次，出现了赤脚医生群体。1961 年，龙广下辖的各公社都建立了公社卫生所。1971 年 6 月中旬，安龙县委在龙广区五台公社召开全县合作医疗现场会。到同年 8 月，龙广下辖的各公社办起了合作医疗站，从业人员称为"赤脚医生"。

赤脚医生属于基层社会中的兼职医疗人员，没有固定编制。正因如此，他们的工作才会有很大的灵活性。平时，他们亦农亦医，在农忙时节下地务农，在农闲时专心行医。也有的赤脚医生选择在白天务农，在晚上行医。从能力上看，赤脚医生具备一定的医疗卫生知识，在经过行政村或基层政府的批准或者指派之后，才可以合法行医。① 地方基层的卫生院直接领导和指导他们的行医活动。赤脚医生群体的出现，在当时国家在基层农村卫生资源投入有限的情况下极大缓解了基层农村缺医少药问题，在农村普及爱国卫生知识方面作出了贡献。

　　赤脚医生群体逐渐退出历史舞台，是历史发展的必然。在国家不断加大农村医疗卫生事业的基础之上，公办的相对固定的医疗机构和医疗场所开始成为人们求医问药的主要途径。1979 年，在多方筹措下，龙广区卫生院建成三层楼的住院部用房，在很大程度上改善了龙广的医疗卫生条件。

三、邮政设施和道路建设持续进行

　　早在民国时期时期，龙广对外的通讯渠道开始迈出了进入现代化的第一步。1937 年，抗战全面爆发，现代通信的重要性在信息交流过程中的重要性得以凸显。作为南北盘江流域的商业重镇龙广，人员流动和物资交换都前所未有的增加。在这一年，龙广一带有民众 721 人，各捐大洋一元五角，共捐大洋 1081 块，用以支持龙广邮局安装电话。电话的安装，加强了龙广地方各界与外地的通讯联络，为龙广的现代化发展奠定了历史的基础。然而，作为普通民众广泛使用的通讯工具和交通设施，新中国成立之后龙广镇的邮政和交通设施建设才真正走上规模化、大众化、普及化的发展道路。

　　（一）邮政电信设施的建设

　　新中国建立之后，现代邮政电信事业进入快速发展期，逐步完善壮大起来。二十世纪的六、七十年代年代，龙广邮政电信的发展超越了历史上以往的任何时期。随着电话网络在基层农村的延伸，手摇式电话机在当时的邮电局里是一道美丽的风景。② 这个时期的信号传输，依靠铺明线以及模拟微波，打长途电话需要有人工的电话交换机，由操作电话交换机的人工话务员连线转接。

　　随着邮政电信业务的发展，服务量的增加，到 1969 年 12 月，邮政和电信的业务尝试加以分开，设立邮政局和电信局。龙广区设立了邮政支局，也设立

---

　　① 这些人的来源有三：一是当地农村原本就存在的一些医学世家的人。比如，在一些村寨里，有懂得苗医的药师，他们的知识由民间传承而得。二是经地方政府进行短期医护培训的学员。三是自学成才且被地方群众公认的有一定医护能力的人。

　　② 俗称摇把子。

了电信支局。但是这种布局很快又得到调整，1973 年 9 月，邮政、电信合为一家，称之为邮电局，在龙广区设立了邮电支局。到 1976 年，随着中国第一根石英光纤研发成功，国内电信技术得以大幅提升，基层社会的邮政电信设施建设开始逐步加快发展步伐。像龙广这样的基层邮局的电信业务和整个国家的发展同步，迅速发展起来。

（二）铁路和公路的建设

在乡村公路建设方面，1960 年，龙广到木咱的长 22 千米公路开工并建成。人民公路，人民建。"道路属于人民"的理念在当时很得民心，农村民众的组织动员能力在当时非常高效。在公路建造过程中，沿途民众出工、出钱，给予了全方位的支持。1965 年，安龙县水电局兴建四轮碑到柘仑水库长达 11 千米的公路。同年，龙广区组织辖区内的劳动力修筑四轮碑到科汪的公路。[①] 科汪石拱桥在这个时候也得到了维护和修缮。1971 年 12 月，龙广至永和长 32 千米的公路动工并建成，龙广到戛拉的公路也修成通车。后来，由于工程质量不能满足实际需要，到 1975 年，龙广至永和公路进行了二次修建，次年全线通车。

在铁路建设上，龙广民众也积极参与。1970 年 8 月，龙广区派出地方民兵参加贵昆铁路盘西段大会战。贵昆铁路开建于 1958 年 8 月，是从贵阳出发到云南昆明的铁路干线，在当时是列入西南地区三线建设的重点工程之一。这条路在 1966 年春初步建成，到 1970 年 12 月正式交付运营。在这个铁路建设过程中，安龙县作为沿线地方给予了应有的人力和物力支援。

四、基层政法机构的设立仍是维护农村社会稳定的重要支柱

1. 发挥公安派出所的职责

公安派出所持续发挥维护基层社会治安的职责。1965 年 12 月，出于加强基层人民专政力量的需要，龙广区公安派出所设立。进入文革之后，公安机关曾经一度被架空。从 1966 年至 1973 年，公安机关处于接受军事管制的状态。在基层社会中，县级公安部门与革委会的人保部共同实施公安职责。

1971 年 7 月，龙广区派出所迁至龙广区公所驻地"五省会馆"前的一栋房

---

① 这条路长 2.1 千米。

子里办公，办公条件简陋。同年，根据上级要求，"一打三反"运动在龙广区范围内展开。① 在这个运动期间，龙广区共开办学习班 328 期，参加学习人员 1547 人；开办的 15 期管训班中，共有参训人员 249 人。通过学习管训，基层社会共揭发出各种政治案件 360 起。② 在这一年，龙广区共批判"五类分子"385 人，依法逮捕 43 人，交由群众实施管制 18 人，按人民内部矛盾处理 38 人。龙广区派出所出动公安深入各公社分子进行敌情、社情调查，掌握了全区解放前至解放初期的土匪和反动人员，进行集中清算。③

随着社会局势的稳定，到 1972 年，军事管制被撤销。部队人员不再直接参与地方社会治理，安龙县公安局及下属区公安派出所独立办案。以 1972 年为例，龙广区派出所共接办案件 29 件，其中政治案件 23 件，刑事案 6 件。其中，侦破的政治案件 8 件，刑事案件侦破 4 件。

2. 逐步树立基层法庭的威信

基层法庭在处理基层社会的民事纠纷中仍有难以替代的威信。1961 年 8 月，安龙县人民法院在龙广设立龙广法庭。受种种因素的影响，1962 年，龙广法庭被撤销。1964 年 8 月，出于基层社会治理的需要，龙广法庭重新恢复。龙广法庭只管辖龙广区所辖的龙广、科旺、五台、长湾、永和、纳赖 6 个公社的民事案件。1968 年，安龙县的社会秩序受武斗的冲击较大。同年，安龙县人民法院接受军事管制，龙广法庭被撤销。直到 1973 年 7 月，安龙县人民法院得以恢复，龙广法庭重建，主要受理龙广区范围内的民事纠纷案件。比如，房屋纠纷、财产纠纷、土地纠纷、婚姻家庭纠纷，等等。

---

① 一打三反，即打击反革命分子、反对贪污、反对盗窃、反对投机倒把活动。

② 其中，反革命集团案 17 起，查破 13 件；贪污盗窃案 1657 起，破 558 起，退赔 116.91 元；查证盗窃票证 89 尺、银洋 905 枚、大烟 3 千两。查处地下包工队 2 个、地下运输队 1 个；另挖出解放前 1949 年至解放初 1950 年杀人案件 25 起，抓获 29 人。

③ 当过土匪的有 2107 人，已被打击处理 812 人，枪毙 92 人，狱中死亡 28 人，畏罪自杀 4 人；挖出反动党团干骨干 138 人，伪军连长 8 人，伪保长以上 186 人，匪排长以上 64 人，持反动立场的外逃分子的家属 25 人，案例不明 4 人，偷听敌台广播 12 人，与海外有联系 2 人，一贯道徒 95 人，反革命组织 8 个。这一年，全区建立治保会 59 个，治保小组 328 个。

五、地方武装建设的加强

地方武装是基层社会平稳运行的重要基石。在当时的国内外环境中，新生政权面临着各种挑战。在基层社会的治理方面，地方武装建设不可或缺。1958年至1965年，按照中央"全民皆兵"指示，县建立民兵师，区编民兵团，龙广区各公社编制民兵营和武装基干队民兵连，增加民兵专业技术分队。在民兵招募方面，男性的年龄限制在18至45岁的年龄段；女性的年龄控制在16岁至35岁的范围。基层政权对民兵组织有领导权。同级党委书记或党支部书记在同级民兵组织中兼任政委、教导员，或者指导员。1965年，龙广区建立有1个民兵运输连，与新安区、兴隆区的民兵运输连合编为安龙县民兵运输营。然而，文革开始后，民兵工作出现了一些变化。1966至1970年，受政治风气的影响，龙广区及各公社民兵组织曾一度瘫痪。1971年5月，龙广基层社会的民兵工作得到恢复。同年9月，龙广公社恢复建立民兵组织，战斗序列为安龙县民兵独立营二营，正式编制为4个连。每个民兵连设有正副连长各1名，正副指导员各1名。在连之下，设3至4个排，设正副排长各1名。每个生产大队都是民兵连的建制。

六、民政救济具有缓和基层社会干群矛盾的特殊作用

在这一时期，龙广得到了很多民政救济物质和款项，其救济力度在以往的

封建时代是不可能实现的。这些救济，对地方的民生保障起到了积极作用。①
从历史发展进程而言，投入农村的救济物资，虽然可以缓和干群矛盾，但总体

① 根据安龙县档案馆提供的资料显示，人民公社时期龙广接受的救济频率高，救济钱涉及钱、粮、衣、物等。1965年，县人民委员会分配给龙广区冬季救灾棉被120床、单衣370件、单裤350条，另外分配给少数民族专用布票16688尺，购布专用款1000元，住地棚户专款450元，人畜饮水专款2000元。其中布票分配到各公社，龙广3820尺、科汪2852尺、德卧3124尺、五台1176尺、长湾1354尺、永和2992尺、纳赖1370尺。

1966年3月17日，纳桃寨发生火灾，涉及59家农户，1人在火灾中死亡。当年，安龙县分配给龙广区统购统销粮指标36万斤。

1971年，安龙县分配给龙广区冬季救灾被面150床、被里120床、棉絮350床、单被155床、男棉衣120件、男单裤110条、女棉衣120件、女单裤90条。

1972年，上级分配给龙广区救济救灾款物：救济款5000元，救济款7500元，棉絮、被面、被里各160床，大号棉衣80件，中号棉衣310件，小号棉衣45件，单衣大号45件、中号160件、小号20件，单裤225条。

1973年，龙广区发放夏季救灾款9000元。寒冬发放的救济物资有：男棉衣大号45件、中号180件。小号20件，男便衣大号50件、中号330件，女棉衣大号25件、中号80件、小号30件，女便衣中号120件，女便裤300件，棉絮240床，被面200床，被里200床。

1976年9月7日，龙广公社遭暴雨冰雹袭击，其中的纳桃大队受灾最为严重，庄稼几乎颗粒无收。在当年的民政救济方面，上级部门分配给龙广区夏季救济款7500元、回销粮11.5万斤。[回销粮，是一个历史名词。计划经济时代，上级根据基层民众的缺粮实际，返销给农民的粮食，就被老百姓叫做"回销粮"。每户的回销粮额度不多，每户十多斤或几十斤不等。老百姓可以按照原来的收购价格购买。]

1977年，安龙县分配给龙广区回销粮30万斤（其中社会救济粮9万斤），后又增45万斤，共计75万斤。分配给的寒衣被有：棉絮300床，被里160床，被面160床，棉毯65床，棉衣160件，单衣250件，单裤250条，绒衣100件，救济款1万元。年底，县拨给龙广区救济粮25万斤。

1978年，龙广区发放救济款1.3万元、救济粮8.5万斤（其中玉米3万斤），寒衣被棉絮180床，被面170床，被里170床，棉衣100件，单衣150件。

1979年，上级下拨给龙广区救济救灾款物有：款27949元，被子260床，棉衣90件，单衣单裤380套。

1980年，上级下拨给龙广区救济款3500元，救灾款5000元，寒衣被350件（床），其中被子150床，棉衣和单衣各100件，救济粮玉米3.5万斤。

1982年，上级分配给龙广区救灾救济物有：突出贫困地区农民补贴专款1.7万元，救济款0.5万元，救灾款1.525万元，救灾化肥16吨，棉被210床，棉衣210件，单衣180套。

上并不能使人民公社化运动走出失败的困局。随着时局的演变，人民公社的消逝，也就只是个时间问题。

第二节　龙广的经济开发

一、农业生产仍取得了一些发展

"以粮为纲"，是这一时期农业生产的基调。除粮食生产之外，其他的作物受到抑制。在农业生产上，地方各级组织违背自然规律和经济法则办事，严重挫伤了群众的生产积极性，农业生产量不升反降。从历史发展进程看，这个阶段，由于农业科技的进步，各地的农业经济开发还是有一些进步。这一时期的农业科技在实践中的表现，主要有两个：一是根据农业科技合理降低株高，二是对一些作物进行半矮化的育种。此外，在农业生产中，增加施肥以及小株密植技术的推广，克服了传统的长茎品种倒伏现象。尤其是水稻、小麦的增产，是这一时期最为显著的成绩。

1963 年初，龙广区建立农业技术推广站，办公地点设在"五省会馆"区公所大院内。该推广站负责指导全区所辖的龙广、科汪、五台、长湾、永和、纳赖等 6 个公社的农业生产技术推广工作，对全区种植水稻、苞谷、小麦、油菜、花生等农作物进行技术指导服务。

（一）农产新品种的引进

1. 水稻生产

水稻种类有粘谷、糯谷、晚谷（毛稻），建国初期主要种植的水稻都是老品种，产量不高，基本的根据稻谷的外形特征和稻米的口感特征进行命名。[1]20世纪 60 年代开始，不断引入新的水稻品种，这些品种的水稻，抗倒伏能力强，为当地粮食增产作出了较大贡献。引入的新品种的名称极少数是根据水稻的特

---

[1]　例如，龙广地方长期以来一直种植的水稻品种，粘谷有黄、黑、白三色，品种主要有矮麻粘、大白谷、红谷、贵阳粘、二黄谷、安南谷，等等。糯谷有矮糯、金丝糯、猪屎糯、黍糯、扫帚糯、香糯，等等。晚谷有红晚谷、黄丝晚，等等。

征等原来的命名方法，更多的则是根据新水稻品种的来源进行命名。①

　　进入20世纪70年代，引进水稻品种的势头继续保持，主要包括籼稻、糯稻、早稻等三种类型。②新引进的水稻品种繁多。有的根据稻种的来源地，有的根据育种的方式。新稻种的名称中开始出现"洋名字"，说明稻种来源更为广泛，培育杂交品种成为获得高产的主要方式之一。此后经过逐年试种、淘汰和经验总结等，一些新品种成为常规优良品种，原有老品种基本被全部取代。

2. 小麦生产

　　与水稻种植相比，小麦的生产虽然不是龙广人的核心，但是仍然占有重要的地位。经历的漫长的历史演变，龙广镇在解放初期主要的夏收粮食有：小麦、大麦、燕麦。③与水稻种类的变化同步，小麦的品种也一直处于快速变化的状态，新品种不断被引入，老品种逐渐被淘汰。20世纪50年代，龙广引进4种新品种④，麦种名称与其生长期、颗粒外形等密切相关。到60年代中期，引进的麦品种不多，一些国外的小麦品种已经开始引入到龙广种植⑤。到70年代，加快了麦品种引进步伐，例如，华麦五号、贵农1号、蜀光2号、雅安早、沙瑞克、赛洛斯、普安2号、普双四号、普麦7号等。出现在龙广的麦种中，既有一些"洋名字"，也有贵州本地培育的新品种。此外，云南、四川等地的农业科技成果在龙广地区也有一些体现。

3. 其他作物

　　高粱不是龙广的主要口粮，作为一种经济作物，酿酒的原料，也长期都有种植。高粱的种类，大致有三种：马尾高粱、糯高粱和粘高粱。总体而言，龙

---

　　① 60年代引入的新品种主要有川大粳、农育1744、西农175、广场矮、珍珠矮、台北8号、广解九号、广选三号、南京一号、科情三号、旭粳、国庆20等中矮杆，等等。

　　② 具体的品种名称有很多，例如，广选早，矮南早一号，广陆矮四号，广东胜早，珍珠矮13号，圭陵矮，广南一号，柳群一号，广选33，团结1号，两矮26，广2矮，湘东，凯中1号，成都1号和自育种兴76-1，等等。

　　③ 大麦品种有乌大麦、光头大麦、长毛大麦、播东大麦，等等。小麦品种有白花麦、黄花麦、绿花麦、红花麦、小白麦、大白麦，等等。

　　④ 矮粒多、南大2419、金大115、特早麦149，等等。

　　⑤ 内乡5号、阿波、阿夫、欧柔。

广坝区的原有高粱品种不多，主要有 4 种。① 新引入的品种类型也不多。上世纪 70 年代，龙广一带引进的高粱种子是"原杂 10 号"。② 不久，"晋杂 5 号"亦引进到龙广坝区。③

除高粱外，龙广还种植各种"杂粮"④ 和油料作物⑤，在延续以往传统的基础上也有一些小的变革。

（二）农业耕作技术的变化

1. 农田管理技术持续发展

过去，平坝水田有水源，稻田灌溉都采用上满下流的大水漫灌和引沟串灌的方式。到 20 世纪 70 年代，龙广的灌溉方式有了改进。农田灌溉的排水和灌溉可以分离开来。田外将水引到田头，田内用沟灌。沟灌是浅水灌溉，其好处是使秧苗初栽时减少漂秧和缺窝。等到水稻抽穗时，如秧子行间已封，及时撤除浅水，田内保持湿润状态即可，这样做到晒田保温，可以控制水稻无效分蘖。在缺水地区的稻田，采用浅灌深蓄的方式进行管理，以保证水稻水供应生长。

这一时期的农业生产发生了很大变化：一年两熟，复种指数提高，播种面积增大。现在龙广镇大部分地方耕作为一年两熟、三熟。其中，在水田种植方面，有很多轮作方式。诸如：水稻和油菜的轮作；水稻和小麦的轮作；水稻和绿肥的轮作；水稻与蔬菜的轮作等方式。旱地的轮作，有烤烟与绿肥的轮作，玉米

---

① 这 4 个品种是：粳型高粱、晴隆高粱、安龙高粱和安顺高粱。安龙高粱是龙广坝区种植的主要高粱品种。

② 这个高粱品种是由中国科学院用"原新 1 号 × 忻粱 7 号"杂交选育而成。

③ "晋杂 5 号"系陕西省汾阳县作物所杂交选育的品种，亩产可以达到 240 公斤以上。

④ 例如，玉米种植：1966 年，龙广区农技站在县农业局派下来的技术人员的参与指导下，在长湾公社坡关大队高桥生产队，进行连片 300 亩的杂交玉米制种，开创兴义地区玉米制种之先。红薯，也是坝区常见的种植作物。红薯又名红苕，亦叫山药。龙广镇红薯老品种有：南端苕、胜利百号。20 世纪 70 年代，龙广镇从广东省引进了两个品种："64-285"和"61-17"。红薯，除食用外，可制糖，可酿酒。在人民公社时期，很多社员家庭的主粮仅有红薯，勉强维持生活。

⑤ 例如，油料作物种植：1973 年，引进白菜型油菜品种："浠水白"。白菜型油菜，原产于西北地区。经过培育的这个品种，株型矮小，外形像普通小白菜，可成熟的籽粒很大，千粒重量在 2 ~ 3 克，稍微饱满一些的可以达到 4 克。其含油量在 40% 以上。这个品种的种植，在很大程度上缓解了当时农村的吃油难问题。

与小麦的轮作；玉米与油菜的轮作；玉米与绿肥的轮作；蔬菜和玉米的轮作，等等。

2. 主要粮食和油料作物栽培技术的更新

水稻一直是龙广地方主要的口粮来源。按照传统的水稻生产方式，要先整理秧田，再浸胀种子，使其发芽再撒播。因水源及雨季早迟不一，撒秧一般分二批：第一批在农历的3月上旬，在水田中及时栽播；第二批在农历3月下旬到4月初，这个时期是供干田之用。[①] 播秧时间稍晚些，一般从农历4月上旬或中旬开始，到5月中旬结束，最迟到夏至时节。栽秧用圈肥，行株的设置也有标准。[②] 1966年2月上旬，龙广推行所谓的"四改一防"措施，实践中的效果也很好。[③]

小麦是坡地的重要种植物，也是当地基本口粮的重要来源之一。新中国成立前，坡地种植小麦，采用大窝种植，平地种植小麦，以顺犁沟的方式进行点播。[④] 20世纪60年代，龙广在小麦种植上把原来的窝播改为条播，适当予以增加麦种，添施底肥。到20世纪70年代，小麦的条播做了改进，形成开厢窄行条播。在秋末冬初，小麦种植采用套种方式。小麦套种绿肥，行距保持在1.5尺左右。除此之外，小麦套种玉米的方法也有了改进。

油菜作为油料作物，每年的产量多少，对本地居民的生活影响很大。20世纪60年代，等距离点播是当时油菜普遍采用的种植方式。[⑤] 甘蓝型品种，在龙广坝区推广，芥菜型或白菜型品种在山区得到推广。在油菜种植方面，施用农家肥得到重视，防治病害列入到日常田间管理之中。到20世纪70年代中期至80年代，油菜栽培技术水平又有提升，实施油菜分厢开沟点播。农田在收完稻

---

① 干田，属于相对缺水的田。在民间亦称望水田，比较形象。

② 圈肥，是腐熟之后的农家肥和绿肥。栽秧的行株距亦有标准。即：肥田1尺，瘦田8寸。

③ 四防一改，是指改晚秧为早秧，改稀植为密植，改不追肥为合理追肥（化肥），改串灌为沟灌和防治病虫害。

④ 这种栽培方式，产量低，单产仅30公斤左右。

⑤ 播种时，按行窝距点播，行窝距1尺，稍加管理，产量略有提高。20世纪70年代，合理密植点播。按7×6寸或8×5寸；推广条播，开厢种植，一般厢宽2.5～3米，便于管理，减轻渍害。

子和收完玉米之后，田土翻犁整平，依次开沟分厢，逐一挖穴点播①。这一时期的油菜田间管理，可以保证肥料的供给，水利能够做到及时浇灌，油菜的生长和油菜籽的产量在这一时期得到了提升。

3. 蔬菜等副食原料的栽培技术有所变化

传统的蔬菜栽培技术，主要是种子直播，露天生长，栽培畦面宽，管理方式不精细，蔬菜栽培管理方式也是农民根据生产经验操作。农业技术推广站的技术人员人手不多，无法给农民栽培蔬菜进行全面指导。在以粮为纲的时代，农业耕作中的蔬菜种植，处于可有可无的地位。20世纪50年代之后，农民开始使用"920"硼肥作为生长调节剂。自此以后，农民的蔬菜栽培，逐渐对现代科技有了新认识。

马铃薯因为适合种植的范围广，能够大面积种植，作为主要口粮的补充和辅食来源，也极受重视。马铃薯的栽培，一般是在春冬两个季节。春天的马铃薯，常与玉米或黄豆进行间作套种。②

（三）农田水利设施建设上了一个新台阶

水利设施建设，作为农业发展的命脉，在龙广没有停滞。1972年，柘仑水库建成。③这个水库不仅对发展农业起到很好的调节作用，利用水库形成的水电也造福了当地百姓。1972年秋，柘仑电站开始运行发电④，为龙广区供应民用电。在龙广街上开启了电灯时代。1973年，为更好的规范管理，龙广建成柘仑、红岩电站供电区。政府投资33.5万元，架设10千伏高压输电线路，用的主要是9米高的水泥电杆，有些地段用的是木质电杆。当时的配置是9台变压器，共计445千伏安。柘仑电站至龙广的供电线路，以木质电杆为支撑，在长达11千米

---

① 密度为7×7寸或8×5寸。具体步骤是，挖穴之后，先施农家肥，再放种盖地。在两次匀苗后定苗，先追一次提苗肥，冬前生长壮，开春后，化肥加水追肥。硼肥的作用得到重视。施撒硼肥，对提高油菜的结实率有一些积极效果，一般亩产可以达到50～70公斤。

② 入冬播种的马铃薯，翌年初收获。冬闲田土种植，开厢窝播，密度1.5×1尺，将带芽薯块拌上草木灰、磷肥后进行播种，每亩用种量100公斤左右。

③ 水库的坝子是宽84米，高31.5米的重力坝，库容2007立方米。

④ 电站有2×125KW水轮发电机组，拉通30千米长的10KV高压和数十千米的低压输电线路。

的路上很是壮观。直到 1982 年，龙广镇域内的电杆才陆续改为水泥电杆。

1977 年，国家拨给龙广公社赖山大队纳东海子小型水利补助费 4000 元，打通隧洞 140 米，保护耕地面积 150 余亩。1979 年，国家拨给龙广区 9 万元，其中 3 万元用于修建 3 千米从龙广至德卧的引水支渠。这个支渠在性质上属于柘仑水库的辅助工程。另外有 1.5 万元用于修建柘仑排洪渠道的 1 座桥。其余款项分别用于长湾的人畜饮水设施、五台的郭家海子排水沟、龙广的海尾排水渠。在文革期间，以粮为纲，在龙广这个农业区，各级政府在水利建设上给予了应有的重视，水利建设发展速度平稳。

二、粮食和畜产品购销维持了高度集中的经营体系

作为战略物质，国家对粮食的统购统销政策在这一时期一直没有放松。粮食的统购统销，使得农产品长期处于低价购销状态。无农不稳，在城市居民用粮不断增加的情况下，粮食统购统销政策保证了城市居民粮食消费的最低额度。在农村的地主阶级消逝之后，粮站完全取代了地主在农村基层社会中集中粮食的社会功能。统购统销政策维护了国家在粮食这个重要战略物资的定价权和收购销售权。

在这一时期，龙广集市上的畜禽市场被取缔，买卖牲畜受到限制，地方老百姓的肉食供应长期处于相对紧张状态。在定量供应的情况下，城镇居民的猪肉供应量也不大，每人每月仅有 1 斤的限额。到 1963 年后，畜产品的购销开始有所松动，但是仍然保持"公有"特色。肥猪收购实行"计划收购为主，议价收购为辅"政策，以"大包干"办法，把收购任务落实到生产队，执行"以肥定等，依质论价、奖售兑现"，任何单位和个人不得贩售肥猪和猪肉。到 1965 年后，农村基层社会的市场上，国家对猪肉交易的管控才得以逐渐放松。1969 年起，国家开始试行奖励政策，鼓励发展养殖业。政府每年会有相应的奖励政策。

这在很大程度上激发了群众的养殖热情，收到了很好的效益。^①

三、集市贸易在特殊环境下时断时续

这一时期，农村基层社会中的居民手中能够自由支配的物资不多，龙广的市场贸易惨淡，起初集市赶场由三天一场改为半月一场。从 1958 年下半年开始，龙广有一年左右的时间里停止赶场活动，到 1959 年下半年才得以恢复，但是，恢复后的场期先是 15 天 1 场，后又改成 10 天 1 场。在"三年生活困难时期"，龙广是一个月赶一场。尤其是农忙季节，不准民众赶场，为弥补不准赶场带来的困难，地方政府曾以赶夜场或开物资交流会等方式加以解决。

在这个时期，广大民众的生活水平低，民众普遍穷困，市面商品不多，农村集市萧条，商品交易量小。从 1961 年村集体的公共食堂被解散之后，普通社员分得了一些自留地，基层组织鼓励社员发展副业。1963 年，龙广区成立由供销社、商业、税务、公安、公社、卫生等部门的干部联合组成的市场管理委员会，可以说，这一时期主导农村集贸市场的还是以国营机构为主。1964 年 9 月，龙广区工商所建立，与龙广市场管理委员会是一套人马，两块牌子。在"文化大革命"

---

① 1969 年，肥猪收购执行"购五留五"政策，如养出两头肥猪，必须交售（或称上调）一头给国家，留一头给农户自食，并奖售粮食、化肥和棉布；规定先交售后自食，不交售不能屠宰；取缔猪肉自由市场；居民吃肉，由食品公司发肉票定量供应。

1974 年，龙广区食品站收购生猪 850 头、菜牛 30 头、鸭 15000 只。菜牛中，当地销售 5 头，上调出口 25 头。收购生猪中，当地屠宰供应居民 250 头，上调盘县 400 头，上调安龙县食品公司 200 头。收购的活鸭全部调给省里分配。上调肥猪的奖售办法是：向国家交售 1 头毛重在一百三十斤以上的肥猪，奖售粮食 50 斤、化肥 20 斤、棉布 2 尺。每超重 1 斤，奖粮半斤。每超重 3 斤，奖售化肥 1 斤；每交售毛重在 220 斤以上的毛猪，一头按照两头猪的标准计算奖售。此外，政府对售猪户予以回销猪肉，按交售等级回销。交售猪的质量在特级和一级的，回销猪肉 5 斤；猪的质量在二级的，回销猪肉 4 斤；质量在三或四级的，回销猪肉 3 斤。除国家奖售粮、化肥和肉之外，生产队还要对售猪户按照"斤猪斤粮"的办法进行补贴兑现。补贴的粮价款，应按国家粮食牌价，由售猪户交队。国家奖售的化肥，亦统归生产队购买使用。在收购政策上，国家也将鸭蛋纳入进来。但是，优惠政策仅限农村集体棚养的鸭蛋，每交售 1 斤，国家奖售粮食半斤，社员个人交售的不在奖售政策范围内。奖售政策在农村社会中有一些刺激作用，生产队有饲养家畜家禽的积极性。1978 年，龙广公社生猪存栏数创历史纪录，平均户养猪 2.51 头。狮子山大队平均户养鸭 55 只。纳赖公社茅草坪队户均养牛 2.6 头。

的十年里，龙广场曾停赶或不定期赶，又改为逢农历每月初十、二十、三十赶场，有时是一个月赶两场或一场，全县都在同一天的场期。

此时物资供应紧张的局面一直存在，许多物资是凭票供应。[①] 集市活动的长期抑制，对地方民众的生产生活有很大的影响。

小　结

一、经济基础决定上层建筑在这一时期的农村发展中有特殊反映

在这一时期基层社会治理框架下，农村的基础公共服务涵盖了基层社会中的方方面面，几乎无所不包。比如，农田水利建设、农业技术引进、医疗卫生、基础教育、社会保障，等等。仅从经济发展上来说，农业经济在这一时期的发展中，能够在很大程度上体现出集体性质的规模优势，这在以往的时候是很难想象的。

衣、食、住、行，是农村普通民众的基本需求。然而，由于我国的农业基础薄弱，农业经济发展整体迟缓，农民的生存环境差，农村社会发展到这一时期也没有发生质的转变。贫穷落后，仍是农村呈现出来的整体面貌。在工业优先发展的战略安排下，国家手中的有限资源，无法对农业给予过多的投入，再加上水、旱等自然灾害的频发，农村在这一时期的社会发展能力极其有限，基层社会在保障民众基本生活方面的压力亦十分沉重。可以说，农村相对低下的生产力水平，客观上支撑不起农村社会的公共需求。农村的经济发展与社会治理的步伐在这一时期表现出一些不协调的情况，亦属常理之中。

二、上层建筑对经济基础的反作用也有明显表现

在这一时期，为了促进社会的稳定发展，国家要大踏步的发展国民经济，改善民生，进而增强自身的综合国力。快速发展，既是国家的发展方向，也是

---

① 凭票供应的领域较多。例如，棉毛衣裤、线衣、床褥单、线毯、毛巾被、睡衣等商品凭票供应，毛巾、袜子、汗衫背心、民用线、棉毯等凭购货证供应。1962 年布票额度发到每人 1 丈 6 尺 2 寸。到了 1963 年，政府将毛巾、袜子、汗衫背心、枕套、风雨衣等都纳入到凭票供应的范围，全年每人发布票额度仅有 1 尺 7 寸。

地方社会建设和社会治理的迫切要求。这一时期的基层社会治理有中国传统民本思想的影子。在当时的大环境下，农村的集体经济占主导地位，农村经济的发展好坏，受集体经济发展情况的制约。农副产品的统购统销，首先要保证的是国家征购，其次才是集体提留，最后才是以工分的形式在社员之间进行调配。为维护基层社会的高度集中管理，国家有严格的户籍制度予以保证。与此同时，农村自农业合作化以后，农民需要的社会保障到了不得不依靠集体组织的状态。如此以来，在社会利益分配相对固定的格局中，农民的角色就稳定了下来且很难改变，几乎没有角色选择的可能。从农村社会中人民公社的实践发展情况看，长期不发展市场经济的农村社会，必定缺乏应有的生机和活力。

第六章　实施家庭联产承包责任制之后龙广的
治理与开发

第一节　家庭联产承包责任制与龙广行政区划的变迁

一、家庭联产承包责任制的由来

（一）家庭联产承包责任制的概念

家庭联产承包责任制^①从时间上看，始于20世纪50年代，当时的高级农业生产合作社就有了家庭联查承包责任制的萌芽。中共十一届三中全会召开后，家庭联产承包责任制得到执政者的认可并得以恢复和发展。

家庭联产承包制，是"文革"结束后国家进行经济体制改革的一项重要内容。在邓小平等领导人的倡导下，到1983年，全国基层农村社会全面告别了人民公社，农村各项事业才得以逐步走上正常发展的轨道。

（二）实施家庭联产承包责任制的形式

推行承包制，是实现家庭联产经营责任制中的关键。在承包的过程中，至于承了什么，包了什么，在各地的实践中有一些地域差异。

从内容上看，承包的两种形式分别是：土地承包和专业承包。土地承包，即是在不改变土地集体所有制的基础上，承认家庭是基层社会农业生产单位，按照农户人口以及家庭劳动力数量，将集体所有的土地划成面积不等的小块，

---

① 它是指由生产任务承担者对其生产负责并按产量或产值来计算自己劳动报酬的生产责任制。

分给农户以家庭为单位自主经营。

专业承包，即是即在认可并延续原有的生产队统一管理的情况下，将集体所有的农副渔业、林牧业、工商业等等行业的生产过程予以承包，家庭户或生产队下属的生产组为承包者。在实际的生产过程中，家庭户或生产组有自主经营的灵活变通权。

从承包方式看，有包产到户和包干到户两个类型。包产到户，也是以土地等主要农业生产资料的公有制为基础，以家庭户为单位进行承包。在生产过程中，家庭户做到"三包"，即包工、包产、包费用。家庭户要按合同的规定在约好的限定生产费用额度范围内完成约定的生产任务额。在组织面前，若是农户的生产成果超了预期，会受到奖励。反之，若完不成生产指标，就会受罚。

包干到户。又俗称"大包干"。在组织与家庭户之间确立的承包合同中，原则上不明确规定生产所需的费用限额，也不明确规定产量指标。整个生产过程，由家庭承包户自行安排相关的生产活动，生产出来的产品除向国家交纳相应的农业税以及向集体交纳一定数额的公共提留之外，完全归承包家庭户所有。简单地说，包干到户形成的生产成果，在分配上必须国家放在最优先的位置。这就是常说的"交够国家的"，在国家之后，是集体。在分配上，集体处于次优先的地位。集体的也必须留够。在国家与集体之后，剩下的成果才是属于劳动者自己的。

联产承包，扩大了农户的经营自主权，调动了基层农村社会的生产积极性。在以家庭为单位的农业生产中，小规模经营的优势得以发挥，农业生产得到很大的促进。从时代发展角度而言，家庭联产承包责任制的推行，既做到了利国，也做到了利民，它是中国共产党在经营"三农"问题上的重大政策调整。

二、时代发展的关键：从人民公社到联产承包责任制

（一）包干到户政策在龙广的稳定和完善

1980年7月15日，贵州省下发了《关于放宽农业政策的指示》[①]。这个文件由池必卿书记[②]签发，包干到户出现在这个政府公开发布的文件中。根据这

---

① 这个文件就是贵州著名的省发〔1980〕38号文件。
② 池必卿（1917—2007年），山西平定人。1980年7月，池必卿任贵州省委第一书记。

个文件，只要生产队满足三个条件，就可以实行包产到户①。这是贵州省调整农村生产关系的一个重大突破。

省委制定的宽松政策，是县市一级行政区进行基层改革的风向标。同年7月23日，中共安龙县委根据省委文件，结合自身实际，制定了《关于放宽农业政策若干问题的意见》。这个意见的内容有8条，允许基层社会实行多种形式的生产责任制，允许建立6种灵活多样的生产责任制，其中就包括包产到户、包干到户。安龙县委的意见是：生产队的现有耕地，可按合法人口计算包到户，吃社队粮的人可以包给土地；生产队将耕地的所有权予以全盘保留；山林，每户可分3~5亩②，山权归生产队；上级的征购粮任务，一定5年，需不打折扣地完成；生产队的公产，包括公房和晒坝在内，都不准随意拆掉或变卖；规定社员每年出义务劳动日。同年9月27日，中共中央印发《关于进一步加强和完善农业生产责任制的几个问题》明确指示，边远山区和贫困落后地区可以包产到户，从中央层面肯定了贵州基层的做法。

（二）联产承包责任制在龙广的持续巩固和落实

1984年，安龙县人民政府统一印制的第一轮《耕地承包合同》③。政策公布之后，龙广区所有生产队开始实行包产到户。确定了县内各乡镇家庭经营责任制，落实了农户的土地承包权、经营权等问题，为经济社会的良性发展和基层社会的治理奠定了良好的基础。

土地承包经营政策激发了基层社会的巨大动力，也开始出现一些新情况。为了适应农村经济社会发展的需要，14年之后，也就是在1998年，农村开始试行第二轮承包④。1998年9月9日，龙广镇人民政府转发《安龙县延长土地

---

① 这三个条件是：居住分散、生产落后、生活贫困。贵州属于多山省份，居住普遍分散。在经营管理水平极低的情况下，生产必然是落后的。由于集体经济长期搞不好，农民生活必然贫困。也就是说，在当时的条件下，不能满足这三个条件的基层生产队，非常少。

② 1亩约为666.67平方米。

③ 合同规定：第一，继续稳定和完善农村家庭经营责任制，将土地承包期延长到2000年；第二，允许农户不承包或少承包土地，交集体统一另行发包；第三，允许社员自找对象协商转包，保留承包权；第四，自留山、承包荒坡所种植的树木，至少50年不变，承包者有被继承权；第五，农户对承包土地只有使用权，没有所有权，不准买卖出租，转作宅基地或气体非农用地。

④ 这一轮承包的主要任务包括调查、登记、换发证件。

承包期实施方案》，各行政村与农户重新分别签订"土地承包合同书"，向农户颁发县人民政府统一印刷的"承包土地承包经营权证"①。第二年3月30日，安龙县政府下发《关于延长农村土地承包期工作中收回土地有偿转包的处理意见》规定：收回"三户一人"②的承包耕地，进行转包。

随着2002年《中华人民共和国农村土地承包法》③公布之后，农村土地承包行为有了法律规范，进入法制管理轨道，基层社会治理达到了一个新高度。

（三）家庭联产承包后龙广地方的经济结构演化

1. 从计划经济到商品经济的转变

农业生产的分散性、多变性、区域性特点没有因为人民公社的出现而发生根本变化。党和政府虽然将农业作为国民经济基础，但是在实际操作过程中，将基层社会治理与经济发展混同在一起，严格执行计划经济的指令，没有做到实事求是。农村经济发展的长期迟滞，管理不善是其中的主要因素之一。

在这个演化过程中，主要表现为松绑期和发展期两个阶段。从1980年到1983年，是松绑期。1980年之后，龙广镇与全国各地农村一样，经济全面复苏。以家庭为单位的承包制落实以后，农村个体经济得到发展，这在很大程度上解决了农民的温饱问题。从1983年到1988年，是基层的农业经济发展期。流通体制改革，成为当时国家重点强调的问题之一。对发展商品经济而言，不能流通，就无法形成市场，没有市场，贸易就不会繁荣。在流通体制改革上，从中央到省、

---

① 合同书规定：第一，从1994年1月1日起，耕地承包期再延长50年（到2043年止），非耕地承包期再延长60年。第二，在土地承包期内，集体内部的人口有增减变化，但不影响土地承包权。换言之，在集体内部，增人不增地，减人不减地。第三，农户应按时完成法律、法规规定的农业税、农产品定购任务、村提留、乡统筹费、义务工、劳动积累工等任务。第四，土地为国家所有，农户仅有使用权。土地不得买卖、荒芜土地。第五，农耕地不得擅自改变土地用途，不得违反有关土地管理的其他规定。第六，在承包期内，经发包方同意，农户对土地承包权、使用权可以有偿转包、转让、互换、入股；土地流转要签订书面合同，并报发包方和乡镇农业承包合同管理机构备案。

② "三户一人"，是指生前无亲属赡养的孤寡去世户；农转非户；不按承包合同耕种管理，致使耕地荒芜的闲置耕地户；农转非人口。

③ 2002年8月29日，全国人大常委会通过国家主席令，正式公布，自2003年3月1日施行。

县，再到乡镇，各级党政机关对待商业贸易的态度都有了很大转变。龙广的流通体制改革从 1982 年就开始了。1982 年 4 月，中共兴义地委明确规定：支持农民合作或个体参与计划外的物资流通，作为一项基本政策，长期坚持不变。根据兴义地委的指示，龙广镇的顾屯村党支部，突破不准农民长途贩运农副产品的禁令。村委组织各种力量把全村的芭蕉芋粉加工出来，并想方设法把每户上百斤的粉条全部销售出去。第二年，顾屯村在宽松的环境下就成了"分户生产，专人运销"的芭蕉芋生产专业村。顾屯村的一部分人靠芭蕉芋生产加工，先富了起来。

2. 从个体经济到综合经济的转变

由于营商环境的改善，个体经济虽然有船小好调头的优势，但总体上的发展情况并不乐观。对于个体经济发展过程中遇到的困难，一些有远见的基层干部认为抱团协作才能更好地发挥优势。在基层，一些专业户开始主动发展为各种经营联合体，在扩大生产规模的基础上，尽可能多地突出地方特色。从实践情况看，抱团协作的确对产品销售有利。一些外地商人采购农产品，不会为收不到货发愁。在购销渠道通畅的情况下，农产品生产基地大量出现，地方经济发展形成了新模式。

1979 年 3 月，安龙县委发表《中共中央关于加快农业发展若干问题的决定（草案）》，县委的部署逐级下发到各区、公社、大队和生产队，全县实行"五定"生产责任制①。文件传达不久，一些生产队就自发地搞起了包产到户，半数生产队实行包产到组。同年，兴义地区供销社组织各县供销系统物价人员 31人，到龙广和科汪蹲点调查②。自此以后，芭蕉芋加工成为龙广经济发展的名片，

---

① "五定"，是指生产队干部在新的环境下定报酬、定合法分地的人口、定产量、定耕地面积、定耕畜。

② 这次调查历时 12 天，调查点选在了具有典型性的两个生产队。即龙广公社的纳东生产队和科汪公社的营脚生产队。调查人员根据实际情况，对农村生产队的农副产品成本、芭蕉芋粉条加工和生猪养殖成本，分别进行了估算。后来的调查结果是：每加工并出售 100 斤芭蕉芋粉条，农户可获得净利润为 4.62 元。与之相比，费时 9 个月，农民可以喂出一头毛重 290 斤的肥猪，但是要亏损每头 83.98 元。若是仅养到毛重 100 斤的架子猪，农户要亏损 29.97 元 / 每头。显然，对农民来说，从事粉条生产更为有利。

芭蕉芋加工很受上级组织的重视。①

三、家庭联产承包责任制推行后龙广的行政区划变迁

到 1980 年 8 月 20 日，安龙自治县革命委员会改称安龙县自治县人民政府，龙广区公所隶安龙自治县人民政府。同年 9 月，基层公社革委会改为公社管理委员会。1981 年 9 月 21 日，兴义专区裁撤，黔西南布依族苗族自治州设立。安龙布依族苗族自治县裁撤，改为安龙县。1983 年以后，基层乡人民政府普遍设立，明确规定乡镇是县以下的一级行政区域，区公所是县政府的派出机构，区公所有管理所辖乡和乡级镇的职权。按照中央精神，龙广行政区划的相应调整直到 1984 年 7 月全部完成。

1984 年 7 月 3 日，长湾公社裁撤，在原有基础上改建花木乡。同年 7 月 9 日，龙广和德卧两个公社裁撤，分别建成龙广镇和德卧镇。五台公社的陡坡、簸箕寨两个生产大队，和科汪公社的聋飘生产大队，划归德卧镇。同月，龙广区所辖的 6 个公社的管理委员会，全部改建为乡镇人民政府，大队改称行政村，生产大队改为村民组，直到 1987 年 12 月全部完成。在这一轮调整之后，龙广镇辖新场坝、赖山、板拉、纳桃、小场坝、塘坊、顾屯、狮子山 8 个村，共计 63 个村民组②。

1992 年 1 月，安龙县的基层区划变动较大，开始撤区，在并乡的基础上建镇。安龙全县撤销 7 个区公所、2 个区级镇、37 个乡镇和 4 个街道办事处，撤并之后改建为 16 个乡镇。从原五台乡拨出给德卧镇的簸箕寨村重新划归龙广镇，将原属花木乡管辖的放羊湾、毛凼子两个村，划给了永和镇。1998 年 5 月，原来

---

① 龙广镇顾屯村原有 25 户人家生产加工芭蕉芋粉丝，年生产能力为 25 万斤（1 万斤为 5 吨）。从 1980 年开始，顾屯村开始使用机械加工粉条，有 93 户人家联办 47 个加工作坊，村里有上千人专门从事芭蕉芋粉丝生产加工。1981 年，顾屯村生产加工粉条 96 万斤。发展到 1988 年，顾屯村有 236 户搞粉条加工生产，年产粉条 310 多万斤，产销两旺，成为闻名省内外的芭蕉芋粉条加工专业村。

② 科汪乡辖四轮、十二份、佳皂、新寨、纳西、纳万、纳坎、拓仑、永革、干田、安叉 11 个村，计 56 个村民组。五台乡辖五台、七星、果药 3 个村，计 32 个村民组。花木乡辖烂滩、花木、放羊湾、毛凼子、坡关 5 个村，共计 42 个村民组。永和乡辖永桑、冗袍、白岩、坡阴、坝盘、大湾、邑皓、六射 8 个村，共计 45 个村民组。纳赖乡辖马鞍营、拉然沟、纳赖、茅草坪、下篝 5 个村，共计 24 个村民组。全区共辖 1 个镇 5 个乡、1 个居民委员会、40 个行政村、162 个村民组。

的永和镇更名，即现在的万峰湖镇。从 1992 年到 2008 年，龙广镇辖区维持在 26 个行政村外加 1 个居民委员会的布局，境内共有 179 个村民组存在。2008 年，龙广镇进行村级整合，将所辖 1 个居民委员会和 26 个行政村，整合为 18 个行政村、179 个村民组①。

第二节　家庭联产承包后龙广的土地管理和农牧业生产

一、土地管理逐渐走上法治轨道

（一）专门的土地管理机构得以设立

改革开放政策执行 10 年后，为了更为科学合理使用、保护和开放土地资源，管好土地，用好土地，龙广的土地管理也迈上了一个新的台阶。1986 年 11 月，安龙县成立了县级专门负责土地事务的土地管理局，土地管理工作由农业局移交给土地管理局。土地管理局的内在组成部门包括土地检察、建设用地和地籍管理三大块。乡镇一级的土地管理被纳入县、乡目标管理责任以内。

1988 年安龙县土地管理局设立龙广区土地管理所，主要对辖区内农村居民建房审批工作加强行政管理，对建房和其他用地实行审批、等级制度。1992 年，撤区并乡建镇，设立龙广镇土地管理所，简称龙广镇土管所。此时的编制为所长一名，工作人员两名。1998 年，全国上上下下在十五大后都进行了应有的机

---

① 整合之后的龙广镇行政区管辖范围如下：（1）合兴行政村：辖 1 个居委会和 5 个村民组。（2）纳桃行政村 [该村由原来的板拉、纳桃两村整合而成]：辖 14 个村民组。（3）双合行政村 [该村由原来的塘坊、顾屯两村整合而成]：辖 12 个村民组。（4）赖山行政村：辖 10 个村民组。（5）小场坝行政村：辖 9 个村民组。（6）狮子山行政村：辖 13 个村民组。（7）安叉行政村：辖 8 个村民组。（8）干田行政村 [该村由原来的永革、干田两个村整合而成。]：辖 9 个村民组。（9）联新行政村 [该村由原来的纳西、四轮碑、十二份这三个村整合而成]：辖 12 个村民组。（10）柘仑行政村 [该村由原来的柘仑、纳坎两村整合而成。]：辖 10 个村民组。（11）纳万行政村：辖 8 个村民组。（12）佳皂行政村 [由原来的佳皂村和新寨两村整合而成。]：辖 9 个村民组。（13）簸箕寨行政村 [该村由原簸箕寨、五台两村整合而成。2008 年，原属簸箕寨村的"汪家凼组"划入德卧镇坡告村管辖]：辖 16 个村民组。（14）七星行政村：辖 11 个村民组。（15）果约行政村：辖 10 个村民组。（16）花木行政村：辖 5 个村民组。（17）烂滩行政村：辖 7 个村民组。（18）坡关行政村：辖 11 个村民组。

构改革。原有的龙广镇土地管理所，改称为龙广镇国土资源管理所（简称：龙广镇国土所）。

（二）农用地籍管理得到应有的加强

随着家庭联产承包责任制的推行，地籍方面的事务陡然增加，这不仅涉及农户之间的土地纠纷，也涉及农户与地方组织的土地纠纷。自县、乡一级专门的国土管理部门成立后，农用土地的地籍管理得到加强。专门的国土管理部门在基层的农用土地纠纷、地界争议、拆迁安置、农地建房审批等方面起到了特殊的作用。

当时，在土地纠纷和地界争议问题上，有三起纠纷涉及龙广镇。一起发生在 1989 年 12 月，涉及郑家湾村和窝寨村的土地纠纷；一起发生在 1990 年 5 月，涉及纳苗与岩脚的地界争议；一起发生在 1997 年 9 月，涉及安叉村与平坝村的地界问题。

在征地拆迁上，龙广镇国土所作为专业部门，直接参与了南昆铁路龙广段的征地协调工作。2003 年 6 月 6 日，龙广镇政府呈报《龙广镇失地农民生存情况调查报告》，到当年为止，南昆铁路征用赖山、新场坝、板拉、七星、塘坊、顾屯、狮子山 7 个村 900 多户计 3466 人的耕地 2941.837 亩，其中田 448.55 亩，地 248.0175 亩；退耕还林还草涉及赖山、果约、花木、烂滩、七星、五台、安叉、四轮、顾屯、小场坝等 10 个村土地 6500 亩。国土管理部分在被拆迁户和铁路承建方之间起到了很好的沟通作用。除南昆铁路外，2010—2011 年，龙广镇国土所全程参与了汕昆高速公路的征地工作，发放土地补偿费拆迁款，安置拆迁户。

在农地建房审批上，龙广镇国土所每年报政府审批农村建房有百余户，国土部门的公职人员在处理土地纠纷上，恪尽职守，能够及时为民众排忧解难。

（三）农用地籍检察得到认真执行

虽说家庭联产承包责任制突破重重障碍之后，在农村得以普遍推行。但是，家庭联产经营状态下，农用土地的用途在没有得到政府的审批之前并不能随意改变。后来，国家为了保证粮食生产的需要，专门划定了 18 亿亩耕地的红线，任何非法侵占耕地的行为都被严厉禁止。为了守住这个红线，农村的地籍检察就不是可有可无的了。根据《国家建设征用土地条例》和国务院发布的有关城市规划，村镇建设用地、各项规定，对机关、集体、企业、个人建房等，非农业用地进行清理，强调用地要符合乡、村规划，避免纠纷，制止形形色色的非法占地行为。

富裕起来的农民有盖房的传统观念，在龙广也不例外，国有土地资源被占用的情况屡见不鲜。针对这类问题，龙广加强落实国家文件精神，对相关违规现象统一进行清查和处理。例如，1989 年 6 月，龙广区土地资源管理所对顾屯村五组农户赵某某，擅自占用稻田建房进行查处，限令拆除并恢复土地原貌。1995 年，龙广镇土地资源管理所，对四轮、十二份村违法占地建房进行清理，清出 75 户占地面积 5900 多平方米。

随着社会和经济发展的速度不断加快，龙广地方的经济开发导致的土地资源的违规占用情况也逐渐露头。国家的态度非常明确。经济可以快速发展，但是土地红线是基层治理工作的重点。例如，1998 年 4 月 27 日，根据贵州省国土厅文件精神，对龙广 888 砖厂违法占地兴建砖厂进行处理。该厂于 1996 年11 月经安龙县乡镇企业局批复，同意江西省个体业主郑某与龙广镇政府立项兴建。这个砖厂的规模不大，但是租用的集体土地规模达 30 亩，租期 20 年。在贵州省国土厅的干预下，这个砖厂未能开办起来[①]。

特别是对于一些重点的，具有普遍意义或者具有典型性的问题，政府在处理的过程中更加注重规范性和长期性。例如，1999 年 5 月 15 日，龙广镇党委、政府转发《关于对哨旗山、梨头山葬坟进行清理的意见》，对未经审批多占、滥占、只使用不绿化和不按要求使用的，依法作出严肃处理[②]。同年 6 月 1 日，龙广镇出台了《殡葬管理实施方案》。根据这个方案，坟墓的建造，不能使用可耕地，水库及堤坝附近也在管控范围，水源保护区以及境内的铁路公路干线两侧也不允许随意修坟；每座坟的占地规模控制在 6~10 平方米的范围内，使用墓地要在墓地种活 10 株树。为缓解私自建坟的用地矛盾，2012 年，龙广镇政府投资 200万元，建造了纳桃公墓。

---

① 省国土厅的处理结果为：双方租用土地协议无效，责令签订协议的双方写出书面检查，同时对砖厂按照违法的实际情况罚款 30693.30 元。

② 按照当时的文件规定，农村每所坟占地不得超过 10 平方米。龙广镇对哨旗山、犁头山的葬坟进行了规划。

二、农业生产取得了长足进步

（一）农业生产工具的变化

农业生产工具用于提高农业劳动的效率，是劳动的创造物，也是人类聪明才智的结晶，还是生产力水平发展程度的最为直观的证据。龙广镇辖区内的坝区都是传统农业区，农民使用的传统农具，主要以手工操作为主，兼用畜力。具体的种类有多种，大致可以分为：耕作、灌溉、播种和田间管理等农具，以及收获、去壳、筛选、仓储等工具。耕作工具主要有犁[①]、耙[②]、锄头[③]，具体形状和操作方法各异。传统灌溉工具主要有 4 种，即龙骨车、戽水桶、水车和吸桶[④]。播种工具主要用手，无论是水田中插秧还是旱地中种植玉米、红薯、高粱等，都主要用双手完成，或者辅助使用一些小型耕作农具。虽然政府曾经大力推广使用北方"摇镰"，但是因为龙广镇的土质黏重土多、土块大，而且土地凹凸不平，不适合地方土地状况而停用。田间管理过程中使用的农具中，旱地中耕，追肥用锄。稻田中耕用脚踩。施肥全靠人工。追肥工具中 20 世纪60 年代推广薅秧耙，因土质黏重未采用。植保无传统工具[⑤]。农作物收获和加

---

① 犁是犁田工具。木质犁的结构简单，主要包括犁板、犁辕（杠）铧口、枷担、打脚、牵引绳。犁辕与犁板用犁柱相连。犁的种类有直犁、弯弯犁和尖犁之分。在耕作时，犁有牛拉犁和人拉犁的区别。耕作时，由一人扶犁，犁开的土地深浅度靠犁辕与犁柱间的木楔调节，或者靠犁田人的经验来调节。

② 耙是碎土工具，外观呈长方形，前后两排铁耙齿，用于犁地之后的碎土。在耕田过程中，耙的下端是一排木耙齿，上端需要人扶，耙地全凭经验掌控。

③ 锄头是挖地、中耕、除草、碎土和间苗的常用生产工具。如果是垦荒或者是挖树掘根，要用"鹰嘴锄"；仅仅是除草，要用"条锄"。除了鹰嘴锄和条锄外，还有用于种地挖窝的锄头。这种锄头也可细分。锄口是 15 厘米宽的挖窝锄叫"二口锄"；锄口在 20 厘米宽的叫"大板锄"；锄口为三角形的是"薅锄"。

④ 龙骨车，为木制，用木板和刮水板连成。手工摇动连接刮水板木把，使其抽水。戽水桶，有木制和竹制两种。在桶两侧系一绳，两人拉绳子，将低处水戽到高处，用于灌溉。水车是木制一圆形木架，挂若干竹筒，在水流作用下水车转动，竹筒将水倒入田中。吸桶用一空竹或空心木，内装一活塞，用人工抽动活塞吸水。

⑤ 二十世纪八九十年代曾广泛使用背负式手摇喷雾器，用以喷洒农药。

工过程中使用的传统工具主要有镰刀①、挞斗②、连枷③、箩筐和筛子④。去壳的工具主要有：碓⑤、磨⑥、碾⑦和礳子⑧。仓储工具有屯箩和围席⑨。筛选工具，主要有簸箕和风簸⑩。

新中国成立初期，龙广的农业生产能力并没有大的提升。新型的机械农具仍然稀缺。新农具代替老旧的传统工具有一个较长的过程。

改革开放以后，由于我国工业生产能力的提升，许多现代农具的生产逐步实现了国产化。在工业生产能力提升的情况下，我国农村的生产工具得以全面改善，生产效率得到大幅度提升。1979 年，龙广区十二分大队拥有 1 台 20 匹马力柴油机及配套水泵和进水管。除此之外，这个大队还有 1 台 3.5 马力的气泵，用于提水。同年龙广建立拖拉机站。自此以后，以机械为动力的现代农业生产

---

① 镰刀为铁质农具。呈半月形，柄为木质，割稻、麦、草的农具。其用途在于田间的稻谷和麦子的收割。

② 挞斗为木制呈正方形，口大底小，上口长 150 厘米，下口边长 80—120 厘米、高 50 厘米。其使用方式为抢起谷穗在桶过口打挞，使其脱粒。具体可以分为两种：一是"敞斗"挞斗，四周无遮挡物。边打边收。二是"围席"挞斗，三面围以竹席，一方斗内放木制长方形架子。使用时，两人抢起谷穗在斗架上轮流打。谷粒或者麦粒就被打下，达到脱粒的效果。

③ 连枷是在长木杆上端系绳索，栓一短棍。使用时，抢起木杆打作物。其用途是油菜籽、豆类、麦类、荞麦的脱粒。

④ 箩筐是竹制收获装运粮食的工具，多为方底圆口。分为挑箩、背箩。坝区用绳子称"平挑"；山区用撮箕穿在扁担两端，称"高挑"。背箩，即背篓。筛子亦为竹制。用于分离杂物。孔稍大的为"粗筛"，孔小的为"细筛"。

⑤ 碓是舂米谷用的工具。空地安放石臼，上架木杆，杆端装杵，用脚踏动木杆，杵起落，脱去谷皮或舂米成粉。

⑥ 磨是石制磨粉工具。工作部件为磨盘。盘上有沟，工作时，谷物在旋转磨盘与固定磨盘间被磨碎。"粗磨"磨玉米，"细磨"磨豆腐。

⑦ 碾是条石凿槽，围绕圆心空地安放石槽，称"碾槽"，再用木杆一端连接中心轴，另一端连接石轮或铁轮，轮转磨脱去谷粒皮。河水作动力是"水碾"，用畜力的是"干碾"。

⑧ 礳子是专用脱稻谷壳。只脱壳而保存麸皮，故称"糙米"。

⑨ 屯箩，为竹编制，外涂泥或牛屎。放置楼上，装谷用，依其大小细分为"小屯箩""二屯箩""大屯箩"。围席，是竹编长条。在贮藏粮食时，一般情况下时边围边装。

⑩ 簸箕，为竹编而成，形似畚箕，用双手握荡簸箕，扬去米里的糠稗秕。风簸，又名"风车"，木制大农具。其通过鼓风和风簸柜将谷物饱粒、秕粒、杂质分开，由不同部位流出。

工具逐渐走进龙广地区基层群众的视野，进入当地的农田作业过程中。以机械动力为主的现代农业工具越来越普及，极大改善了农业生产条件和生产效率①。当地生产使用的耕作机械，主要有大中型拖拉机和手扶式拖拉机、机引耙和机引犁。使用的排灌机械主要是柴油机，在一些已经用上水电的地方，也开始使用电动机。植保机械分为人工喷雾器和机械喷雾器。人工喷雾器适合小片耕地。对于大面积的农田，以使用机械喷雾器为主。农产品的加工机械，开始有了长足的改进。农村社会中出现了磨面机、碾米机，还有榨油机和饲料粉碎机。在运输机械上，农村逐渐摆脱了以马和牛为主的畜力，实现了胶轮车、手推车向农用三轮车、农用汽车的转变。

（二）农业技术的变革

1. 农作物品种的变化

龙广农业技术的变革首先体现农作物的品种上。为了增产增收，不断引进和发展优质种子成为主要的途径之一。例如，水稻②是龙广最为重要的粮食作物，

---

① 1986年，龙广区建立农机管理站。管理站的任务是做好农机发展状况调查，做好农机技术培训。发展到1993年，龙广镇有农业机械135台。其中重要动力机械651台、运输机械135台、耕作机械143台。当年，全镇推广挞谷机200台。总动力20998.8千瓦，机械灌溉作业面积11460亩。

1995年，全镇农业机械总动力达15580千瓦。其中柴油机动力851台、11620千瓦；电动机动力400台、1964千瓦。春耕生产中，118台耕作机械完成，机耕10600亩。

1996年，全镇农业机械总动力达17639千瓦。其中柴油机833台、动力11692千瓦；电动机759台、动力3951千瓦；汽油机217台、动力1996千瓦。全镇检修机具70余台（件），有118台机耕机械下水打田12000亩，381台抽水机作业抽水打田5400亩。全镇还有886台农副产品加工机械。当年的农机运输量达10840万吨·千米。

② 20世纪80年代，引入杂交水稻：威优6号、油优2号、6号成功试种后，以中矮秆中熟的灿稻品种为主要种植。相继引入了桂朝2号、桂朝13号、油优23号、油优64号、遵选3号、桂朝85号。特别是油优63号试种成功后，迅速取代了南优2号、油优2号、3号品种，成为主要播种品种。因其适应性强、丰产而受广大农民喜爱。1985年以后引进的油优64号早熟杂交稻，还有油优1号、油优725、岗优22、岗优501是更新和年度交叉使用的理想品种。1990年以后，引进的岗优多系1号、岗优725、Ⅱ优63、Ⅱ优多系1号、Ⅱ优838、K优5号、Ⅱ优46、特优559、油优多系1号、特青、大红粘、威优481等，先后在龙广镇种植，效果很好。现在种植的糯谷主要是麻谷、苏稻、桂花黄、黄晚谷、滇渝1号、矮子糯、香糯、高糯等。

现在龙广镇地方知名品牌"满口香"大米也是在 20 世纪 90 年代由黔西南州农业局从云南省引进。最初引入时，是常规籼稻"滇屯 502"，首先在安龙县试种，由于米质好，晶莹光亮，龙广镇境内后来大量种植。用这种米蒸煮出来的饭，饭粒洁白光亮，清香可口，软而不黏，适口性好，很受群众欢迎。经中国农科院鉴定，这个品种的米质达到了国际一级优质米标准，成为地方特产稻。

玉米是龙广坝区的主要农作物。在玉米制种方面，龙广的气候和土壤都有独特的优势。1983 年，杂交玉米的制种技术在龙广坝区全面铺开。龙广除了派农技站人员到海南岛繁育外，还在科汪乡十二分大队的十二分、老寨、红坎等 3 个生产队建立了 500 亩制种基地，进行自交系玉米制种。从 20 世纪 90 年代开始，龙广的玉米品种不断有了新的成员[1]。

薯类也是龙广坝区种植的作物并且栽培面积较大。在龙广坝区，农民种植的薯类包括红薯、马铃薯和芭蕉芋。红薯的种类变化不大。马铃薯和芭蕉芋从外地引进了一些新的品种。到 20 世纪 80 年代，龙广镇的马铃薯品种，在原有的红马铃薯和白马铃薯基础上，从云南引进了一些新品种[2]。马铃薯的栽培过程中，容易侵染病毒，从而引起品种退化。为了解决这个难题，在 20 世纪 90 年代末，龙广坝区从外地引进了脱毒马铃薯。芭蕉芋分为两个品种，即开红花的芭蕉芋和开黄花的芭蕉芋。起初，芭蕉芋是以观赏植物引进到龙广镇。后来，群众发现其根部块茎可食，遂在民间的种植得以推广开来。

---

[1]　比如，20 世纪主要的玉米品种是兴黄单 89-2、兴黄单系列杂交玉米、亚单 1 号、贵毕 302、贵毕 303、雅玉 2 号。从 2000 年开始，兴黄单 89-2、兴黄单 901、兴黄单 87-1、兴黄单 8 号、兴黄 6 号等成为主要推广种植的玉米品种。

[2]　这些新品种是马尔科马铃薯，白花马铃薯、河坝马铃薯、乌马铃薯。

此外，不仅麦类①、高粱②、油料作物③等的种子也一直处于变化中，而且作为农民改善生活和增加家庭收入的重要渠道的蔬菜类④作物和经济类作物的烟叶品种也在悄无声息地发生着改变。烟叶可分为烤烟和晾晒烟（土烟）

① 麦类：20世纪80年代起，黔西南州科技人员自育新品种，有兴麦1号、兴麦9号、兴263、绵阳20、无芒77等，平均单位90千克。到20世纪90年代，本地科技人员自育新品种：兴麦19、兴麦35、兴麦17、兴中244、兴中245、兴农5号、兴育8024、黔兴2号；同时引进贵农10号、绵阳26和川麦九号。90年代后期，本地科技人员自育新品种丰优2号、丰优1号、丰优5号、兴育7号、兴义7号。这些新品种平均单产高达127千克。

② 高粱：20世纪80年代起，本地农科所开展高粱选育二作，取得很好成效。高粱"繁2"，系黔西南州农科所从河南引进新品种"AT×22×150865（F1）"，再经技术处理后多代选育而成，属于常规良种。

③ 一是油菜。油菜是龙广镇的主要经济油料作物，品种类型有芥菜型、白菜型、甘蓝型、杂交型。龙广镇的油菜老品种有高油菜、矮油菜、苦油菜、安顺籽、黄金籽、二高桩、红油菜等。这些品种属于芥菜型，平均单产30千克。1979年，引进云油7号、云油31号、湘油2、胜利油菜、黔渝21号、川油9号和竹丫油菜（甘蓝型、中熟品种）。20世纪80年代末引进杂交油菜"油研5号""蜀杂一号"平均单产133.6~158.4千克。同时引进常规油菜"814008"和一些低芥酸品种，如81001、81003、81004、81008、82–11、8082–5、奥罗托儿等品种。其中81008品种高产质优。表现最好。20世纪90年代，黔西南州引进"中双4号""H166""油研7号""珍油11""黔油14""黔油双低2号"等品种。

二是花生。花生大致分类为落花生、扯花生、油果花生、粤油1号。在龙广镇，花生的老品种为扯花生。1946年从云南和1973年分别引进了"州油一号""粉红""粤油一号"。1999年从贵州油料所引进"黔花一号"，一般亩产可达200~250千克。

三是黄豆。龙广镇大豆老品种为大白豆。在20世纪90年代末期，龙广镇引进早熟的"黔豆一号"（81–215–65）和"黔豆二号"（84–392）。此外，龙广镇的油料作物也包括芝麻。有白芝麻和黑芝麻两种，种植面积不大。

④ 龙广的蔬菜种植种类大致有以下几种。一是根茎类。包括萝卜、胡萝卜、根用芥菜、芜菁和薯芋类[马铃薯（洋芋）、芋头、山药、地萝卜（豆薯）]。二是葱蒜类。包括葱（本地葱、火葱、大葱、菖头、洋葱）、蒜（红皮、白皮、独蒜）。三是叶菜类。包括韭菜（细叶韭菜、大叶韭菜、韭黄）、青菜（大白菜、小白菜、芥菜、大青菜、紫色青菜）。四是甘蓝类。包括结球甘蓝、花椰菜、球茎甘蓝。五是绿叶菜类。包括菠菜、莴苣、芹菜、苋菜、茼蒿、冬寒菜、芫菜、苦菜、茴香。六是瓜类。包括黄瓜、南瓜、苦瓜、丝瓜、佛手瓜。七是茄果类。包括长茄子、圆茄子。八是豆类，包括菜豆、豇豆、蚕豆、豌豆、架豆、毛豆。九是水生菜类。包括莲藕、茭白、水芹。十是野生类。包括折耳根、蕨菜、猫耳朵、五加皮、狗地芽、姨好菜、麻蒿菜、马蹄菜、野胡葱、香椿芽、竹笋。

两类①。

2. 农作物栽培技术的变化

家庭联产责任承包制推行之后，不再以集体为单位进行粮食和经济作物的生产。但是在追求高产和实现更好经济效益的思想推动下，农业生产技术的变化仍然在继续。无论是水稻、玉米、红薯等粮食作物，还是花生、烤烟、芭蕉和蔬菜等经济作物的生产技术和管理技术，都在原有的基础上朝着更加精细化和科学化方向发展。

（1）粮食作物的生产管理技术。

水稻生产仍然是龙广当地农户最重要的口粮来源和经济发展的中心，所以水稻的栽培技术更新仍然在继续。例如，1981 年，龙广镇水稻耕作采取"一保六改"措施。即保证栽培面积基础上，改劣种为良种；把弱秧和老秧，改为适龄的壮秧；改变原有的不施肥习惯，为稻秧增施底肥，并适时进行合理的追肥；改稀植为合理密植；改串灌为沟灌；改变原来放任不管的习惯，将及时防治病虫放在田间管理的内容之中。在这个改变的过程里，政府的组织管理发挥了重要作用。在各乡的基层干部群众的共同努力下，新的以及更好的生产技术被迅速应用并广泛地推广。例如，1987 年，在龙广镇板拉、纳桃两村进行水稻温室两段育秧技术示范成功，当年推广到全镇，两段育秧率达 90% 的村组，普及水田面积达 90%。1990 年起，龙广区推广水稻旱育稀植技术，先是地膜稻草覆盖，后改为无纺布覆盖。其在龙广镇的利用率达到了 50% 以上，解决了当地缺水育秧的老大难问题。

在粮食作物中玉米为高产，长期以来，都是农户的经济来源之一。虽然改革开放以来，龙广地方农户经济收入的来源越来越多样化，但是对玉米的生产仍然没有放松。玉米的栽培的新技术、新方法也在龙广被广泛采用。首先，为改变传统的"懒庄稼"方法，农民在整土与施肥方面开始下工夫。为了增加土

---

① 烟叶可分为烤烟和晾晒烟（土烟）两类。其中，烤烟的品种有春雷 3 号、春雷 2 号、大金圆、金星 6007、红花大金圆、G28、K326、NC346、贵阳 11。晾晒烟（土烟）有大叶土烟、大青秆、小青秆、大红花、小红花、小白花、柳叶烟、金堂烟等。20 世纪 90 年代后期，龙广镇引进的品种是 K326、NC346、云烟 85、贵阳 11。

壤肥力，提高产量，在平整土地后施"复合肥"[①]。其次，在播种的过程中非常用心，对种子加以特别处理[②]，加强育苗技术的提高[③]，严格播种的时间和种植的密度[④]和广泛采用复合种植方式。在土地承包之后，农户在作物的栽培方式上有了很多改进措施。根据土地使用的实际情况，农作物有单作、间作、套作、复种、轮作等多种方式[⑤]。

红薯栽培的技术主要是沿袭传统的方式，[⑥]但是从 1995 年开始，"麦包苕"的栽培尝试，即小麦与红薯的套作。除此之外，还有其他形式的套种栽培尝试。如，小麦与豆类，可以套种；马铃薯与红薯，也能套种。甚至绿豆与烟草，也可以实现套种模式。如此等等。

（2）经济作物的生产管理技术。

在龙广的农户家庭的认知里，土地套种最划算，所以在龙广花生一般不单独连片栽种，而是与玉米间作，四行花生，两行玉米。花生喜欢砂质土壤，农

---

① 主要肥料有人畜肥、绿肥、化肥。用磷肥拌厩作底肥，氮素化肥作追肥，在中耕时施入。每次每亩施肥 7.5~10 千克。

② 播种时，以桐油、石灰拌种子。桐油和石灰有防鸟兽的作用，也可以防土蚕等地下害虫，这样可以提升出苗率。

③ 开始使用玉米膜覆盖育苗和移栽技术。也就是用玉米营养袋育苗，适时再定向移栽。在种植时，地表覆盖一层农用塑料膜，实现局部保温保湿，这是玉米增产的关键措施。特别是在海拔 1200~1400 米的山区种植玉米，增产效果比较明显。

④ 春播时，大致在 3 月下旬—4 月中旬，一般是空闲地或油菜地。如果春旱严重，可以采用两道粪播种，即打窝后下清粪水，播种后施粪（牛圈肥）再盖土，这样做可以确保苗齐、苗壮。种植密度原来是每亩 1000 窝、2000 株左右。后来进行了改进，即单作玉米，中晚熟品种，植株高大，生育期 140 天以上，每亩 2600～2800 株。中熟矮秆和紧凑型品种，生育期 125～135 天，每亩 3500～4000 株。中熟中秆品种，每亩 3000～3500 株。套作玉米，中晚熟品种，每亩 2000～2500 株。中熟中秆品种，每亩 2500～3000 株。中熟矮秆品种，每亩 3000～3500 株，行间套豆类、红薯、芭蕉芋。

⑤ 常见的方式有玉米单作，玉米与小麦套作，间种玉米、玉米与花生、红苕、芭蕉芋、豆类间作等。

⑥ 红薯栽培技术的改进，方法大致是这样的。先将红苕选种，将种薯播种于土温床内育苗。到五六月份将红薯藤割开，剪成 0.8～1 尺的段，然后在玉米行间打窝，施足底肥，压上苕苗，播种完成。

户在栽培花生的过程中，要根据农时规律，合理确定播种时间[①]；与此同时，还是要注意种植的密度[②]。在施肥过程中，不但要重视基肥，而且要做到适时追肥，以及在生长过程中及时培土等[③]。一般情况下，为了保持土壤肥力，减少病害，都采取四年两栽的轮作制。

烤烟是农户普遍种植的经济作物。在种植技术上，烤烟的栽培技术中从育苗、施肥和栽培环境等方面都非常用心。例如，在育苗时，烤烟常用的方法，主要有 3 种：双膜育苗、营养袋假植育苗、塑料大棚漂浮育苗。通过双膜育苗[④]，可以达到保温、保湿、抗旱的效果，保证出苗率高且出苗均匀。营养袋假植育苗的技术[⑤]则解决了移栽季节干旱、缺水、高温、气候变化异常而造成的成活率低，实现了大田移栽，苗齐、苗全、苗壮的目标。塑料大棚漂浮育苗技术[⑥]的使用，是为了保证烟苗植株的长势。采用这些常用的方法，烟叶的出苗率高，根系发达，而且没有病虫害，后期的长势良好。

施肥方法主要有配方施肥和双层施肥两种。在烤烟种植上的配方施肥，有特殊的要求。结合烤烟的品种特性，在配方中，农家肥和现代高效化肥的用量要把握适当的比例。为充分发挥农家肥和各种商品肥的有效成分，不仅要确定配方，还要根据肥效来计算用量[⑦]。烟叶所需的"双层施肥"，是将种烟的窝深挖，

---

① 播种时间大致在 4 月下旬至 4 月上旬为好。

② 密植的合理范围是：行窝距均采取 7 寸 ×8 寸、每窝留苗两三株。

③ 播种时，每亩施腐熟堆肥 750~1250 千克、过磷酸钙 5~10 千克、草木灰 50~100 千克、清粪水 400~500 千克。追肥宜在出苗后 30 天内结合中耕除草。在培土和压蔓时期，一般培土一两次；第一次在开花后 15 天，第二次在开花后 30 天；压蔓在盛花后期基部果针入土时进行为好。

④ 双膜育苗，就是在苗床茶盘式开取播种后，改进为平盖一层微膜，再拱棚架覆盖农用膜，等出苗后，再提高第一层微膜（离箱面 9~10 厘米）。

⑤ 这项技术在 1987 年从云南省玉溪市引进。大致步骤是：用一定比例的复合肥兑水，加入烤烟所需各种微量元素，配制成营养液，在浸泡适龄营养袋苗一段时期后，适时准备移栽大田。

⑥ 塑料大棚漂浮育苗技术在 2000 年从云南省大理市引进。具体步骤时：采用塑料托盘，在杯盘的孔内装基质（按烟苗生长所需配备），然后播种，种子在盛营养液的苗床进行培养成苗。

⑦ 龙广地方烟叶种植的配方施肥大致比例为：氮肥：7 ~ 8 千克 / 亩，氮肥、磷肥、钾肥比例：1：（1.5 ~ 2）：（2.5 ~ 3）。

先把迟效性农家肥施下层，速效化肥施上层，两层肥料间隔离 8~10 厘米泥土。在干旱天气里栽烟，化肥要施在下层，农家肥施上层，作盖塘肥的效果也不错，目的都为促进烟种子根系发达。这样烟叶在不同时期都有充足的肥料保证烟叶植株的苗壮生长。

烟叶的通常栽培方法，是采用单厢独垄栽培法。按照传统的种植习惯，一般是栽一厢两行。采用单厢独垄栽培技术，可以起到促根的效果，增加采光，促进育苗的长势，减少虫害，改善微观状态下的田间小气候。

在龙广，还有一类较为特别的经济作物，这就是芭蕉芋①。土质和选种的品种都会影响芭蕉芋的产量。从出粉率上看，红花芭蕉芋的表现不行，但这个品种的产量高。而黄花芭蕉芋正好反了过来，黄花芭蕉芋的含粉量高于红花芭蕉芋，但其产量比不过红花芭蕉芋。在种植过程中，若是选择大田栽培，芭蕉芋既可以单种，也可与玉米形成套种模式②。至于怎样种植，才能收到更好的效益，没有统一的标准。1986 年，芭蕉芋被国家科委列入贵州的"星火计划"③。自此以后，山地种植芭蕉芋有了科学指导，其产量和出粉率都有了很大提升。

此外，因为便利的交通、独特的土质和气候环境，以及充足的水源供给，龙广的蔬菜不仅能满足农户自身的日常饮食所需，而且是农户重要的经济来源之一。结合现代生产条件和生产技术，当地农户生产的天然反季节蔬菜可以取得较为丰厚的回报。从 20 世纪的 80 年代开始，龙广的民众就采用小拱棚培育

---

① 芭蕉芋，原产地为美洲。20 世纪中叶，芭蕉芋以观赏植物引入中国南方省份种植。在食物短缺的年代，自从农民发现芭蕉芋的块茎煮熟可以直接食用之后，芭蕉芋就上了农家的餐桌。由于块茎的淀粉含量丰富，芭蕉芋被用来制作粉条或酿酒用。从龙广当地种植芭蕉芋的情况看，在农家的房前屋后，田边地角，路旁零星土地均可种植。以土质而言，土层深厚，土质疏松，排气良好的微酸性沙壤为最好，黑壤土次之。

② 单种株行距为 1.5 ~ 2.5 尺（1 尺约为 33.33 厘米）。套种分为单行单套和双行双套两种。

③ 1986 年，国家科委向中央报送了"关于抓一批短、平、快科技项目促进地方经济振兴"的请示。这个报告使用了"星星之火，可以燎原"这个谚语，因此，国家科委根据这个请示做出的一些计划，被称为"星火计划"。

技术来栽培蔬菜苗①。到了 20 世纪 90 年代，塑料大棚栽培蔬菜已经成为可能，而且由农户做过尝试，但是精打细算下来，由于塑料大棚的搭建成本高，除了专业蔬菜大户之外，一般农户还是倾向于适应小拱棚技术。

（三）农业经营朝着产业化方向发展

1. 出现了农业重点户、专业户和专业村

20 世纪 80 年代开始，包干到户和流通体制改革，提高了劳动生产率，拓宽了生产领域，农村中的能工巧匠、有知识会谋划的能人和一部分干部利用他们一技之长，发展专业化、商品化生产，成为农村先富起来的"重点户、专业户、专业村"。经过 10 年努力，到 1993 年，龙广镇基本达到"一村一特，一村一品"发展村经济目标。比如，十二分村的蔬菜、顾屯村的粉条加工、狮子山村的养鸭、塘坊村的商贸、新场坝以及赖山村的个体运输等。

龙广镇优化产业结构，走富民之路，发展专业户和专业村，进行规模化种植。并于 2000 年，制定了"四个一"工程②。在广大干群的努力下，在 2000 年取得了一些成效。优质玉米栽培完成了 1800 亩，花椒种植完成 3000 亩的规模，果林营造达到了 4500 亩，蔬菜培育形成了 3400 亩的总量。通过 10 年的持续努力，到 2010 年，优化农业产业结构调整，烤烟、蔬菜、优质稻等优质农产成为产业结构调整的重点，种植烤烟 1820 亩，收购烟叶 51.5 万斤，群众实现收入 380 万元；种植蔬菜 8000 亩、优质稻 10000 亩，畜牧业等产业健康发展。

2. 出现了"公司 + 基地 + 农户"的产业经营模式

"公司 + 基地 + 农户"的产业经营模式，又称为纵横联产责任制。在这种经营模式下，农业发展的总体经济效益显著，但是也存在一些问题③。1982 年，

---

① 苗床上的小拱棚，用竹片搭起，覆之以塑料薄膜。待到出苗后，再揭膜。小拱棚的优点是制作简单，容易操作。在小拱棚的微环境里，温度比棚外大致高出 3~7°C，利于幼苗的发育。在同等条件下，采用小拱棚技术的蔬菜培育，要比普通栽培的蔬菜提前 15 天左右上市。在栽培过程中，农民已经知道施用喷施宝、叶面宝、光合微肥、磷酸二氢钾等人工干预菜苗生长。

② 即"一万亩优质玉米基地""一万亩花椒基地""一万亩果林基地""一万亩蔬菜基地"。

③ 自从土地到户以后，以往的集体种烟情况有了很大变化。分户种烟后，农民的种烟技术普遍不高，没有办法集中指导，所以在选种阶段、育苗阶段、烤烟加工阶段，农民的生产情况参差不齐，从而在整体上会形成大幅度减产的情况。

黔西南州地方政府根据烤烟生产的特点，下了大力气进行调整①。这样，在地方政府的有效干预之下，烟叶的生产能力得到了很大提升。

1992年，黔西南州委、州政府人员到龙广调研，认为龙广的"公司＋基地＋农户"实现了工农商贸一体化经营，可以向全州推广，主要方向在优质玉米、大米、蔗糖、水果、蔬菜等产业。自此以后，龙广的产业发展连续铺摊子。到2010年，龙广镇逐步建成优质水稻1万亩，油菜1万亩，金银花1.5万亩，蔬菜1万亩。龙广这些产业的发展，为当地民众积聚了大量财富。

三、畜禽养殖业得到快速发展

（一）地方畜禽品种受到重视

龙广镇的牲畜品种主要有常见的马牛羊和猪狗。其中的狗，是黔西南地区少数民族喜食的家畜。西南乌金猪②、关岭黄牛③、贵州水牛④、贵州黑山羊⑤、

---

① 政府指导，是依托各县的农业、供销、税务三大部门的业务技术骨干，成立专门的烤烟生产办公室，对烟叶的产、供、销环节进行统一调度。各县成立烟办之后，培训烟农，将烟农中技术好且有一定组织能力的人遴选为技术辅导员，从而克服了种烟过程中各行其是的困局。在购销环节，依靠供销社系统，按烟办提出的收购计划，掌控购销环节。由技术辅导员与烟农签订技术指导合同。

② 西南型乌金猪，是自由放养驯化的放牧型高原猪种。因其起源于云、贵、川乌蒙山区与金沙江畔，故名乌金猪。该猪种的生活习惯接近野猪，体型结实，耐粗饲，抗病能力强。其肉质鲜美，胆固醇低，具有健身补脑的功效，是制作火腿的优质食材。

③ 关岭黄牛，有"带驼峰的黄牛"之称，有很高的肉用价值。其头中等大小，额平宽，鼻镜宽大，口方平齐。公牛肩峰特别发达，一般高出背线8～10厘米（个别高出18厘米）。峰形可分为高峰型、低峰型；母牛肩峰平缓，一般胸深而显窄，背腰平直，欠宽大。关岭黄牛在粗放饲养管理条件下，具有较好的生长发育能力。关岭黄牛性情温顺，耐粗饲，具有较好的挽力和持久力，兼能水旱作业，适应陡坡梯田的耕作和劳役。

④ 贵州水牛，属于黔南型水牛。它具有耐粗饲、生存力强、役力强大、耐久好、使役年限长等特点。

⑤ 贵州黑山羊属肉用山羊，环境适应性强，适于山区牧养，易养殖，肉质好，在贵州的需求量大。诸如贵州传统的羊肉粉，即是以黑山羊肉为配料。

贵州马①，是当地的特色家畜品种。禽类资源主要是鸡鸭鹅及鸽子、鹌鹑之类。其中，兴义鸭②和矮脚鸡③是龙广的特色家禽品种。特色畜禽养殖能带来很好的经济效益，而且还能在农业生产或者交通运输中发挥重要作用。贵州水牛耐力好，是龙广一带农业生产中主要的役畜之一。贵州马长期以来是龙广交通运输的主要动力。虽说现在的路况很好，出远门不需要马了，但在一些山区的农户家庭中，至今还能见到家养的贵州马。龙广的抱房繁殖出来的兴义鸭（雏鸭）除一小部分供地方饲养外，有很大一部分远销到云南和广西。

（二）畜禽品种的引进和改良

改革开放后，龙广镇陆续引进了新的家养牲畜的品种，丰富了本地物产，为当地农户带来了新的"生财之道"。例如，山羊和绵羊的品种变化就十分明显，20世纪80年代引入的品种和之后引进的品种④虽然有差异，名称更是五花八门，但是选种的标准基本稳定，即个体大、生长快、适应性强、肉质好，才能受到农户的欢迎。牛的新品种类型并不多，但是种牛繁殖技术已经十分先进，养殖方式也从家养散放转化为集中规模化经验模式，基地养殖成为养牛的主要途径⑤。现在龙广当地出产的牛肉和牛奶，在黔西南地方市场上比较有名。

与牲畜养殖的发展历程同步，龙广镇在禽类养殖方面，也在不断引进新品种和改良老品种。以鸡养殖为例，在20世纪80年代，主要通过从其他地区引

---

① 贵州马属西南马，是我国古老的山地马品种。它具有体质结实、性情温顺、耐粗饲等特点。

② 兴义鸭属于小型蛋肉兼用的鸭种。这个地方鸭种具有生长快、产蛋多、肉质美的特点。

③ 矮脚鸡是龙广的蛋肉兼用型地方鸡种。产蛋性能好，肉质鲜嫩，环境适应能力强。在农村散养条件下，矮脚鸡5—6月龄性成熟，年产蛋120~150枚，少数能产180枚，蛋均重48克。公鸡利用年限2~3年，母鸡利用年限为3年。

④ 20世纪80年代引入的品种有南江黄羊、波尔山羊、考利代绵羊、小尾寒羊、美利奴绵羊、新疆细毛羊、山东奶羊、云南绵羊。20世纪80年代后，从山东引进的小尾寒羊开始对当地黑山羊杂交改良。2000年以后，基层农村养的羊，大都是波尔山羊与当地黑山羊杂交品种。

⑤ 2000年，建设黔西南州液氮站。西门塔尔、辛地红、英国短角牛、安格斯、利木赞等品种，采用冻精输配方式，开展牛的杂交改良。2004年，龙广镇狮子山村建牛品改造基地，改牛352头。

进新品种，发展杂交品种来丰富养殖的种类①；进入90年代，鸡的养殖方式和养殖模式的变化最为显著。龙广镇出现了养鸡专业户和重点户。龙广当地不仅有本地的肉用鸡和蛋鸡品种，在这一时期还引进了更多的外地鸡种，进行规模化养殖②。龙广所产的鸡蛋，除满足本地消费外，还销往安龙、兴义、兴仁等地。

第三节　家庭联产承包责任制实施后龙广的社会治理实践

一、基层社会组织结构变化与社会管理的强化

（一）地方政权机构的运转逐渐走向正常轨道

在国家整体的政策调整之下，1984年8月龙广辖区内的人民公社正式宣告解体。然而，基层的党政机构的运行尚未完全从人民公社的体制中及时扭转过来。直到1987年下半年，龙广区各乡镇正式召开了第十届人民代表大会，才正式确立起人民代表大会在基层政权运行中的法理地位。通过这次人民代表大会，乡镇人民政府组成人员被选举出来。同年8月16日—24日，龙广全区的6个乡镇召开第六届党代会，选举产生了乡镇党委机构。

通过不断地调整适应，1990年6月，安龙县人大常委会正式颁给龙广区人大联络组和下辖各乡镇人大主席团印章。这意味着基层政权建设中人大主席团的地位得以巩固和加强。人大主席团在基层政权建设中的重要性逐渐被民众认可。同年9月，龙广区的纪律检查委员会正式成立。纪律检查委员会的设立，使得基层党委的活动受党内监督机制的制约。

（二）农村基层党组织建设进入新阶段

从"文革"结束之后，农村基层社会虽然也将工作重心从政治领域进入经济领域，但基层党组织在农村各项事业发展中仍发挥着特有的作用。例如，1988年下半年龙广区农村支部开展的"农村深化改革"活动，就比较典型。在龙广区范围内，村级党支部建立学习制度，建立议事会，成立或健全调解、妇联、

---

① 例如，贵阳黄鸡、芦花鸡、白洛克鸡、良凤花等品种与本地鸡杂交改良。

② 外地鸡种有罗斯鸡、罗曼、加科宝、海佩科、新兴黄肉鸡、康达尔配套系、京星优质肉鸡配套系、岭南黄鸡配套系、迪卡白壳蛋鸡、罗曼白壳蛋鸡等。

团支部、治安、民兵等组织；订立村干部任期目标、工作岗位责任制，订立村规民约。在处理行政村事务中，形成了行政村党支部、村民自治委员会并行的村两委班子。

从 1992 年新龙广镇组建以来，农村基层党组织活动逐渐展开，基层组织建设取得了显著的成效。具体的表现有很多，例如，入党积极分子和党员的人数在不断增多，党员在基层各乡村展开的活动也明显增多①。

1994—1997 年，按照上级安排，龙广镇开展农村基层组织建设活动。这一时期，龙广镇党委确立了"四个一"工程②。具体而言，第一就是要"配好一个领导班子"，把领导班子作为推进工作的总抓手，强化基层领导班子建设。在这方面，龙广镇取得的实效，较为明显③。第二是要"找到一条致富路子"，成为推动龙广经济社会发展的重要手段。工作队员和基层村干部一起，围绕着怎样寻找致富路，展开探讨和帮扶④。第三是要"选好一个支部书记"，加强

---

①　到 1993 年底，龙广镇有农村党支部 26 个，居委会党支部 1 个、镇机关党支部 17 个，共计有 44 个党支部、农村党小组 130 个。全镇共有共产党员 968 名，其中男 862 名，女 106 名；汉族党员 633 名，少数民族党员 335 名。这些党员的年龄构成为：35 岁以下的 135 名，36～55 岁的 460 名，56～60 岁的 164 名，61 岁以上的 209 名；年龄最小的 22 岁，最高的 84 岁。全镇建有党员活动室 21 个。

②　"四个一"工程，即配强一个领导班子、选好一个支部书记、找到一条致富路子、制定一套管理和服务制度。

③　龙广镇在 1994—1997 年的 3 年时间里，举办党员培训班 16 期，全镇所有约 46 个党支部的 988 名党员，200 名入党积极分子参加了培训。另外，龙广镇对 26 名村支书、26 名村主任，540 名村组党员骨干也进行了专门培训，共支出培训经费 38498 元。这 3 年里，分别培训出村支部、村委会后备干部 141 人。

④　从 1994—1997 年的 3 年时间中，龙广镇选派 156 名工作队员（其中黔西南州直属机构干 2 人、安龙县直属机关干部 12 人、龙广镇直属机关干部 64 人、村级干部 78 人）入驻龙广的 12 个重点帮扶村。龙广镇的扶贫工作领导小组，由镇党政干部和镇属农技、畜牧、农机、林业、水利、供销、粮食、教育、派出所、供电公司等 13 个部分共 26 人的帮扶工作队，对 12 个村开展工作。同时，镇党委安排水电公司、农技、畜牧、教育、卫生、金融、林业、供销等部门，利用各自的工作特点和业务性质，各自联系一个村或一个片区，帮助制订致富计划，寻找脱贫路子；从镇属农技站、林业站、粮管所、供销社、工商所、派出所、畜牧兽医站、水利站抽派 10 人，到比较贫困的干田、花木、簸箕寨等 10 个村，挂职担任 4 年的村科技副主任，帮助村支部，村委会抓扶贫开发，使农户脱贫致富。

各级基层党组织建设，充分发挥党组织的先锋带头作用①。最后，还要"制定一套管理和服务制度"②，加强农村基层社会的管理，逐步走上了制度化的轨道。龙广镇辖区内 26 个行政村分别健全了相关制度规则。这样一来，行政村一级的事务开始明晰，按章办事和依法治村得到基层社会的认可。在任务和职责明确的情况下，行政村这一级的干部，在各司其职与各负其责的情况下分工合作，实现村级事务管理的规范化。

龙广镇的"四个一"工程推进有利，成效明显，受到安龙县委的表彰。其中，龙广的顾屯村和纳桃村基层党组织建设得到了上级表彰。在有序推进"四个一"工程之时，龙广镇对那些组织涣散的基层党支部进行了整顿。尤其是对长期以来不发展党员的党支部，进行改选，收到了很好的社会效应。在具体实施过程中，还有更多具体的对策措施，对于推进地方社会治理和推进基层组织建设等方面发挥了良好的作用。例如，包片包村责任制③、五个好党支部④，以及基层组织

---

① 从 1994 年到 1997 年，龙广镇调整镇党委副书记 6 人，党委委员 12 人；调整镇党政机关党支部及"七所八站"（是县级部门在乡村的派出机构）。七和八都是泛指，不是确数。通常情况下，乡镇一级存在 20 个左右。这些派出机构承担着对乡村社会事务的专业化管理职责。称为所的主要有派出所、税务所、工商所、邮政所、供电所、司法所、财政所、土管所等。称为站的主要有文化站、广播站、水利站、农技站、农技站、林业站、计生站、卫生防疫站等。）党支部 13 个、新建党支部 2 个、调整支书 11 人、支委 18 人；调整小教党总支书记 1 人、新增建小学校党支书 2 人、调整支书 2 人、支委 2 人；调整村党支部 18 人、支委 31 人、新任村支书 7 人，均属致富能人；调整改选村委会 21 人、村委 27 人、新任村主任 13 人。

② 例如，《村组干部守则》《党支部书记工作职责》《村民委员会主任工作职责》《村委会科技副主任职责》《村团支书工作职责》《妇代会主任工作职责》《科普协会工作职责》、党支部的"三会一课"制度、党支部工作制度、民主评议党员制度、村组干部联系贫困户制度、村务公开制度、人民调解委员会工作制度、治安保卫工作制度和村规民约得到规范。

③ 1996 年，龙广镇党委实行党委、人大主席团、政府负责包片包村责任制，建立副科级以上人员党建工作联系点，培养入党积极分子，发展了新党员 16 人，新团员 260 人。包片包村的做法在很大程度上缓和了基层干群关系，很受群众欢迎，一些民间纠纷和矛盾在行政村这一级就能得到化解。在这一年，龙镇改选了多年来不发展党员的支部 10 个，整顿后进支部 5 个。

④ 五个好。即建设一个好的领导班子、培养锻炼一个好的队伍、选准一条发展的好路子、完善一个好的经营体制、健全一套好的管理制度。

建设和整顿的系列活动①。到 2006 年 10 月 25 日，龙广镇在册党员数量十分可观，达到了 1109 名。

二、财税金融秩序发展平稳有序

（一）财政税收政策从计划经济模式向市场经济模式转轨

税收取之于民，用之于民，财政税收是政府财力的来源，也在很大程度上决定了政府及其基层组织治理乡村社会的效果。合理的税负是影响乡村社会治理的一个重要因素。税负是否合理则是根据各种实际条件的变化进行及时调整。龙广镇财税金融总体发展平稳有序，并进行过一些局部的调整。镇辖区内单独设立地方征税机构则是在改革开放之后，而且有一个逐步完善的过程，以适应经济社会的变化节奏。

龙广在财税政策的推行方面进展顺利，从 1980 年起，龙广区开展林业"三定"工作，颁发"山林权证"；农业税的征收，由原来的"一年一定"，修改为"三年一定"。由于包产到户政策的落实，国家农业税征收过程中的纳税人，由原来的生产队集体转变为普通农户。根据形势变化的需要，1981 年 10 月，龙广区成立了农业税征收处②。

为了稳定国家与企业的分配关系，国务院决定对国营企业实行利改税，从 1983—1984 年，着力解决分配制度上的"统收统支"问题③。龙广的税收征收

---

① 1999—2000 年，全镇继续开展农村基层组织建设与整顿活动的同时，全面开展党建与扶贫工作。从党委到基层党支部及所有共产党员，都认真学习贯彻《中国共产党农村基层组织建设工作条例》等有关文件。镇党委拟定了《关于认真做好 1999 年—2000 年党建与扶贫工作的安排意见》，采取单位（部门）包村的办法，由镇属 20 个单位（部门）负责 20 个村，由县派下来的工作队负责 6 个村，分别到全镇 26 个村定点帮扶，驻村两年开展工作。全镇 1 个居委会和 26 个村委会都推行了"村务公开"制度，建立了村务公开栏。

② 该征收处属于安龙县财政局的派出机构。职责是组织和管理龙广区的农业税征收工作。1983 年 5 月，龙广区农业税征收处改称为龙广区财政所。1984 年 1 月，根据上级部署，以往由基层粮食部门代扣的农业税款，改由基层财政所直接向农户征收现金。

③ 从 1984 年 10 月开始，国家增加新税种和调整税率。一是将国营企业划分为两类。大中型企业的税率是 55%，小型企业的税率是超额累进率。二是将工商税细化为四个税种，包括产品税、增值税、营业税、盐税。三是新增资源税和城市维护建设税，土地使用税和车船使用税。

工作，无论是税率的调整还是新税种的增加，都与国家整体的安排同步。比如，个人收入调节税、农林特产农税①和耕地占用税②，都是当时的新税种。

随着农村经济的复苏和发展，龙广镇政府不断培育税源，到1988年，开征的工商税种类已经比较丰富③。龙广地方有税可征，财税征收的状况有了很大改观。征收的税种在农业税和工商税之外，还有农林特产税、耕地占用税和契税④等。

到20世纪90年代，为保障农村社会发展的需要，财政税收的需求量有所增加，地方财政压力大，基层财源不足，所以在农业税以及"三提五统"⑤的费用之外，还出现了乱摊派、乱收费、乱集资等不规范行为，加重了基层社会农民的负担。值得注意的是，三提五统的筹款举措，在计划经济时期有很多积极的功效。以农村教育附加费为例，如果没有这个教育附加费用，当时就不会有民办教师这个职业角色的存在。在计划经济时代，民办教师在基层农村的贡献是无法忽视的。如何促使农民增收、如何解决农村发展、如何促进农村稳定，成为改革开放后日益凸显的"三农"问题。

从2000年开始，国家在"三农"问题上以粮食补贴作为调节举措，在促进

---

① 农林特产税的种类较多，包括：①园艺产品类，例如茶叶、水果、花卉、人工培植的药材等。②林木产品类，例如原木、生漆、棕片、核桃、木炭、木耳、竹木制品等。③养殖产品类，主要指养殖的淡水鱼类。

② 耕地占用，即是指农用土地的占用，也包括农用林地、草地以及农用水面的占用。尤其是农民新建住宅，必须按规定缴纳耕地占用税。具体的征收标准，根据龙广的具体情况被划分为三类：一类地区为龙广镇，以6元/平方米计算；二类地区为科汪乡、五台乡，以4.8元/平方米计算；三类地区为花木乡、永和乡、纳赖乡，以3.8元/平方米计算。

③ 龙广镇开征的工商税有屠宰税、印花税、牲畜交易税、车辆使用牌照税、建筑税、奖金税、产品税、营业税、增值税、盐税、城市维护建设税、城镇土地使用税。

④ 1988年6月1日起，龙广区财政部门在辖区内开征契税，凡是城乡的集体单位和个人发生买卖房屋、赠予、典当、交换的，均属征收契税范围。

⑤ "三提"，指村级提留。这是新中国成立初期搞合作化运动时的就形成的规则，包括公积金、公益金、管理费。公积金是用于村集体资产的维修和整治。公益金是用于村级公益的资金。管理费是行政村干部的补助金以及行政村的办公费用。

"五统"，是指乡镇统筹。这个款项，也叫"乡统筹费"。包括：农村教育附加费、民兵训练费、计划生育费、优抚费、民办公助事业费。

农民增收的同时，调动种粮积极性。国家在粮食补贴的思路和构想。从酝酿到全面铺开，用了 5 年的时间。基层社会的农民粮补调查统计任务由乡镇的财政所承担。具体的发放工作从 2005 年开始，以农村商业银行（信用社）的"一折通"形式直接汇入农民账户。到 2006 年，《农业税条例》废止之后，农业税这个沉重负担终于卸了下来。这是中国农业史上的一个里程碑。自此以后，龙广基层社会的农民，告别了"皇粮国税"，生产积极性被调动起来，农村生产力得到了新的解放。

（二）金融业务在基层农村社会得以积极拓展

1. 农村信用社的业务量持续增多

农村信用社作为基层金融机构，其业务量是反映基础社会经济发展状况的最好镜子。在宽松的政策环境下，龙广农村一些农民勤劳苦干，迅速成为农村致富能手，成为先富起来的人，是当时农村的第一批万元户。1987 年，龙广中心信用社成立。它的设立，是龙广基层社会经济复苏的别样展现。

20 世纪 90 年代，信用社开始成为一个独立经营、独立核算、自负盈亏的金融组织，承担了在民间储蓄贷款的作用。1991 年底龙广镇信用社的业务量已经达到了很高的水平，其存款余额达到了 476 万元，贷款额度达到了 376 万元。发展到 1995 年，龙广镇信用社的存款余额高达 1097 万元，2001 年增加到 1315 万元。从存款额度的几度攀升状况，可以看出龙广经济发展的迅猛态势。2000 年以后，信用合作社的业务量又有新的增加。龙广镇信用社改进信贷服务方式，在坚持以农为本和为农服务思想指导下，在龙广镇辖区范围内推行小额农贷信用卡业务。对评定等级的适当简化贷款手续，保证支农惠农资金到位。次年，龙广镇信用社持续开展"三优"[①]活动。他们为农户送资金、送信息、送技术，在力所能及的范围内支持农民致富。在信贷业务上，信用合作社放手支持农业经济结构调整，支持农业基础建设，支持特色种植养殖业和第三产业的发展，信贷规模得以扩大，普通民众从以往的"不敢贷款怕付利"的守旧观念逐渐转变过来，农村消费贷款的情况开始大量出现。

根据《安龙县农村信用社农户小额信用贷款管理办法》，从 2002 年开始，

---

① "三优"，是指优先发放，优惠利率，优质服务。

龙广镇信用社主推三项贷款业务。一是以"致富通"的形式出现的农户小额信用贷款。农户通过这个渠道可以从信用社里得到必要的金融支持。二是针对企事业单位职工群体开发出来的消费性贷款。在消费方面，企事业单位的职工可以通过信用社的金融渠道获得短期周转金。三是以"大学直通车"的形式出现的生源地助学贷款。通过信用社的金融渠道，一些家庭困难的学生可以及时得到金融机构的帮助。信用社从 2010 年开始，对农村的农户信用进行大面积调查。在龙广镇建立的信贷调查建档户达到了 11281 户，龙广镇范围内的建档覆盖面达到了 93.69%。与此同时，信用社对龙广的普通农户的信用评级也做了摸底。参与信用等级评定的农户达到了 9300 余户。持续深入的信用调查，为金融业务的扩大奠定了基础。龙广信用社的金融业务实现了良性运转。例如，2010 年度，龙广镇信用社累计投放贷款 9239 万元，其中小额农户信用贷款 6492 万元，占发放贷款总额的 70.2%。以存款额来看，龙广镇信用社 2010 年度各项存款余额突破了 1 亿大关，比 10 年前的 1315 万元增加了近 8 倍。

2. 保险业开始逐渐发展起来

保险业是一种新型的积累资金形式，可以提供经济业务，促进实体经济发展，改变传统的经济往来方式，对经济的发展发挥了重要的作用。然而，新中国成立初期，作为一个行业，保险业在龙广镇上还没有出现。改革开放以来，龙广经济发展迅速，与之相伴随，保险业也开始进入了龙广人的视野。1991 年 10 月，龙广人寿保险公司成立。除了人寿险和健康险之外，财产险与意外伤害险也在保险公司的业务范围。在市场经济的深化发展之下，农村普通民众对保险业逐渐有了接触。

三、市场管理从管理向服务转变

（一）工商所的职责转变

为便于对市场的管理，服务于计划经济的需要，早在 1964 年，龙广就成立有工商所。改革开放后，该工商所的职责有了很大的转变。它从抑制市场发展朝着服务商业贸易的方向发展。1979 年以后，市场管理工作检查主要以搞活地方经济为宗旨。工商管理的具体内容主要包括秩序管理、卫生管理、物价管理、治安管理、衡量器管理、烟、酒、饮料管理等。

（二）对个体工商户的管理和监督

针对市场繁荣带来的各种新情况，特别是针对个体工商户，工商所充分发挥了其管理和监督职能，以确保社会经济秩序的稳定发展。1987 年，国家出台了《城乡个体工商户管理暂行条例》和《城乡个体工商户管理条例细则》。这两个文件，使得基层的工商管理有了法规遵循。工商部门对个体户的管理职责有了明确的定位。在活跃市场的过程中，地方工商管理部门要扶持个体经济的发展，尤其是对个体户的开业、变更、歇业、注销登记和换照做好服务工作。在工商管理部门的监督下，龙广当地的个体工商户基本上都能做到按核定的经营项目从事经营，做到遵纪守法，文明经商。

工商管理部门有依法查处各种哄抬物价的行为，对那些制售假冒伪劣商品及短斤短两的行为依法予以打击。根据安龙县档案馆提供的资料，龙广工商所在维护市场交易秩序方面，做了很多工作。1995 年开始的连续 3 年时间里，龙广工商所采取措施有效遏制了食盐涨价、假酒、假农药和不合格食品等多种"乱象"①，龙广镇个体工商业发展很快。② 工商管理部门和个体工商户的关系比较融洽。

（三）对工商企业的管理和监督

在这个阶段，龙广工商企业也发展迅速。1996 年，安龙县工商局明文规定了龙广工商所对工商企业管理和监督的职责范围。首当其冲的是，工商所可以办理辖区由县工商局登记管理的企业的登记初审和年检、换照的审查手续，并对县工商局核准登记的企业进行监督管理。工商管理部门以年检、换照的方式，可以及时掌握企业经营活动情况，从而理清工商企业与其主管部门的关系。对

---

① 1995 年，龙广工商所检校 26 台交易秤，收缴短斤少两秤 68 把，没收变质饮料、枸杞酒、低度湄窖酒等 538 瓶，过期农药 1160 支、1145 瓶，化妆品 28 袋，查处假硅钙肥 26.3 吨，假尿素 28 包、假碳铵 103 包。1996 年，龙广工商所取缔国道 324 线经龙广街上及马路边的摊位 46 个，收缴短斤少两秤 86 把、查出流入本镇的劣质硅钙肥料共 189.025 吨，暂扣两种劣质硅肥 50.785 吨。1997 年，龙广镇工商所没收和销毁不合格计量秤 78 把、假虎皮 1 张，对 28 家糖、烟酒门市检查，查出过期变质罐头 33 瓶、劣质酒 87 瓶、霉变食品 15 斤。

② 到 1993 年，龙广镇境内从事批发、零售、餐饮的企业有 280 多个，从事个体经营的服务业有 20 余家。

那些债权、债务不清的工商企业，可以不予年检。对那些不具备法人各种的工商企业，要求其更名或改发"营业执照"。逾期未进行年检的，工商管理部门可以对其进行罚款。对无照经营的工商企业，工商管理部门可以罚款或责令其停止营业。除此之外，龙广工商所还有调解经济合同纠纷的职能，有义务去指导辖区内企事业单位正确申请商标注册，并对其使用商标进行监督管理。

工商管理部门从遏制市场发展到服务市场发展，极大地促进了龙广地方经济的繁荣。到 2002 年，龙广境内在工商管理部门登记的个体工商户有 820 家，公司和企业数达 45 家。

四、控制人口增长与乡村社会发展相辅相成

（一）计划生育工作全面落实

自 1975 年以后，党中央提出的一些概念，例如，晚婚率、节育率、计划生育率的概念，在农村社会中已经有了很好的传播。人口的生育计划，分为两种：一种是国家计划，二种是家庭计划。在没有国家的计划干预之前，我国的农村人口主要是以家庭计划为主。在 1978 年的十一届三中全会上，计划生育工作的重要性被提升到国策的高度。次年，"鼓励一对夫妇只生育一个孩子"的要求在国家的正式文件中开始出现。在 1980 年出台的婚姻法①中，明文规定了"夫妻双方都有实行计划生育的义务"。接下来，在 1982 年的《中华人民共和国宪法》中，也明确将计划生育的内容纳入进来。20 世纪 90 年代，是中国人口生育的高峰时段。1991 年 5 月，中央出台了《关于加强计划生育工作严格控制人口增长的决定》，严格控制人口增长成为当时计划生育工作的主基调。积极响应中央的计划生育政策，龙广镇在 1980 年 2 月设置计划生育专干，负责全区的计划生育工作。到 1986 年上半年，安龙县的所有乡镇都建立了计划生育服务站，287 个行政村成立了计划生育服务组。作为人口大镇，龙广一直是安龙县计划生育工作的重点乡镇。

随着国家干预的持续进行，20 世纪 90 年代后期，人口出生率逐渐下降，

---

① 即《中华人民共和国婚姻法》。《中华人民共和国民法典》自 2021 年 1 月 1 日起施行。《中华人民共和国婚姻法》同时废止。

育龄妇女的生育率处于低位状态；与此同时，由于人口预期寿命的增加，农村人口的老龄化现象开始有了一些显现。在贯彻国家的计划生育政策上，龙广镇有了一些灵活的做法。"宣传教育为主，避孕为主"的宣传活动，在龙广农村得以广泛展开。为了让基层群众更好地了解和支持计划生育工作，龙广镇努力把这项工作与发展农村的商品经济结合起来，引导农民群众将劳动致富奔小康和建设文明幸福家庭结合起来。

进入新世纪以后，我国人口数量进入低出生、低死亡、低增长的阶段。为此，国家计划生育政策开始有了变化。例如，独生子女与独生子女结婚的情况，国家开始有条件地放开二胎生育政策。2002 年 9 月，《中华人民共和国人口与计划生育法》施行。2004 年，龙广镇结合本地人口发展情况，实行计划生育的"村民自治"。在龙广镇下辖的 24 个村委会和 1 个居民委员会都成立了专门的计生协会，每个村民组都选出了育龄妇女自管小组组长。这样就形成了镇、村、组干部一齐抓计划生育工作的格局。

（二）新农村建设为普通民众拥护并接受

新农村建设，从本质上讲并不是新概念。从 20 世纪 50 年代以来，政府文件中曾多次用过此类提法。2004 年 12 月，中央经济工作会议召开。在这个会议上，中央明确提出了要下决心来合理调整国民收入的分配格局，实行工业反哺农业、城市支持农村的方针。次年 10 月，中央十六届五中全会通过了《"十一五"规划纲要建议》。提出要按照"生产发展、生活宽裕、乡风文明、村容整洁、管理民主"的要求，推进社会主义新农村建设，明确写入了这个纲要建议之中。在这个阶段提出的社会主义新农村建设，是在我国总体发展状态进入以工促农、以城带乡的新发展阶段之后提出的，有很强的时代意义。我国要达到全面建成小康社会，农村是难点。农业、农民、农村仍是绕不开的重点所在。没有农村的小康，就没有中国的全面小康。国家的现代化离不开农业的现代化。进入新世纪以后，我国的经济增长动力已不是来自农业，而是非农产业。此时，提出工业反哺农业的要求，是适当的。

龙广镇的新农村建设按照上级的要求，持续推进。从 2007—2011 年的 5 年里，龙广镇在柘仑、簸箕寨、纳万、干田、七星、佳皂等村逐渐推开，初期的工作围绕经济建设展开。选择了"示范点"共 11 处建成了 229 栋集群式烟叶烤房，开发零星土地 1000 亩，完成退耕还林接续项目。从长远发展来打算，龙广镇编制了《龙广镇总体规划》。2010 年，新农村建设稳步推进，狮子山、纳桃、小场坝等村新农村建设取得明显成效。坡耕地治理的成效逐渐显现，林权制度改革有了新进展。

在政府的推动下，城乡发展不平衡的二元体制逐渐有了一些变化，城乡差异逐渐缩小，农村的落后面貌逐渐有了新改观。虽说社会主义新农村建设有了很多成绩，但是农村社会中存在的一些问题很难解决，这是不争的事实。例如，劳动力缺失的问题。农村经济的发展，以留守老人为主力。留守老人和留守儿童是农村社会中的主角，年轻人大都是外出挣钱，在农村的时间不多。

农村人口对农业的观念处于相对滞后的状态。在传统中国的环境中是重农抑商，农业为本，庄稼不收，百事不成。然而，随着市场经济的深化发展，农村人口的农业观念有了很大变化，对土地的感情不再那么深厚。由于人们对土地不再那么依赖，轻视农业劳动甚至鄙视农业劳动的情况比较常见，务农人员的流失情况比较普遍。在从事农业生产不能有太多产出的情况下，农村人口对农业的认识就不会有太大改变。尤其是新生代的农村人口，对土地缺少感情且不会务农的情况很难得到改观。

此外，农村的人口老龄化也是比较严峻的现象。农村的养老问题还是以家庭为主。年轻人的生育观不再是多子多福，不愿生的情况比较多。这种情况也不是短期能够改变的。老龄化问题是社会主义新农村建设绕不开的难题。

第四节　家庭联产承包责任制实施后龙广镇的经济开发

一、农业、林业等基础产业的稳定发展

（一）农田水利设施建设继续加强

基础水利设施建设不断加强，既有新增的水库①，也重视对原有水库的利

---

①　1980 年春，科汪公社者山河水库竣工。该水库于 1977 年冬开工修建，投工量达 4.7 万个，国家投资 8.5 万元，库容 22.8 万立方米，渠道长 317 米，有效灌溉面积 300 亩。从规模上看，该水库为小型水库。

用，重点在提升水库的综合利用能力。以柘仑水库为例，1981 年，水库蓄水量为 200 万立方米，可灌溉耕地面积 17000 亩。为综合利用水库资源，安装发电装机 360 千瓦。在柘仑水库灌溉区内的耕地粮食产量，达到每亩 800 斤（1 斤为 0.5 千克）以上。第二年，柘仑发电管理站和红岩发电站分别设立[①]。发电站的建立，有效提升了龙广地方的水资源综合利用能力。1996 年，柘仑水库一号、二号发电机组进行改装了改装。供电能力提升后，龙广实现了柘仑、永革、安叉、新寨、甘田、坡关等 6 个村 20 个村民组通电。1997 年，为提升综合利用效益，柘仑水库加坝工程开工建设。2007—2011 年，柘仑水库的扩容加坝工程逐步完成。加坝后的柘仑水库坝高 59.4 米，库容蓄水量 11490 万立方米。6.5 千米长的水库配套干渠建成后，6 万多亩农田得到有效灌溉。

2002—2006 年，龙广的水利建设投入很大，在 4 年里完成了龙广海坝中心河的一、二期工程建设任务。与此同时，水利部门加强了对科汪河小流域的治理。从成效上看，水利工程的收益十分明显。龙广新增、改善和恢复灌溉面积 6500 亩，治理水土流失 29.35 平方千米。与此同时，龙广完成兴中灌区和安龙灌区在柘仑水库干渠的改造[②]。柘仑水库扩容加坝工程的前期设计勘测工作也顺利推进。

对水利设施的管理也被放到了工作的重点。1986 年，柘仑水利灌溉区管理所改属龙广水利站，理顺了柘仑水利灌溉区管理所的业务隶属关系。1997 年，安龙县水利部门对柘仑水库流经龙广镇内的左、右两条干渠和龙广海坝中心河进行深度治理。同年 10 月，柘仑水利灌溉渠管理所改为龙广水利站，负责计收水费、粮食，作为该站管理人员做工资和口粮。按照灌区农户承包田所受益的面积，逐户统计造册分摊到龙广、科汪、五台及德卧等乡镇，由乡镇摊到村，村摊到村民组，最后由村民组摊到农户。在每年上缴征购任务时，一并交给粮管所、财政所。

（二）退耕还林还草得到有效落实

早在 1998 年，龙广镇就建立了 4 个自然保护区。即龙广大寨自然保护区、

[①]　红岩发电站，位于龙广镇四轮村，有两台 55kW 电机，发电规模不大。这两个机构，都是全民所有制单位。

[②]　总干渠长 6.8 千米。左干渠新增 1 个长 683 米的隧洞。改造左干渠 11.6 千米，改造右干渠 9.6 千米。新修引水渠 20 多千米。

坡普营盘自然保护区、五台自然保护区、纳万营盘山自然保护区。从 2000 年开始，龙广镇就开展了天然林保护工程。龙广镇开始着力于地方生态保护，与国家退耕还林①政策的出台紧密相关。2001 年开始，龙广镇域内开展了国家重点公益林调查，确定整个龙广镇域范围内，有公益林 5660 亩。同年 11 月，《安龙县人民政府关于做好退耕还林还草工作的实施意见》下发，提出了"退耕还草，封山绿化，以粮代赈，个体承包"的实施办法，切实把国家退耕还林政策落到实处。在退耕还林的过程中，涉及的农户每年可以无偿得到政府提供的粮食、现金和种苗补助。粮食按每亩补助 300 斤的标准计算，现金是每亩 20 元，种苗是每亩 50 元。根据国家政策，确定为经济林的，政策补助年限是 5 年；确定为生态林的，政策补助是 8 年。

整个安龙县的退耕还林工程随即紧锣密鼓迅速展开，成为龙广镇政府当年工作的重点。2002 年，各乡镇围绕着退耕还林的具体要求，开展相关工作。对安龙县而言，农村坡地多，退耕还林的面积大。这项政策对治理水土流失以及抵御塌方等自然灾害十分有利。一些在山坡上的耕地，雨水冲刷下的土壤会被冲走，造成水土流失。塌方的危害较大，不仅损害民众的生命财产，也会加大环境重建的难度。退耕还林后，受政策保护的山坡开始恢复了以前的生机。

龙广镇境内，塘坊、赖山、纳西、四轮、五台等村组的退耕还林面积总量不少，有 1224.9 亩。在 2001—2004 年的 4 年时间里，龙广镇的"珠防"②林工程面积 4111 亩，退耕荒山造林 13922.5 亩。在 2003—2005 年的 3 年里，龙广全镇退耕还林 7667.93 亩。特别是 2004 年，实施中央财政森林生态效益补偿基金制度，

---

① 退耕还林是从保护和改善西部省区的生态环境着手，在水土流失和土地沙化较为严重的地区，有计划地停止耕种一些耕地，本着"宜乔则乔""宜灌则灌""宜草则草""乔灌草结合"的原则，造林种草，逐步恢复林草植被。对于退耕还林的耕地，政府在一定年限内给予财政补贴和粮食补贴。1999 年，我国的退耕还林工作在四川、陕西、甘肃三省开展试点，很受群众拥护。2002 年 4 月，国务院引发了《关于进一步完善退耕还林政策措施的若干意见》，标志着退耕还林工程的全面铺开。1999—2008 年，全国累计实施退耕还林任务 4.03 亿亩，涉及 25 个省、自治区、直辖市和新疆生产建设兵团，1.24 亿农民受益。

② "珠防"，即珠江防护林体系建设工程。为防止珠江流域地区的植被减少和水土流失，国家开展的林业生态建设工程。其主要目的是最大限度地防止珠江流域的洪灾、旱灾以及泥石流灾害，促进珠江流域的经济社会可持续发展，最大限度地保障珠江流域的国土生态安全。

退耕还林工作更是得到广大干群的广泛支持下。龙广镇的退耕还林造林成效明显，有效遏制了水土流失，也为完成"十年基本绿化贵州"^①的地方目标做出了贡献。

自此以后，龙广镇的退耕造林一直没有止步。2006 年，坡关村完成退耕荒山金银花基地补充植树造林 6408 亩，生态公益林补充栽种柏树 1500 亩。龙广下辖的干田、小场坝、果约 3 个村的退耕还林荒山造林 836.3 亩，社会造林完成种植桉树、车苍子等树苗 2484 亩。在 2006 年，龙广全镇完成退耕还林荒山造林的自查验收工作，对 2002 年以来实施的工程造林验收兑现，其中退耕地 8892.83 亩、珠防工程荒山造林 9016 亩、兑现钱粮补助款 202.54 万元。从 2005—2006 年，龙广镇加强了对公益林的管理，制定了相应的管理制度，逐渐实现了林子有人管，事情有人办，责任有人担。紧随其后，在 2007 年，龙广镇开展森林资源二类调查，公益林调查和退耕还林钱粮补助兑现，发放 2006 年度退耕还林钱粮补助金 194.7530 万元，2005 年和 2006 年度退耕管护费 35.5713 万元，2005 年和 2006 年度生态公益林护补植费 33.1596 万元。与此同时，为满足退耕还林、社会造林的苗木需求，龙广镇林业站还专门开辟苗圃基地^②。苗圃带来的经济效益，在大面积植树造林的情况下，有立竿见影的效用。

有了政策和资金支持，基层乡镇政府的实施积极性就会提升。2008 年，龙广镇对狮子山村、赖山村的坡耕地治理进行摸底调查，加大了对辖区内 40706 亩公益林的管护力度，兑现当年的生态林政策补偿金 18.3177 万元^③。2009 年，狮子山、赖山、双合 3 个村治理坡耕地摸底调查，造林成绩显著^④。

---

① "十年基本绿化贵州"，是贵州省委、省政府在 1990 年制定的地方规划。其中的规划内容写在《关于十年基本绿化贵州的决定》中。根据这个决定，贵州地方各级党政领导带头绿化造林，建立示范点。植树造林被列入地方各级政府的农村工作重点任务之一。每年的年度造林计划下达地方以后，层层分解到乡、村、组，以群众广泛参与的方式投工投劳，最大限度地集中力量落实绿化造林任务。

② 林业站的育苗面积是 15 亩。其中，桉树 4 亩、杨树 4 亩、杉树 5 亩、柏枝树 2 亩。

③ 2008 年，龙广镇完成育树苗 44 亩，其中杉树 10 亩、杨树 4 亩、柏枝营养袋苗 30 亩。完成 1119 亩退耕还林地的补植补造，树种为柏枝营养袋苗。完成绿化林 866 亩、社会造林 2000 亩。

④ 2009 年，龙广镇完成坡耕地治理造林 4256 亩，新增公益林 16500 亩，育苗 37 亩。在这 37 亩林苗中，其中有杉树苗 5 亩、杨树苗 2 亩、柏木营养袋苗 30 亩。

龙广镇在 2011 年对下辖各村自 2007 年以来巩固退耕还林 13692 亩造林保存率情况，进行核查上报工作①。在这个 5 年中，龙广镇的生态建设做到了地毯式核查，在造林保存率上做到了很多努力。农民在退耕还林的过程中，一直是受益对象。每年的补偿金政府都会直接打入农家的银行账户上。与此同时，地方的生态环境得到了很好地修复和改善。

二、交通、邮电等公共事业的迅速发展

（一）交通路网建设取得质的突破

公共事业建设是改善民生的重要途径，也是加强基层管理制度，夯实基层建设能力和推进社会发展的重要环节。1981 年，龙广区整修了 4 条乡村公路。一是四轮碑到戛拉的公路，长 18 千米；二是孔家坝到长湾公社驻地的公路，长 3 千米；三是龙广至五台的公路，长 7 千米；四是永和至邑皓的公路，长 5 千米。此外，龙广经德卧到南盘江长桠大桥的 34 千米路由水电九局出资修建，在 1984 年竣工。通过多年的努力，到 1993 年，龙广的道路建设达到相应的规模。以龙广场坝为中心，通往兴义鲁屯，通往德卧、五台、永和、四轮碑、戛拉、大坝的公路交通网络基本形成。

道路条件的改善刺激了运输业的发展。早在 20 世纪 90 年代初期，龙广镇个体交通运输户基本包揽了整个黔西南州内各类运输业务②。此外，还成立了龙广汽车联运公司，作为龙广镇运营规模较大的一家企业③，更加有力地推动了龙广交通运输业的发展繁荣。特别是在道路交通的基础建设方面，投入了更多的资金，也取得了非常显著的成效。1997 年，是龙广道路交通建设的重要年

---

① 在龙广镇的干群共同努力下，在绿化方面的成绩显著。2007 年，金银花退耕还林 6408 亩，柏枝退耕荒山造林 2014 亩，桉树退耕荒山造林 470 亩。2008 年珠防工程造林 2295 亩；2009 年珠防工程造林 947 亩；2011 年坡治造林工程 1558 亩，共计 13692 亩。

② 1993 年，龙广镇拥有注册的交通运输个体户 156 个、跑长、短途运输的民营中巴车 65 辆，其他车有 200 余辆。当年龙广镇的全年客运量达到 35 万人次，货运量有 21 万吨。到 1996 年，龙广镇运输专业户达到 380 户，拥有 400 多部运营车辆。另外，镇外落户的小客车达 60 余辆。

③ 该公司于 1993 年成立，发展到 1996 年，公司拥有小客车 73 辆，大货车 15 辆，旅行车 11 辆，微型车 45 辆，中型货车 73 辆，总计 174 辆。

份，公路铁路建设都有大的发展。当年3月，通过龙广街的公路324国道①改造完成，1998—2001年，龙广全镇改建公路86千米。新建长970米的开发大道，修筑南环路，改造龙永路沿街道路、塘坊到赖山324国道线经过龙广街的路段。与此同时，穿过龙广镇境内的南昆铁路②全线建成。

进入新世纪以后，龙广的道路建设没有停步。2005年5月，国道324线龙广南环路段建成通车。从2002—2006年，龙广新建或改建了多条公路③。但是，龙广交通建设方面存在的问题也是明显的。虽然龙广镇交通线路多，客货运输业务繁忙，但是交通管理相对滞后。长期以来，龙广的交通管理由安龙县交通局负责，直到2010年底才成立龙广镇交通安全管理站。这个管理站，有上级公安、路政等部门的授权，享有相应的行政执法权。

（二）邮政电信事业更新换代步伐加快

1. 邮政事业的业务面不断拓宽

新中国成立后，安龙县通往各乡镇都有了通畅的邮路，安龙至龙广镇是其中之一。随着商品经济的发展，邮政事业的业务面在扩大。到20世纪90年代，龙广邮政支局经营范围包括农资产品的邮购分销、土特产品的邮购分销、邮政基础业务、邮政增值业务、邮政附属业务、邮政储蓄业务、代办电信、移动联通业务、代售通信器材及配件、农业生产资料及日用品销售。

2. 电信事业的业务不断升级换代

1993年7月，南昆光缆龙广中继站正式修建。到1994年6月，南昆光缆安龙段竣工；同年12月1日正式投入运行。这条电缆的建成，为地方电信服务

---

①　324国道，从起点福州到终点昆明，全长2700多千米，又称福昆线。它是国家级干线公路，是国家道路网的主要横线之一。

②　南昆铁路，从起点南宁到昆明，全长800余千米。这条铁路从1958年就开始勘测，到1961年因国家经济困难而搁置。从20世纪70年代到80年代，南昆铁路的勘察设计工作时断时续。1990年，国务院正式批准南昆铁路的建设，历时7年。1997年11月底南昆铁路正式开通，在龙广镇境内的铁路长10.8千米，并且在龙广的塘坊设有火车站和货场。这条铁路是西南地区东西向运输的主干线，这条铁路的建成为龙广的经济发展和社会进步提供了活力。

③　比如，龙广街上经过小场坝到达坡关的公路，从龙广火车站到纳万的公路，佳皂、花木、纳万等村的通组公路，从五台村经过陈家湾到达簸箕寨的公路，从五台村经过大关坪到达德卧者棉寨毛杉树歌场的公路。

的升级换代提供了可能。1994 年 7 月，龙广镇通信交换设备改制为 256 线数字程控交换设备。1995 年 9 月，龙广程控自动电话交换机安装成功并投入使用。从此，龙广告别了使用手摇式电话机的时代。

1997 年，龙广全镇安装地面卫星接收站 63 个，普通家庭的电视覆盖率达 90% 以上。到 2001 年，龙广镇的边远村组都安装了地面卫星接收电视信号设备，地面卫星接收电视基本普及。为提升电视信号接收能力，到 2005 年，安龙县电视台与黔西南州、贵州省电视台成功联网。自此以后，龙广转播的电视节目由 27 套增加到 44 套。

在电信业务不断增加的情况下，到 1998 年，龙广镇分设邮政支局、电信支局。1999 年，根据国家邮电通信"十五"规划，农村通信系统力争到 2005 年的年底，全国至少有 95% 的行政村开通程控电话。在 2000 年这个工程实施到了龙广镇。由于价格合理，农村稍富裕的家庭都能够消费得起，程控电话的安装速度很快。从 2000—2001 年，仅用一年时间，龙广镇的程控电话数量就达到了 1552 门，基本实现了电话村村通。为满足民众日常需求，电信局在龙广街上安装了 IC 卡公用电话①。

三、经济、社会发展中出现了诸多新现象

（一）集市贸易得以蓬勃发展

从民国时期开始，龙广的集市就负有盛名。改革开放以来，随着经济的复苏和社会各项建设的快速发展，龙广的集市贸易又迎来了一个新的春天。1980年 9 月 22 日，安龙县人民政府正式下达文件确立了赶场日。从 10 月 1 日起，全县的赶场日期为：星期天在县城、化力、龙广、洒雨、普坪、龙山、兴隆②；星期一在甘河、大坝；星期二在永和、力树；星期三在幺塘、古里、阿赖、平乐；星期四在新桥、笃山；星期五在德卧、鲁沟、石盘；星期六在坡脚、花障。乡村集市贸易活动恢复合法化。

同年，在计划经济时代的农村集市贸易中起主导作用的供销社，开启了艰

---

① 这是利用 IC 电话卡来控制通话和付费的一种公用电话设备。曾经在城乡的大街小巷都有这种电话机。现已弃用。

② 星期天的赶场点，都是当时安龙县辖区内的各区公所驻地。

难的改革。但是，改革效果不佳。到 1988 年，龙广区供销社及下属的供销社在进行承包经营责任制的改革后不久，很快就到了集体解散的地步。供销社正式解体后，职工不得不自谋出路。供销社江河日下之时，恰是集市贸易焕发活力之日。1980 年以后，集市贸易中的禽、蛋上市量逐渐增多，国家派购计划也逐渐随之取消。与供销社处于同样命运的是官办的食品站。到 1984 年，生猪派购任务也取消以后，龙广区食品站也在改制的浪潮下解体。龙广的生猪、猪肉、禽蛋可以在本地市场上自由交易。1983 年，所有的纺织品、针织品在市场交易中也免收布票，市场供应已经能够满足群众需求。

　　与供销社、食品站相比，粮食系统的处境也不乐观。自 1985 年 4 月起，龙广区根据国家政策取消了粮食统购，执行省政府下令的合同定购粮食任务。地方粮站定购的粮食种类主要是大米、玉米、黄豆、小麦四类，其余粮食可以自由购销。自 2006 年国家取消农业税的征收以后，农民不再向国家缴纳公粮。他们可以自由到市场上卖余粮。在没有国家过多管制的情况下，龙广的粮食市场趋于繁荣。在龙广粮食市场上，不仅数量充足，品种繁多，而且交易量大。三天一场的龙广集市，每个赶场天的粮食交易平均也有数万斤。

　　经济的繁荣，从赶场的日期到每一次赶场时交易的盛况等多个方面都有体现。从 1981 年 10 月 1 日起，龙广仍按旧历计算方法确立赶场日。按甲子纪日的子、午、酉日赶龙广场天，三天一场，直到现在不变。1985 年恢复龙广牛马牲畜交易市，当年就有 4200 余头（匹）的牲畜交易量。到 1993 年，龙广集市有批发、零售和餐饮 280 个、服务业 20 个，出现了一条长达 1 千米长的商业街。这条商业街的各种铺面和摊位，衬托了龙广集市贸易的繁荣。虽说此时的龙广仍是三天一场集市，但每场交易额都在 15 万元以上。

　　城乡道路交通网络的不断升级，为龙广的集市贸易提供了很好的发展条件。除已有的安龙到兴义公路之外，龙广当地先后修通了龙广至南盘江北岸永和乡①公路、龙广至德卧公路、龙广至兴义县鲁屯公路，每天过往的客运班车上百个班次。324 国道、南昆铁路都途经龙广集市，汕昆高速公路仅距龙广集市 1 千米。龙广集市西北隅是火车站，设有物流货物转运站。龙广场集市是黔西南地区最大的集市，是贵州省少有的三日一场的集市。在龙广的每个赶场天，赶集做生

------

　　①　即现今的万峰湖镇。

意的商贩都在数千人，赶场群众在高峰时可达万人以上。

到 20 世纪 90 年代末，龙广集市场坝面积就已有占地 0.5 平方千米的规模，中心街道长 2 千米。在国家的优惠政策支持下，农村基层的公路等交通基础设施投入一直很大，方便了当地民众的出行。在龙广集市上，有小型旅馆和酒店供来往的客商住宿，传统零售业的经营链条中出现了超市和便利店这样的新模式。发展到 2011 年，龙广场坝上有 10 多家旅社、30 多家餐馆和饭店、10 多家电器销售店、20 家摩托车经营店、20 多家车辆修理服务部。这些硬件的发展，为龙广镇集市的繁荣奠定了基础。在整个龙广镇域范围内，除了龙广街上之外，乡间人口密集的村寨也有百货商店或超市，大大小小有 400 多家。

龙广场上，开设有农具加工作坊、印染作坊、缝纫店、粮食加工作坊、酿酒作坊、农副产品加工作坊等。上市的商品有大米、玉米、大豆等农产品，还有猪肉、鸡、鸭、鹅、鲜蛋等副食品。在龙广场上，为便于交易，分别设有专门的蔬菜市、水果市、蛋禽市、牲畜市、竹木市、粮食市、杂货市。

（二）农村劳动力转移拓宽了农民致富渠道

农业劳动力转移，是指改革开放后，在商品经济深化发展的情况下农村劳动力持续不断地进城务工的现象。在市场经济的带动下，城市的工商业发展步伐加快，创造出大量的就业岗位。这虽然拉大了城乡居民之间的收入差异，但也为社会个体成员谋求发展空间提供了可能。农民在谋生手段上不是除了务农之外没有别的选择，而是有很多实现人生价值的途径。正因为如此，在改革开放后，许多农村劳动力开始走出农村，进入城市寻找就业机会。

进入 21 世纪以后，基层政府的力量参与到劳动力转移的服务中来。地方政府对自愿转移到二、三产业和到城镇就业的农民，给予适当的补贴政策。地方政府组织相关人员在劳务输出地开展技能培训，收到了很好的社会效益。以龙广镇第一中学为例。该中学从 2004 年启动此项工程，直到 2009 年，一共举办了 16 期培训班，有 900 余人参训。这些人中到广州、深圳、福州、宁波等地务工经商约占一半以上。

农业劳动力转移不仅包括劳动者本人的转移，还包括劳动者抚养的家庭成员的转移。在内涵上，农业劳动力转移后，会随之带来职业身份的转变、社会身份的转变。国家在改革开放过程中，在对待农业劳动力转移问题，出现了很多老大难问题。比如：①户籍问题。农民工是城市的边缘群体。他们在一个城市工作多年，却很难取得城市户籍。②留守儿童问题，农民工外出务工，原本应由其抚养的家庭成员留在农村与老人一起生活，由老人承担着年轻一代的教育问题。③城市的流动人口管理问题。农业劳动力转移群体的务工，有很大的随意性。④农民工的流动，为城市的管理带来了许多困难。面对这些难题，政府在户籍制度以及土地管理制度上，还有很多需要改进的地方。与此同时，城乡社会保障制度，城镇公共产品供给制度，也需要持续完善。

（三）乡镇企业有了肥沃的发展土壤

通常而言，乡镇企业是指农村集体经济或者农民投资为主，在乡镇（包括所辖村）举办的承担支援农村发展的各类企业。

龙广的乡镇企业有 4 种形式，即私营企业、村办企业、镇办企业和股份制企业，例如，龙广联办精制淀粉厂、龙广电冶厂、龙广鸿鑫日化厂、安龙县五交电器材厂、龙广镇学祥油类加工厂等①。其中，私营企业是一些有经营思路的农民在多方筹资以后兴建的。村办企业、镇办企业以及股份制企业基本上都是在政府的直接推动下建成的。

在龙广的乡镇企业中，最为红火的就是顾屯。1992 年该厂加工的粉条总量达 700 万斤以上。为扩大销量，顾屯村党支部和村委会组建了 10 多人的粉条推销组，将粉条推销到本省其他县市，省外销售到广西、云南、湖南、四川等省区。1996 年 11 月，顾屯村兴建龙广镇顾屯村粉条购销站，占地 120 平方米，为该村的粉条经营提供了方便。1993 年，顾屯村的粉条加工产值达 720 万元，向国

---

① 龙广联办精制淀粉厂，开办于 1988 年 4 月，地址在纳桃村，占地 2.3 亩，年产精制淀粉 250 吨，由黔西南州民族经济发展公司与龙广镇政府联办。龙广电冶厂在 1988 年建立，地址在纳桃村，占地 2.7 亩。这个厂规模不大，总投资额 38 万元，年产电石 1000 吨。龙广鸿鑫日化厂建于 1994 年 8 月，地址在十二份村，占地 640 平方米。该厂以加工玉米淀粉为主，年生产规模 1500 吨，年产值 323 万，可上缴利税 47 万。安龙县五交电器材厂在 1994 年建立，地址在顾屯村，占地 2100 平方米。这个厂总投资 40 万元，年产值 165 万元。安龙县龙兴冶炼厂兴建于 1994 年 11 月，地址在狮子山村，占地 15 亩。这个冶炼厂年产精锑 500 吨，产值达 475 万元。龙广镇学祥油类加工厂建于 1996 年 4 月，地址在新场坝村，占地 300 平方米。年加工规模不小，每年能加工桐油 20 吨、菜油 90 吨。油类加工，属于本小利大的行业。这个厂总投资为 10 万元，年产值可达到 40 万。

家交税 20 余万，成为龙广镇第一个富裕村。

发展到 1997 年，龙广镇有棕丝厂、鸿兴养殖场、泰民养蜂场、糯米酒厂、饲料厂、塑料制品厂、雄霸电器厂、砖厂、汽车修理服务站等。龙广乡镇企业数达 1427 个。其中，工业企业 681 个，包括施工企业 8 个、交通运输企业 390 个、商品流通企业 319 个、餐饮业 16 个、旅游服务业 11 个、其他企业 2 个；企业从业人员 2732 人，包括工企从业人员 1610 人、施工企业 190 人，交通运输业 480 人，商品流通业 395 人、餐饮业 18 人、其他企业 4 人。在 1997 年度，龙广乡镇企业营业总收入 4954.1 万元，上缴税金 120 万元，税后净利润 335 万元。

四、教育、文化事业发展迅速

（一）兴办教育呈现出欣欣向荣的局面

1. 基础教育规模得到扩大

龙广镇的农村基础教育恢复较快。1985 年，龙广小学开办了幼儿园。这一时期龙广街上有龙广小学、龙广中学 2 所公办学校，龙广街及其周边地区还有民办小学 8 所。此外，龙广辖区内有学校和教学点 46 个①。龙广区辖境内学校教育机构呈全面开花的格局展现出来。此时的龙广区共有公办中学 1 所、公办小学 7 所、民办小学 41 所、民办教学点 7 处；共有公办教师 225 人，民办教师 141 人。

在这个阶段创办的公立和私立学校为当地基础教育发展做出了积极贡献。1994 年 6 月，私立双龙初级中学创办，校址在狮子山村。2003 年 3 月，在塘坊、顾屯两村接合部创办龙广镇第二中学。此后，龙广中学改称龙广镇第一中学；2003 年下半年，将科汪小学、戴帽初中分离出来，在四轮碑坪上开办龙广镇第三中学。到 2010 年，龙广镇 20 所小学都开办有学前班或幼儿园。其中，全镇

---

① 这 46 个办学机构，包括科汪乡有公办小学 1 所、民办小学 15 所，五台乡有公办小学 1 所、民办小学 3 所，花木乡有公办小学 1 所、民办小学 4 所、民办教学点 3 处，永和乡有公办小学 2 所、民办小学 8 所，纳赖乡有公办小学 1 所、民办小学 3 所、民办教学点 4 处。

农村学校开办的学前班有 22 个班①。学校配备有专职幼儿教师 37 人。

而且教育受益的人群不断扩大。1996—1997 学年度，全镇年初小学在校生 8153 人，年末有 7997 人，辍学率为 1.91%；初中在校生 1659 人，年末 1626 人，辍学率为 1.99%。在这一年度，全镇 15 周岁人口 890 人，已读完小学 699 人，初等教育完成率达 100%，15 周岁人口中没有文盲；已完成初级中等教育学业的有 448 人，中等教育完成率 84.3%。2012 年，龙广镇新建和改建小学食堂 8 个，全面实现"校校有食堂"的目标。

2. 民办教师群体逐渐退出

民办教师是我国教育发展史上存在的特殊人群。他们不在国家正式教员编制内，但在基层教育事业上起到了不容忽视的作用。由于民办教师整体上素质偏低，年龄偏大，已经不能满足基层社会的需求。到 1992 年，国家教委出台了《关于进一步改善和加强民办教师工作若干问题的意见》。根据这个文件，按照"关、转、招、辞、退"的五字方针，龙广区当年就把辖区内的民办小学转为公办或民办公助。龙广境内的大部分民办教师亦随之转为公办教师，剩余的民办教师逐步消化解决，到 2000 年，民办教师作为历史名词全面退出了龙广基层教育的历史舞台。

3. 教育公益事业得到民间认可

龙广民间社会有尊师重教的传统。1994 年初，贵州省人大常委会副主任王秉鋆离休。作为龙广人，王秉鋆希望龙广有一个教育基金会，以扶助优秀学子读书。王秉鋆的倡议，得到了龙广镇、德卧镇、永和镇（即后来的万峰湖镇）的基层党政领导和广大群众的支持②。

---

① 在当年的在读儿童中，3 岁龄的 30 人，4 岁龄的 148 人，5 岁龄的 246 人，6 岁龄的 150 人，总计 574 人，其中，女童 279 人。

② 1994 年 11 月 18 日，龙广镇、德卧镇、永和镇联合教育基金会第一届常务理事会召开。本次理事会讨论、修订并通过了章程，向安龙县人民政府提出了相关的报告。王溢钟被推举为基金会常务理事会理事长，王仲贤为秘书长。1995 年初，安龙县人民政府办公室正式发文予以批准，为该基金会颁发行政、财务两枚印章。同年 2 月 5 日，联合教育基金会在龙广的"五省会馆"正式举行成立大会，县政府派员莅临并授牌。之后，理事会分头在龙广、德卧、永和三镇进行宣传和募捐，接受各界人士和社会团体的捐款。截至 1998 年 6 月，共收到 467 名社会人士和 19 个单位的捐款 63295.85 元。基金会接受的社会捐款全额存入银行，以其孳息扶助贫困学生。

2006 年 1 月 1 日起，国家废止《中华人民共和国农业税条例》，农民免缴农业税。同年 9 月 1 日起，《中华人民共和国义务教育法》实施，农村九年制义务教育阶段的学生不需要缴纳学杂费① 和书本费。因此，王秉鋆倡议成立的联合教育基金会没有继续扶助中小学生的必要了。2007 年 7 月，这个教育基金会召开最后一次会议，处理遗留问题并向安龙县人民政府呈交解散报告。在它存在的 12 年半时间里，共收到 37 个单位、679 名个人的教育捐款 110041.65 元，分 9 次共扶助贫困学生 559 人。

4. 教育管理围绕"两基"任务得以展开

"两基"② 是教育部为贯彻《国务院关于进一步加强农村教育工作的决定》（国发〔2003〕19 号），提出的工作目标。从宏观发展角度看，整个西部地区的经济社会发展相对落后，地方财政收支矛盾突出，教育事业的财政资金投入不足，教育基础相对薄弱，义务教育的整体水平远远落后于全国平均水平。到 2002 年，西部地区的农村中小学办学场所还很简陋，学生寄宿条件不足，合格师资短缺。为加快改变西部地区的教育发展相对滞后的局面，教育部出台了《国家西部地区"两基"攻坚计划（2004—2007 年）》。按照国家要求，贵州在 2004 年启动了"农村寄宿制学校建设工程"，围绕着提升农村的寄宿制条件持续投入，陆续改造和修建了一大批寄宿制学校。

龙广镇的"两基"工作很有成效。从 1998 年开始，龙广的学校教育管理就以"两全"（即全面贯彻党的教育方针，全面提高教育质量）为目标，促进"两基"任务尽快实现。在硬件方面，新建和改扩建一批寄宿制的初中和小学。这些寄宿制学校使得农村学校的基本办学条件得以很好地改善，确需寄宿的学生能够在学校安心学习。这样一来，龙广的义务教育就得到了很好地普及。在义务教育阶段，家庭经济较为困难的学生，可以免费获得教科书，地方各级财政在资金紧张的情况下，也设立了专项资金用来补助困难学生。在软件方面，龙

---

① 学杂费，是指学校向学生收取的除书本费之外各类费用的总称。在中小学，学杂费是一种习惯叫法，实际上只包括杂费。从成本分担角度看，杂费是曾经的义务教育成本中家庭分担的份额。至于杂费和学费的区别，实践中并没有权威性的解释。

② "两基"，主要是针对西部地区的教育发展的特殊概念。意思是指，西部地区基本普及九年义务教育，基本扫除青壮年文盲。

广镇在全面实施素质教育的过程中，积极推行"三制一管理"^①的改革，得到了基层教师群体的普遍支持。为加强教师队伍建设，地方政府制定了有相应的优惠政策，鼓励大中专师范类毕业生到基层学校任教。出于人性化的关怀，城镇中小学教师到乡村学校服务期制度得到很好的落实。这些举措在很大程度上弥补了乡村合格教师资不足的状态。到 2001 年，龙广全镇的适龄儿童入学率就达到了 99.96%，辍学率控制在 1.2% 之内。全镇办扫盲班（点）24 个，基本扫除青壮年文盲。到 2002 年，通过了贵州的省级"两基"教育验收，龙广镇达到基本合格标准。2006 年，龙广镇的两基工作通过省级复查验收，达到合格标准。

（二）文化事业繁荣发展

自家庭联产承包责任制实施以后，龙广镇的民间文化得到快速发展。一些较大的村寨，都有农民群众自发组织的业余娱乐组织，比如花灯队、民乐队等。他们自编自演的节目，自得其乐。

龙广境内的赖山、四轮、纳西、柘仑、纳坎、狮子山、新寨、佳皂、安叉、五台 10 个行政村 24 个村民小组闭路电视线路在 1996 年得以开通。龙广电视覆盖率在 1996 年达到了 90%。1997—1998 年，全镇各村陆续安装了 63 座地面卫星接收站，电视覆盖率达 90% 以上。

自 2004 年起，光纤应用技术运动到龙广镇的电视节目传输之中。2005 年，安龙县电视台与省州电视台成功联网，龙广转播的电视节目由 27 套增加到 44 套。2009 年 4 月开通数字电视，基本节目有 71 套，另有 60 余套打包节目，共计 130 余套。另外，传输 8 套广播节目、咨询节目和点播节目。收费管理全部采用计算机化处理，改变了过去人工上门收费、人工编档手抄的传统方式，实现了节目传输及管理的数字化。

经济繁荣为地方社会带来了活力，文化事业的发展繁荣体现的具体方式有多种多样，可以是"公家的"的免费服务，也可以是私人的商业行为。2009 年起，龙广镇部分村寨开辟有小广场，龙广教育书社在龙广街上开业。2010 年 10 月，全镇所辖 18 个行政村都有了农家书屋。在龙广街头，出现了数个网吧。贵州网络公司从 2011 年 10 月开始负责龙广镇的有线数字电视安装。当年，龙广镇群

---

① "三制一管理"，是指校长负责制、教职工聘任制、岗位责任制和教育教学目标管理。

众自发组织了 4 支民间小型文艺队；18 个村范围内都开通了无线广播，每天由镇的文化中心负责早、中、晚三次广播。到 2012 年，龙广镇完成了 697 座村村通广播电视工程的安装及调试，实施 2347 座村村通广播电视工程的建设任务和担任 269 次的调频广播及电视工程维护工作。

小　结

一、两权分离是农村土地经营上的重大变化

土地的集体所有性质在家庭联产承包责任制确立后，仍旧不变。但是，农民可以联产承包的形式，在土地经营方面实现土地所有权与土地使用权的分离。形象地说，农村集体经济组织是土地的发包方，农民是承包方。双方有相应的权利和义务，以保障农民的长期承包经营为目标，进而促进农村生产力的发展。

从性质上来讲，家庭联产承包责任制，是国家、集体组织和社员三者之间形成的合意。合意的结果是三方利益体之间形成合约的默契。即"交足国家的、留够集体的，剩余的是自己的"。随着时代的发展，农村改革不断深化，农村利益多元化的格局逐渐形成。农户收益权的扩大，是国家政策不断让步之后才得以形成的。在这个让步过程中，统购统销制度得以取消、农村不合理的摊派没有了合理性、农业税最终废弃等。这些都是国家保护农业以及尊重农民利益的切实体现。在这个让步过程中，农户的土地使用权依然没有大的变化，但农户的收益能力得到了切实的巩固和提升。

二、"乡政村治"符合我国农村基层社会治理的发展方向

家庭联产承包责任制实施后，农村社会的经济体制和政治体制改革相伴而生。从国家的角度来说，改革是政权上收的过程。从农民角度而言，农户获得土地经营权。这样一来，集管理职能与经济经营职能于一体的公社自然就失去了存在的合理性。乡镇政府的建立，意味着国家权力上收至乡镇一级。在行政村这一级，国家允许村民自治。村民拥有了土地经营权和收益权，意味着村民具备了实施村民自治的经济条件。自此以后，我国农村社会治理的"乡政村治"格局就出现了。

"乡政村治"，具有特殊性。对国家而言，乡镇政府是国家最低层级的政权组织形式，国家政令要贯彻到乡镇一级，由乡镇政府负责组织落实。对农村民众而言，为农村社会提供尽可能多的公共产品和公共服务是乡镇政府存在的价值所在。村民自治组织的存在以负责农村社会稳定和经济发展为职责。从长远角度看，"乡政村治"是基层农村社会民主政治建设的关键，发展趋势符合农村基层社会进步的大方向。

三、农民群体是农村社会全面发展的主导力量

历史唯物主义认为，人民群众是社会变革的决定力量。土地制度的变革，要顺应民心，才会长久。农民是农业生产的主要力量，"大包干"是我国农民的创举。农民在家庭联产承包责任制下，农业生产效率提高，富余劳动力得以进城务工，农村的社会结构分层开始出现，打破了曾经围绕土地而产生的均平理念，无形中调动了农民主动行使民主权利的愿望。在他们积极参与政治生活之后，农村社会的生机和活力逐渐得到了显现。

从实行家庭联产承包责任制后，农村社会的乡土性质依然明显。实践证明，农民群体是推进农村改革的关键力量。农村的发展，要尊重农民，要调动农民的积极性和创造性，不能大包大揽。做到尊重农民利益并调动农民积极性，才是真正的以民为本。对执政党而言，只有重视农民的地位，才能制定出合乎农民利益的土地政策，才能激发出农村社会中蕴含的潜力。

四、市场经济是农村社会经济发展的现实需要

家庭联产承包之后，农民获得了独立市场主体地位，成为农产品的生产者和经营者。在市场经济的潜在规律支配下，价值规律在农产品的生产过程中，逐渐产生应有的效用。如果说家庭联产承包是释放了农村土地的生产潜力，那么市场经济的发展就是释放了农村人口从事市场经营的潜力。以往只会面朝黄土背朝天的农民，开始逐渐有了效益意识、竞争意识和风险意识，从拥有自主权逐渐发展到用好自主权的状态。

农村的市场活动促进了超越乡镇地域的社会分工和协作。农业生产和农业资源的配置，遵循市场导向，市场机制在基层农村社会农业生产发挥着强有力的调节功能。在农产品的交换上，人们遵循着等价交换的原则，自由表达自己

的意愿。农民在农业生产和农产品交换过程中的自主性和平等性得到了应有的体现。农产品交换和农产品初级加工品的交换，突破了地域市场的限制，走出了乡镇，走出了县域，甚至走出了省域。龙广的顾屯芭蕉芋粉丝的加工，就是很好的实例。基层社会中农民群体开始逐渐开阔了眼界，见了世面，有了钱后敢于消费，就是市场经济的大环境给予农民群体最大的实惠。

基层政府的权力从强制性地直接介入基层农业经济活动，转变为宏观管理之后，政府的职责放在了执法检查、规范市场行为、惩罚不法之徒等事务上。在平等交换以及利益互惠的规则下，基层社会出现了许多民营的组织和机构，比如劳务中介组织、种子公司、庄稼医院等。这些民营组织和机构在无形中形成了社会化的农业服务体系。尽管民营的社会化农业服务体系存在这样或者那样的问题，但从总的发展趋势来说，它符合农村农业的发展需要，为农业生产提供了极大的便利。

第七章 土地流转：龙广镇治理与开发途径的新变革

第一节 龙广镇推行土地流转政策

一、土地流转的背景

为推动地方经济的快速发展，打造地方经济发展的高地，黔西南布依族苗族自治州 2013 年 6 月 2 日成立义龙新区^①，在义龙新区划定的六大功能区之中，龙广—新桥属于整体规划中的金融、商务和城乡一体化新城区。在 2014 年冬，"义龙试验区"成立^②。其行政区划范围原则上仍是义龙新区管理的范围。龙广镇在行政区划上归安龙县，行政管理由义龙试验区负责。2016 年 8 月始，义龙试验区复称"义龙新区"，龙广镇仍属义龙新区范围之内，在行政区划上仍属安龙县，下辖 18 个行政村^③。

二、关于土地流转政策

（一）土地流转的实质内涵

土地"流转"的实质含义，是指农民在承包期限内，以转包、租赁和转让的方式，或者以互换、合作与入股的办法，有条件地出让其手中的土地经

---

① 其大致位置在兴义市、兴仁市、安龙县 3 个县级行政区的结合部，管辖范围包括顶效经济开发区、安龙经济开发区 2 个省级经济开发区，原兴义市所辖的顶效、郑屯、鲁屯、万屯、雨樟五镇以及原安龙县所辖的龙广、德卧、新桥、木咱 4 个镇。

② 其全称是贵州省统筹发展综合改革义龙试验区。

③ 即合兴村、纳桃村、双合村、赖山村、狮子山村、安叉村、干田村、联新村、柘仑村、纳万村、佳皂村、五台村（2014 年 4 月 6 日，龙广镇辖境内的簸箕寨行政村更名为五台行政村）、七星村、果约村、花木村、烂滩村、坡关村。

营权。地方各级党委和政府在土地流转政策下，允许和鼓励农村的农民把承包的土地流转给专业的种植大户、合作农场和农业产业园区，从而发展农业，达到规模经营的效应。对于集体的建设用地而言，其土地使用权可以通过合作、入股的方式加以流转，也可以用联营或者转换的形式进行集中。这样做的好处在于，集体建设地可以集中起来，为城镇开发和工业园区的建设提供支持。

土地流转有两个必要的核心要点：一是引进股份制，但不改变家庭承包经营。二是让获得股权的农民放心的同时，也能够发挥土地经营的规模优势，促进农业实现由传统向现代的转型。

（二）土地流转政策的由来

在 2004 年的《关于深化改革严格土地管理的决定》这个文件中，对于农村集体所有的建设用地，若将其使用权合理流转出去，属于合法行为。这个文件总提道的农村，既包括村庄，也包括集镇和建制镇。在党中央、国务院的政策支持下，地方有条件的省市（包括广东、浙江、江苏、上海、安徽、天津），开始就农村建设用地的使用权流转问题进行局部性或区域性试验①。2008 年 9 月，时任中共中央总书记的胡锦涛同志前往安徽省，专程考察农村的改革发展情况。安徽的小岗村曾是推行家庭联产承包之前最先变革的小村，一般被认为是中国农村承包责任制改革的起源地。胡锦涛同志在安徽考察之后，农民以多种形式将土地承包经营权流转出去的行为逐渐得到正式的认可，农村土地以集中的形式进行适度规模经营的步伐逐渐在一些有条件的省区市逐步铺开。

2014 年，中央出台了《关于引导农村土地经营权有序流转发展农业适度规模经营的意见》。这是党的十八大以后，在"三农"领域出台的指导性文件。根据这个意见，各地区、各部门开始结合自身实际，逐步尝试推行土地流转，在农村进行土地承包经营的确权工作之时，发展适度的规模经营。

---

① 重庆的农地入股、海南的农地出租、北京的小产权房建设，都是农村建设用地流转的典型。

（三）土地流转政策出台的时代因素

对农村社会的发展而言，土地流转是乡村社会中的大变革。其涉及农民的财产制度，与国家的土地制度直接相关。

首先，家庭联产承包经营，与之前的人民公社时期相比，的确是农村生产力的解放，但农村土地以家庭为单位的小块经营模式，效率不高，农业产出有限也是事实。在不能集中经营的情况下，农业产出就不会有大的突破。若要提升农业的生产水平，土地作为重要的资源要素，需要充分发挥其内在的潜力。传统理念上的农民自然是以土地为根本，其生产经营活动需要围绕土地进行。但是，随着市场经济的深入发展，农民若坚守自己的"一亩责任田"而不做别的经营，很难改善家庭收入。在农村，许多有条件外出谋生的人，私下自发的将土地流转出去；接受"流转"的人，一般情况下都是外出人士的亲友或其他关系较为亲密的农户经营。在乡村的熟人社会中，只有这样做，外出的人士才能收放自如，放心地交出土地经营权。

其次，在改革开放大潮的影响下，农村社会中的大量农民进城务工，就形成了农村大量土地无人打理甚至是撂荒的情况。允许劳动力的流动，是推行市场经济必须做好的重要环节。再回到以往把农民束缚在土地上的做法，已不可取。农村土地实行二轮承包以后，土地的数量依然不会增加，而按照"增人不增地，减人不减地"的原则，农村人多地少的矛盾势必更加突出，农村基层社会的综合治理成本会随着富余劳动力的增加而增加。然而，允许劳动力的流动，必然致使农村人口的减少和完全靠土地产出的人口越来越少。因此，不实行土地"流转"已不能适应市场经济条件下的农村发展与变革。

最后，城乡差距的扩大，农村出现凋敝现象。在城乡二元体制下，城市获得了从农村流入的劳动力等资源，发展日新月异，而广大农村的经济发展却没有受到强烈的外来刺激，发展速度自然是迟滞不前。中央政府希望借土地流转政策，在某种程度上放宽对农村土地的限制。这样势必形成土地的集中；而土地的集中必然带来农业生产经营规模的扩大。如此一来，土地使用权的合理集中，自然会增加土地收益，对乐于从事农业生产的农民而言，可以从根本上增加收入。

（四）土地流转的风险性

从某种意义上说，土地的流转，与农业现代化的发展成正相关。通过土地流转这种方式，可以增加农民收入，刺激农村消费。但是，鉴于中国土地流转的利益分配格局，要从长远的角度保证农民持续获利，就必须确保农民在土地流转过程中的主体地位，不能让外在的资本势力介入。换言之，政府允许土地流转，但并不希望"失地农民"过多，也不希望"破产农民"过多。从社会效益来看土地流转带来的风险，就很清楚了。

（五）土地流转的模式

农村实行家庭联产承包责任制后，广大农民按家庭为单位分到了土地，大块的成片土地被人为地分割成若干小块。这样的小块划分，制约了农业机械化的发展进程。以土地流转的实际情况而言，现今农村的土地流转有互换、出租、入股、合作等多种模式，其中在改革开放初期最为常见的方式是互换土地。这是普通民众合乎常理的选择。因为，互换土地，程序简单，易于操作，只需要双方取得合意即可进行。

随着改革开放的深入发展，越来越多的农户找到了新的更好的谋生方式，不再打算回到农业生产的队伍，开始另一种土地流转的方式，即土地出租。也就是农民将承包的土地出租给种粮大户，出租的具体期限和租金额由双方自行约定并签订租赁合同的行为。根据租赁合同的约定条款，承租方有了土地经营权，而出租方以出让的土地面积获得出让金。以现有的流转情况来看，土地出租的类型，大致有三：一是大户承租型。土地经营大户在条件允许的情况下尽可能多地租种土地并给付出让金。二是公司租赁型。这些公司主要是以农产品或林产品开发为主，既生产农产品，也加工农产品。三是反租倒包型。这主要是针对那些需要规模种植的农产品生产进行的。比如，茶园、柑橘园、烟草种植等。具有经营实力的公司将农民手中的土地租赁过来，土地由公司统一整饬和规划，再配备相应的水电和道路等基础设施。有了这些基础条件之后，公司再将土地分块租给农户，在经营过程中公司再给农户辅以技术指导。

精准扶贫政策执行以来，各种新的土地流转方式开始进入人们的视野，例如，土地入股^①、宅基地换住房^②、股份合作^③等。这些方式不是龙广的独创，最先是在其他地区试点成功之后，在各地开始有条件地推行。正是在这种潮流推动下，龙广部分农户也开始了这些新的尝试。

第二节　土地流转后龙广镇的社会治理

一、加强基层组织建设，夯实社会治理根基

（一）基层党组织在社会治理中的作用持续增强

基层党组织在社会治理过程中起到先锋队的作用十分明显，共产党员起到了相应的模范带头作用。例如，在 2012 年，龙广镇全年共计发展新党员 32 名，预备党员 21 名，壮大了基层党组织的队伍。在党组织的力量逐渐加强的同时，党员领导干部在基层的深入走访活动趋于频繁。在 2012 年，全镇 11 名党政领导干部走访群众 203 户。农村的特困党员和离退休以后回农村生活的老干部与基层政府的关系得到了增强。

在倡导服务型政府的建设过程中，龙广镇政府的职能开始有了很大转变。在具体的行政事务中，基层干部的法治意识有了新的提升。在基层社会治理中，人大的地位和整体形象得到了改善。比如，2012 年，龙广镇就举行了人大代表建议提案回复专题会，基层人大代表提的一些议案和建议受到了应有的重视，作为权力机关的人大和作为行政机关的政府之间的沟通得到加强。为提高基层

---

① 所谓"土地入股"，又被称为"股份合作经营"，是农户自愿把自家承包土地的经营权作价入股的行为。入股的农民，凭借土地承包权而拥有公司的股份，并享有按股分红的权利。土地入股的形式，涉及利益各方彼此之间的产权清晰。农民既是公司的经营参与者，也是公司利益的所有者。土地入股，是农村土地流转的新突破。

② 宅基地，是农村普通民众用于建造自用住宅、庭院及其附属房屋的土地。从性质上讲，它属于农村集体用地。宅基地换住房的具体做法是：农民放弃原本在农村的宅基地之后，宅基地被按照一定程序置换为城市发展用地，农民可以在城里获得一套住房。

③ 所谓"股份合作"，就是农户以土地承包经营权作为股份共同组建合作社。按照"群众自愿、土地入股、集约经营、收益分红、利益保障"的原则，合作社对土地统一管理经营，不再由农民分散经营。合作社的利益分配是：按照土地保底和按效益分红的方式予以分配。

行政工作效率，龙广镇适应社会发展需求，建立了便民服务中心。在这个中心里，设置有民政、农业、社会保障等 7 个便民窗口，机关作风有了较大改观。

在党的十八大之后，龙广镇党委、政府按照中央八项规定①的要求持续改进作风，加强自身建设。乡镇机关领导干部通过集中学习、个人自学、领题调研、集中讨论等方式，提升理论水平，促进团结合作，形成工作合力。基层党组织的建设得到加强，起到了凝聚人心的作用。

2014 年，为落实干部能上也能下的精神，借用商品召回的概念，黔西南州尝试推行了"不胜任干部"的召回制。如果干部任用持续地保持"能上不能下"的状态，不仅会形成懒政习气，还会影响干部队伍的新陈代谢。对这一制度，龙广镇予以落实。在当年的考核中，不胜任的两名干部，龙广镇将其做了轮岗交流的处理。此外，龙广镇还持续推进和构建阳光政府运行机制，加强地方党务、政务信息公开和政府决策的民主化和透明度。

集体经济的发展好坏，在基层社会中十分重要。在 2015—2016 年，龙广镇按照义龙新区确立的"以产带城、以城促产、产城互动"主题，以开展党建为切入口，探索实施"一村一策"的集体经济发展思路，力图激活基层农村集体经济的自我造血功能，努力消除客观存在的一些"空壳村"②。

（二）基层纪检监察工作见实效

既打"老虎"，亦拍"苍蝇"。这是党的十八大以后基层纪检监察工作的形象说法。从 2012—2016 年 5 年时段来看，龙广镇的纪检监察工作较为务实。在这个 5 年里，龙广镇机关干部的工作作风有了改善，纪检监察部门对 237 名干部和职工进行了约谈，起到了很好的效果。在案件查处上把上级的要求落实到行动上，5 年查处违反中央八项规定事件 20 起，处理违纪干部 21 名。在查办案件上，危房改造、惠民贷款、引水工程建设、农村低保是重点关注领域。龙广的纪检监察，不仅采取实地走访的方式，还推行了电话问询的办法。在这 5 年中，龙广基层纪律监察领域查询危房改造户总数为 1272 户，占这一时期户

---

① 中央八项规定，是 2012 年 12 月中央公布的关于改进工作作风、密切联系群众的八项规定。涉及调查研究、精简会议活动、精简文件简报、规范出访、改进警卫工作、改进新闻报道、严格文稿发表、厉行勤俭节约方面。

② "空壳村"，是指集体经济发展滞后和财政严重亏空的行政村。

数总量的 50%；农村低保户接受纪检监察的电话问询总数为 1587 户；纪检检查干部实地调查走访饮水工程建设点 26 个。

为抓好腐败预防工作，龙广地方党政机关经常组织党员干部学习中央"八项规定"和廉政准则，经常观看警示教育片。这些都起到了很好的效果。在具体的宣传方面，分为学纪、守纪和执纪 3 个环节[①]。

党的十九大以后，基层干部在廉政建设上有了新认识，中央"八项规定"成为基层干部普遍认可的红线。2016 年 8 月，中共龙广镇第十四届纪律检查委员会成立。在基层纪检工作上，危房改造、城乡低保以及大病统筹仍是重点检查领域。

（三）形成乡镇—行政村两级联动的基层社会治安综合治理格局

从 2012 年开始，龙广镇把社会治安综合治理、社会稳定和防范邪教以及普法宣传结合起来，围绕"打、防、控"一体化的要求，推进综治工作，很有成效。例如，在普法宣传上，以开展社会治安防范为目的加以展开。基层社会中的人民调解，成为促进社会综合治理的重要组成部分。基层的司法所和派出所以及行政村的调解委员会形成了合力，在镇域范围内每年调处的民间矛盾纠纷总数在 100 件左右。

在龙广镇辖区发生的一些刑事案件，上级公安部门刑侦部门直接介入侦查。例如，2013 年龙广镇全年破获刑事案件 26 件，出动警力 350 人次，抓获犯罪嫌疑人 19 名。在这些案件中，涉及"两抢一盗"[②]的有 7 起，涉及"黄、赌、毒"的有 2 起。在涉及刑事案件的侦破上，警民关系较为融洽。在 2013 年的案件侦破中，龙广镇地方干群参与 200 余次。全镇 18 个行政村都建立了社会治安综合治理工作站，社会正气得以弘扬。

为了创建"无邪教乡镇"。龙广镇在 2014 年制定了龙广镇《无邪教创建活动实施方案》和《无邪教创建活动检查考核办法》。在具体的落实工作上，主

---

① 公开的廉政宣传摆在了明面上。比如：建廉政文化墙、廉政文化宣传栏，组织广大干部群众观看廉政教育片，在街头巷尾发放党风廉政建设宣传资料，开通廉政广播，等等。公开宣传提升了群众对廉政工作的认知，群众敢于对一些干部的违纪违法行为进行举报，优化了基层社会的廉政监督环境。

② "两抢一盗"，是指抢夺、抢劫和盗窃行为。

要开展了无邪教宣传活动进校园、进单位、进企业、进村寨。在广大干群的努力下，龙广镇全面排查邪教组织"门徒会"①成员，共查处邪教成员20人，全部进行了教育转化。同年，龙广镇贯彻落实扫黑除恶，制定了《龙广镇扫黑除恶重点整治方案》，出动警力进行全面排查②。特别是学校，作为社会治安防控的重中之重，龙广镇调整联防队、护校队、义务消防队，加强了治安巡逻力度。2014年，龙广镇范围内共解决各类民间矛盾纠纷228起，其中镇、村调处126起，公安派出所调处102起。此外，在禁毒工作上，龙广镇按照《龙广镇禁毒工作实施方案》，全面开展禁毒宣传活动，提高了社会对毒品危害的认识，从而努力形成拒毒、防毒、反毒，进而全面禁毒的局面。

在社会治安综合治理上，龙广镇确立村—镇两级联动措施，整合多方力量参与到综合治理工作之中，群众的安全感和幸福感得以增强③。特别是围绕社会治安综合治理及平安建设目标，2015年，龙广镇重点开展防范"法轮功"④和"门徒会"的干扰破坏，当年就取得了很好的成效，而且，龙广镇的"六五普法"通过了验收⑤。

---

① 门徒会，在20世纪80年代出现，他们自称是基督教的一支，宣传末世论。他们按照自己的意图，对基督教教义进行篡改，将歪理邪说融入进去。门徒会早期主要活动于川、陕、鄂交界地带。鼎盛时，其信徒不下30万。有些人借此骗财骗色，严重扰乱农村社会治安。

② 镇域范围内的18个行政村、178个村民组、25个单位、12个企业、4家网吧、3家娱乐场所，在社会上形成了很大的震慑。当年，龙广镇收集犯罪线索6条，出警357起，刑事立案70件，当年破获30件，刑事拘留7人、警告194人。

③ 在这一年，龙广创建了1个平安医院、5所平安校园、5个平安企业、12个平安单位、18个平安村、3个平安水库区。全年立刑事案件31起、侦破5起；调解处理民间各类纠纷243起（其中镇司法所调处15起、村调处132起、派出所调处96起）。

④ "法论功"，20世纪90年代在中国发展起来的邪教组织。以"强身健体"为诱饵，用"世界末日""升天圆满"等邪说对信徒实行精神控制，严重扰乱了农村治安。

⑤ 1986年，中央宣布开展全国普法。每五年一个周期。2011年至2015，属于"六五普法"周期。中共中央宣传部和司法部是牵头单位。普法任务是：全面加强法治宣传教育，宣传宪法，传播法律知识，提升全民法律素质和提高全社会法治化管理水平。

二、管好金融和市场，确保社会平稳发展

（一）财政税收政策扎实推行

自从取消农业税以后，基层社会的各项事业发展持续进行，财政开支压力比较大。龙广镇是商贸大镇，财政税收的运行状况有其自身的特点。以 2013 年的情况来看，龙广镇财政税务部门以地方党委、政府的参谋作为自我角色定位，严格执行国家税收法规，在涵养税源的同时努力确保税收征缴，做到了超额完成上级下达的财税征收任务。

在税务方面，龙广税源培育的基础好，每年的税收任务都能完成。以 2013 年为例，上级税务机关派给龙广镇的征收任务数是 1370 万元。在当年的征收方面，龙广镇实际完成 1416 万元，超额完成任务。

与税收相比，在财政开支上，龙广镇本着量入为出的原则，在一些全额财政投入的事情上努力做到量力而行。在乡镇支出方面，龙广镇在做到"保行政事业单位人员工资足额发放，保党政机关正常运转"的原则之外，尽可能多地将财政资金用于发展民生事业。

在基层政府的收支分类方面，龙广镇施行"镇财县管镇用"[①]模式和"村财镇管村用"[②]模式得到了全面落实。龙广镇财政部门不折不扣地贯彻中央的"三农"政策，多渠道减轻农民负担，深受群众欢迎。在职能职责方面，龙广镇持续健全财政监督机制，从突击检查型的管理转变为长效监督型管理。尤其是专项资金的监督检查，财政部门的跟踪问效并重点检查，有效地防止了不必要的铺张浪费，提升了财政资金的使用效率。

---

① 镇财县管镇用，亦称为"乡财县管镇用"。具体内容为：在现行财政体制框架内，在法律运行的范围里，采取"预算共编，账户统设，集中支付，采购统办，票据统管"的办法，由县级财政部门统一集中管理乡镇财权的管理方式。目的是规范乡镇收支行为，均衡保障乡镇基本公共服务水平，缩小乡镇之间的发展差距。

② 村财镇管村用，亦称为"村财乡管"。具体内容为：村集体的财务，在所有权、使用权、决策权不变的前提下，实现"村级所有，相机服务，民主管理"。其目的是为了监督村级财务活动，杜绝铺张浪费，促进基层的党风廉政建设。

（二）市场管理职责扩大

为尽可能地让市场管理避免出现"政出多门"的情况，龙广工商管理分局在 2015 年 6 月改建为义龙试验区市场监督管理局龙广分局（简称龙广市场监管分局）。改建后的龙广市场监管分局，市场监管职能得以扩大。原先属于工商系统、质监系统、食品药监系统的工作职责，归为市场监督管理分局一家负责。当年，龙广市场监督管理分局根据《关于无证照经营监督管理工作的指导意见》，集中开展农贸市场、小餐饮、小摊贩、学校周边等无照无证专项整治工作，依法规范辖区内的工商业经营行为①。

从 2015 年 10 月 1 日起，按照国家税务总局的要求，基层农村新设立企业和农民专业合作社，只要领取了"三证合一"②的营业执照，不必在税务方面再次进行登记。2017 年上半年龙广市场监管分局实行"证照一体"新模式改革，探索"证照一体"行政审批模式，建立手续、流程、提速、提效，为个体创业者创造宽松的审批环境③。当年的 1 月至 6 月，龙广市场监管分局颁发个体工商户营业执照 195 户，落实"三证合一"企业 34 户。

三、注重民生建设，推进柔性治理

（一）医疗卫生保障能力得以提升

2009 年，我国正式确立了"新农合"为农村基本医疗保障制度的地位④。我国曾经在 20 世纪 80 年代出现的赤脚医生制度，为不发达国家的医疗卫生发展提供了样本。与之相比，"新农合"制度，在基层社会中深得民心，以往有

---

① 办理个体工商户登记注册 116 户，核准经营主体名称 19 户，审核餐饮服务主体 27 家，食品流通许可 32 家、食品生产小作坊 6 户。到 2015 年底，龙广镇的个体工商经营户数量发展到 1601 户。

② 即工商营业执照注册号、税务登记号、组织机构代码证号合为一体。

③ 个体户经营原本需要营业执照和税务登记证。实行证照合一之后，就是将个体户的营业执照和税务登记证收回，换发新的营业执照。

④ "新农合"，即新型农村合作医疗，就是在政府组织和支持下，引导农民自愿参加的医疗互助共济制度。在这个制度中，个人、集体、政府多方筹资，主要筹集方式为个人缴费、集体扶持、政府资助。农民的大病统筹，是"新农合"中的关键。

病看不起的问题基本得到了解决。这一举措，也得到了世界发展中国家的称赞。

新型农村合作医疗在龙广镇的宣传十分到位，农民群体得到的实惠也是显而易见的[①]。自此以后，龙广镇常态化落实医疗保障制度，实现了医改补助范围全覆盖。镇卫生院在职在编人员达到了 23 人的规模，其中专业技术人员 22 人、工勤人员 1 人。18 个村级卫生室的在职在编村医数，也达到了 38 人。在职、在编的村医都能享受到国家基本药物制度补助金和农村医改政府补助。

（二）学生营养餐免费供应计划在龙广基础教育机构全面铺开

农村中小学的学生免费营养午餐计划，在最初的时候，只是由民间组织发起的公益活动。在 2011 年秋季，国家的营养餐计划全面启动，贵州是其中的首批试点区域。2011 年，贵州省的中小学厨房建设任务 1 万个。从第二年春季学期开始，贵州全面铺开了以"校校有食堂，人人吃午餐"为特点的具有贵州特色的农村义务教育阶段学生营养改善计划。

在龙广的基层农村中小学，做到了 16 套可选择食谱，每餐供应"三菜一汤"的标准，每日食材种类除了鸡蛋和水果之外，要达到 12 种以上。政府的伙食补助标准是 5 元 / 生 / 天。按照贵州省统一要求的"每一分钱都要吃到学生嘴里"的要求，农村各地的学校食堂按照公益性和非营利性的经营要求，在学生营养餐的后勤保障上费了不少工夫，赢得了社会好评。上学不要钱，免费供应营养餐，寄宿制管理，学生接受教育的环境是以往任何时代都比不了的。

（三）养老保险的覆盖面逐渐扩大

长期以来，我国农村的养老问题，基本上是在家庭组织内部予以解决的。对于养老保险这个名词，农民群体比较陌生。许多农民不知道它的存在。从 20 世纪 90 年代开始，我国的农村社会养老保险虽然已经开始逐步的探索，但国家

---

① 以 2011 年为例，龙广镇引导城镇居民参合户数总量达 545 户，共计 1155 人；农村农民参合户数总量达 3528 户，共计 41575 人。城乡居民参合率达到 98%。政府在基层医疗卫生设施的投入不断加强的过程中，乡镇医疗条件也在逐步改善。以 2011 年度的情况来看，龙广本镇居民在镇医院就诊的人数增加，门诊就医达 48454 人次，住院达到了 1683 人次，外地住院报销金额达 343.69 万元；村级减免 96274 人次的医疗费，共计 223.86 万元，门诊减免人次比上年同期增加 1142 人次。

的财政在农民养老方面的投入较少。在我国农村的养老问题上，保障措施与城镇居民无法相提并论。在改革开放后，农民群体中的农村青壮年劳力在外地务工的居多，留守老人的生活保障很成问题，完全依赖家庭养老模式来解决农村的养老问题，达不到老有所养的目标。可以说，"新农保"的发展在新的社会环境下，是建设社会主义新农村的迫切需要。2009年9月以后，国家层面的"新农保"工作开始启动。发展到2017年，完善城乡居民基本养老保险制度，明确写进了党的十九大报告中。

为了完成养老保险、基本医疗保险、失业保险、工伤保险、生育保险扩面、村"三职"干部养老保险任务，2012年龙广在全镇全面铺开这项工作。由于商品经济的发展，普通民众对保险也有了许多了解。在2012年龙广本地居民参加养老保险的人数就达到了14869人[①]。到2014年，全镇参保人数、征缴的保险金、发放养老保险金等各方面都达到了一个新高度[②]。对养老保险费的收取，城乡居民普遍愿意缴纳，从另外一个角度而言，是群众对政府权威的信任。这使得基层社会的普通居民从完全依靠家庭养老的传统思维中走出来成为可能。

第三节　土地流转后龙广镇的经济开发

一、引领社会发展方向，大力发展地方经济

（一）脱贫攻坚政策引领农村社会发展方向

自从新中国成立以后，我国各级政府就在解决农村贫困问题上持续不懈地努力。在2014年，国内农村的贫困人口数在7000万人规模，中西部地区的老少边穷地区仍是扶贫的重点区域。贵州作为西南地区的贫困省份，扶贫工作受各种因素的制约，基层社会的脱贫攻坚，难度相对较大。2015年11月之后，贵州在国家打赢脱贫攻坚的战略部署中属于重点省份。在这样的政策形式下，龙广镇作为黔西南州范围内少有的地方名镇，脱贫攻坚的成效很受社会关注。

---

① 其中参与农村养老保险的有14635人，参与城镇企业职工社会保险的有234人。

② 龙广全镇范围内参加城乡居民社会养老保险18531人。其中，新农保18193人，征缴保险金209.85万元；城保338人，征缴保险金5.6万元。到2014年11月，60岁以上待遇发放6379人。其中农民6233人，发放养老保险金34.71万元；居民146人，发放养老保险金8346.96元。

　　龙广镇通过精准识别的方法对辖区内的深度贫困村和贫困户进行仔细梳理，针对不同的情况开展扶贫工作，努力做到精准帮扶。派驻到各村的扶贫干部对农户的收支状况及衣食住行等情况做了逐户摸底，按照"缺什么就补什么"的原则开展工作。从实效上讲，脱贫攻坚工作在实施过程中，努力向"真脱贫"的方向努力，基层社会中很少有搞花架子的事情。与此同时，扶贫干部主动深入基层社会，了解百姓的贫困程度，努力做到"脱真贫"。对这样的脱贫攻坚工作，基层社会的满意度是比较高的。

　　在脱贫工作中，龙广镇在深度贫困村经常宣讲脱贫攻坚的意义，以贴近群众生产生活的方式进行宣传教育。普通民众通过这些宣讲活动，逐渐了解和掌握了农村土地承包、土地管理等方面的法律法规和国家的惠民政策。从事扶贫的干部深入田间地头，增进与农民的感情。干部深入农户的工作作风，使得干群关系变得融洽，促进了农村社会的和谐。到2019年底，随着义龙新区贫困村的"清零"，龙广镇甩掉了"贫困"的帽子。

（二）农业技术得到持续推广

　　农业技术成为土地流转后农业生产的主要支撑力量，水稻、玉米、辣椒是最需要技术支撑的种植业。龙广镇成立了农业服务中心，作为提供农业科学技术的专门机构，提供多方面的技术服务。例如，水稻和玉米的增产技术、辣椒早熟种植技术等，在一定的范围区域内以"示范点"[①]模式予以落实，获得成功之后再全面推广。龙广镇的农业服务中心是水稻种植技术指导的引领者。在服务中心的指导下，龙广的15000亩水稻所需要的秧苗在种植过程中受到了全

---

　　①　2011年龙广镇的农业技术服务项目有：①设置水稻板板示范（地方粮食增产工程）工程2个，耕地面积118亩。示范田采用宽窄行种植、配方施肥、病虫害综合防治技术。②分别在烂滩村孔家坝组、小场坝村纳早组，设置玉米样板示范（地方粮食增产工程）点1个，面积123.6亩。③在联新村设置早糯菜用玉米种植样板示范点，连片种植1000亩。④在联新村规划种植早熟辣椒连片种植500亩。2012年龙广镇农业服务中心的农技服务项目有：①在纳桃村八组、九组规划水稻早育稀植样板示范（地方粮食增产工程）点1个，面积100亩。②在烂滩村孔家坝组规划玉米样板示范（地方粮食增产工程）点1各个，面积100亩。③在联新村确立示范点2个，其一是连片种植早糯玉米400亩，其二是以宽厢宽带套种技术种植早熟辣椒60亩。2013年，龙广镇在纳桃村四组、五组各搞一个水稻种植示范（地方粮食增产工程）点，面积100亩。在烂滩村孔家坝组、小场坝村纳早组各搞玉米示范（地方粮食增产工程）点1个，面积100亩。

方位的呵护。旱育稀植规范化种植、规范化栽插、测土配方施肥和病虫害综合防治措施，能用的都用上了。此外，龙广的14500亩玉米，也采用了配方施肥以及病虫害综合防治等方面的技术。

在现代农业技术方面，龙广的农民群众接触到了配方施肥的理念，对这样的农业技术，很是认可。所谓配方施肥，就是根据农作物的生长规律，在检测土壤供肥能力和肥料效率的基础上，科学配制肥料的技术。每年，龙广镇范围内采用配方施肥技术的耕地规模很大，基本维持在3万亩以上。

为提升土质肥效，龙广镇18个行政村在2012年以后逐步实施土壤有机质提升项目。这在培育土地肥力方面，有很好的实效。

（三）地方养殖业有了长足发展

龙广镇的养殖业有很长的历史，传统养殖业发展空间很大，但是从宏观角度而言，以往的养殖业综合经济效益在需要保持的同时，还得有特色养殖业的发展。因为传统的养殖业也有自身的缺陷，养殖总量有限，产品辐射的范围也无法有大的增加。

特色养殖，经济效益明显，产品附加值高，市场需求大，是农村养殖业的新增长点。龙广镇通过发展特色养殖业，极大地提高了农民的收入水平，对全镇的经济发展起到了较大的推动作用。自2012年开始，地方政府加强了对养殖业的各项支持力度，龙广镇范围内的养殖业规模[①]有了比较大的突破。在这一年，龙广镇境内涉及养殖业的农村专业合作社数量达到了15个。其中发展比较突出的有小场坝农望合作社、纳桃村良种鸡繁育基地、龙广镇黄牛养殖场、黔兴良种扩繁场。对于养殖户来说，效益与风险同在。他们知道该去养什么，也知道不该去养什么，因为市场是最好的指挥棒[②]。

---

① 主要有3类养殖业，即大牲畜养殖，肉鸡养殖和蛋鸡养殖。

② 2013年，龙广镇牛、马、驴等大牲畜的存栏总量达到了1.01万余头（匹），家禽出栏13.8万余只，生猪出栏1.2万余头。到2015年，龙广镇新增养殖场4户，全年的肉类总产量3872万吨，禽蛋产量1001吨。发展规模养殖，成为农村比较好的一条致富路。当年，龙广镇投入资金300余万元支援龙广镇纳桃种鸡场建设，种鸡养殖规模达到了4万只，年生产500万羽商品鸡苗。纳桃种鸡场的鸡苗供应量，可满足500余养殖户的需求。

二、着力改善人居环境，促进地方社会发展

（一）生态立镇理念深入人心

近些年来，在生态保护宣传上最耳熟能详的话就是"绿水青山就是金山银山"。这句话，对贵州这个多山的省份而言，意义非同小可。贵州的后发优势培育中，一个很关键的支撑点就是生态保护。自 2016 年，贵州成为"国家生态文明试验区"之后，贵州确立了"五个绿色"[①]的部署。从 2017 年起，每年的6 月 18 日为"贵州生态日"，贵州在全省范围内建立了省、市、县、乡、村五级党政领导负责的河长体系，实现各类水域的河长制管理机制的全覆盖，为全国生态文明建设探索了有益经验。

龙广镇在生态保护工作上，做了许多有益的探索。早在 2014 年，龙广全镇就完成了"古""大""稀""珍"树种的全面调查，有 8 棵古树被纳入挂牌保护的范围。[②]2016 年，龙广镇按照"生态立镇"的理念，坚持"退坡耕、还荒山、防山火"九字方针，实施工程造林 267.6 公顷（1 公顷 =0.01 平方千米）。其中，"153"工程[③]158.47 公顷、退耕还林工程 108.93 公顷，社会造林工程 333.33 公顷。在 2016 年，森林公安查处各类林业违法行为 60 余起，制止毁林开荒 6 起。到 2017 年，龙广下辖的安叉、干田、佳皂、纳万、联新、狮子山、双合村、赖山、七星、烂滩、花木村植树造林面积达 346.67 公顷。森林面积的大规模增加，

---

① "五个绿色"，即发展绿色经济、建造绿色家园、筑牢绿色屏障、完善绿色制度、培育绿色文化。

② 8 棵古树中，联新村纳西的金丝榔古树有 3 棵，小场坝村纳早五组的乌杨古树有 5 棵。

③ "153"工程，是 2014 年 7 月时任贵州省省委书记赵克志视察黔西南州后，黔西南州地方党委、政府在当年确立的"让石漠化山头绿起来"的三年规划。"1"是指州、县市党委及州林业局发挥条块管理的合力，各造绿化示范带 10 千米。即州委、州分管领导，县（市、新区）党政一把手、分管领导，州林业局、州林业局主要负责人分别包保实施高速公路、公路主干道两侧可视范围绿化示范带 1 个 10 千米，共规划实施绿化示范带 42 个，总计 420 千米。"5"是指乡镇党委及县（市、新区）林业局各造绿化示范带 5 千米。即乡（镇、街道）党政主要负责人、分管负责人，县（市、新区）林业局分别包保实施高速公路、公路主干道两侧可视范围绿化示范带 1 个 5 千米，共规划实施绿化示范带 277 个，共计 1385 千米。"3"指村级造绿化示范带 3 千米（或 300 亩）。即乡镇联系村负责人、包村干部和村两委负责人包保实施公路两侧可视范围绿化示范带 1 个 3 千米或 300 亩示范点。

为野生动物提供了良好的生息环境。为更好地监测野生动物的活动情况，龙广镇地方政府在 2017 年协助贵州大学完成辖区内的 5 个村建立野生动物观测点 20 个①。为做到生态保护与经济效益的兼顾，龙广镇在 2017 年尝试引进皂角树 6000 余株，营造皂角林 8 公顷②。在生态立镇的理念下，龙广镇持续开展城乡环境综合整治，农村的各类垃圾以及下水道淤泥得到常态化清理，农村人居环境有了很好的改善。

（二）小城镇建设有序进行

由于龙广自身各项条件比较优越，2013 年龙广镇被贵州省列入 100 个小城镇建设试点乡镇名单。在小城镇建设方面，龙广镇有自己的总体规划，在很大程度上避免了拆建无序现象的出现。

为加强镇容镇貌与清洁卫生管理工作，2013 年，龙广镇党委授权镇环境卫生管理站③，承担专项的管理工作。环境卫生管理站承担清运、处置和综合利用垃圾、工程渣土及废弃物，检查和督促龙广街上主次干道沿街单位落实镇容环境卫生情况，审批和管理户外广告、标志设置，审批街道各类临时占道、停车场（点）、洗车场（点）等定点设置，协助城管工作。对镇容镇貌的建设，不是一蹴而就的，需要长期地投入和维护。龙广镇在购置相关设备与制定保洁机制等方面，做了积极的努力④。镇容镇貌的持续维护，树立了龙广良好的外在形象。龙广的民众对维护镇容镇貌也普遍支持。龙广镇中心小学的异地扩建工作进展顺利，移动公司的通讯光缆改线以及各街道的路灯亮化工程，都得到了普通民众的积极配合。镇区核心区域 500 米长的历史文化古街路网建设在改造提升之后也顺利投入使用。在上级的资金支持下，龙广镇有了自己的商业中

---

① 这 5 个村是烂滩、花木、果约、五台和七星。

② 皂角，属于药用树种。皂角刺，在中草药中有"天钉"的别称。

③ 环卫站有负责人 1 人、工作人员 3 人、垃圾清运车 2 辆、司机 3 人、工人 18 人，共计有 25 名工作人员。

④ 2013 年，龙广镇投资 40 万元购置密闭式垃圾清运车辆 1 辆，改造公厕 2 所。镇区内设置有垃圾收集容器 51 只、垃圾运输小型车 16 辆、设有垃圾中转站 3 处。在镇党委的推动下，形成了"街道定时扫，垃圾定时清"的长效保洁机制。

心，有了配套的污水处理厂①。龙广二中和龙广三中的寄宿制学校亦改造完毕，成为龙广小城镇建设中教育设施得到改善的直接体现。

龙广镇不仅在镇中心位置加大投资，推进小城镇建设的速度②，而且对镇内各村的建设也取得了显著的效果。例如，完成纳桃、坪上、纳西、狮子山、七星安置区内道路建设、水电安装及雨污管道埋设。东峰大道和义龙大道通车以后，龙广镇的交通路网呈现出新的格局。"新龙园区"建设稳步推进，"一线穿六湖"之"望湖"建设工程完成，进而形成了地方特色旅游景观。"浪哨湖"建设也在持续推进。内在的发展提升了龙广的综合实力。在全省124个重点小城镇的排名评比中，龙广从原来的116位，前移至78位。

（三）持续推进"四在农家　美丽乡村"项目建设

在2012—2016年5年时间里，龙广镇全力实施"美丽乡村，四在农家"项目③。龙广镇以联新行政村的科汪、纳西为典型，编制"四在农家　美丽乡村"的村庄具体规划，邀请黔西南州的专家进行评审，投资5000余万在科汪、纳西进行改造。根据这个规划，通过大笔的资金投入④，科汪、纳西两个布依族聚居的自然村寨的村容、村貌得到很大改观，乡村出行条件有了改善。政府对科汪、纳西两个村寨的民族文化进行挖掘整理和包装，使其入选"中国景观村落"示范村。这两个村寨很快就成了地方的旅游名片。到2017年初，"四在农家　美丽乡村"项目已经在全镇铺开。对纳桃村的磨雍寨、狮子山村的董谷田坝寨的设计施工，通过了上级的财政验收。

---

①　这个项目占地5万平方米、总投资额为4.2亿元。

②　2015年，投资900余万元，占地2.33公顷的农贸市场投入使用并已完成平稳过渡搬迁。投资3.1亿元，占地5万平方米的龙广商业中心投入使用。投资1000余万元的腾龙休闲广场完成路网、灯光、绿化、卫生厕所、橡胶篮球场等设施建设。投资198万元，占地面积4300平方米的市民体育场投入使用。

③　这个项目是贵州省根据省情特点制定出来的。

④　科汪、纳西两个村有128栋房屋加顶，修筑主路1200米，修通串户路1000米，铺设雨污分流管道1000米，强弱电入地埋设1300米，修建大、小广场3个，绿化面积3000余平方米，清理河道0.5千米，建成小型人工湖1个，新增垃圾箱20余个，新建桥梁1座，乡间道路安装了路灯。

（四）人畜饮水安全和水利工程建设开创新局面

人畜饮水安全建设与区域内整体的水利工程设施密切相关，龙广镇政府不仅在原有的水利设施的基础上有更多新的投入，而且针对村寨具体的情况，启动专项农村饮水安全项目。

在这一时期，龙广镇筹集资金新建饮水安全工程 8 个，改善了 4325 人的饮用水条件。以往困扰农村生产生活的饮用水安全问题在很大程度上得到了解决。狮子山村木子冲引水渠和排水渠的修缮获得了上级的资金支持。新建成蓄水池 4 口、提水泵站 1 座，完成水利投资 28.13 万元。

柘仑水库增加坝高和扩容工程建设也是在这一时期。完工后的坝高达 59.4 米、坝长 170 米、坝顶宽 6 米，蓄水量 12000 万立方米，蓄水后的水库深 51 米。整个项目的总投资金额达 1.52 亿元。它是一座集农业灌溉、工业用水、水力发电、水产养殖及人畜饮水为一体的综合性骨干水利工程。其灌溉总面积达 6.82 万亩，可以解决 1.82 万人的饮水问题。

除柘仑水库之外，联新村的者山河水库建设也是在这一时期。者山河水库的投资总金额达到了 6414 万元，水库建成后的控制流域范围有 5.42 平方千米，其总库容达 107 万立方米。

三、道路交通建设格局不断完善

（一）高等级公路的建设情况

在龙广镇，穿境而过的是汕昆高速①。该高速公路连接广东省汕头市和云南省昆明市。1993 年 10 月开始动工，2019 年 7 月全线通车。路基宽 24.5 米，双向运行，四至六车道，全长 1800 余千米。设计运行的速度标准是 80~120 千米 / 小时。汕昆高速为全程封闭型道路，龙广镇的各类车辆可以经鲁屯和德卧两地的公路出入口站进出，极大地促进了龙广地方与外界的人员和物资流动。

高速公路建设的长短是衡量一个地方经济发展情况的重要指标。2015 年贵州实现了"县县通高速"的目标，与整个西部其他省区相比，贵州是走在前列的。

———————————

① 在国家级高速路网的规划方案中，汕昆高速公路属于东西横向主干线中的第十七横。汕昆高速贵州段途经黔西南州的册亨县、安龙县、兴义市。

黔西南州的东峰林大道和义龙大道这两条高等级公路都贯穿了整个龙广镇[①]。其中，义龙大道是该区域的"一线穿六湖"[②]建设中的"一线"。该公路的建设开通，为区域内外的优质交通环境奠定了良好的基础。

（二）乡村公路网改善群众出行条件

农村公路建设的好坏是农村经济社会发展程度的重要体现。黔西南州将农村公路建设作为扶贫工作的重要内容予以对待。以龙广镇的实际情况来说，龙广镇境内的基层村组之间在 2012 年就基本完成了道路硬化任务。

根据《国家公路网规划（2013—2030 年）》，贵州地区是受惠较多的省区之一。龙广镇作为交通相对通畅的乡镇，农村公路建设条件得到大幅改观。2016 年，地方公路建设部门全面启动实施 G324 国道线至龙广镇各村的路网建设。至当年年底，龙广镇 18 个行政村都通了水泥路。在全面建设农村路网时，公路交通部门和龙广镇政府组织实施"一事一议"整镇推进和普惠制项目 200 余个，总投资 8500 余万元，完成了一批通组路、串户路的建设。在政府的大力支持下，龙广的公路交通建设速度很快，人均道路面积超过了 10 平方米。

小　结

一、农村土地流转后，政府仍然肩负着努力经营农村的使命

从实质上讲，"三农"问题的长期存在，是围绕着土地资源这个核心逐渐形成的。在农业大国的发展路径中，"三农"问题如何与时俱进地解决，一直

---

①　东峰林大道，全长 51 千米，是连接安龙和兴义市的市政干道项目。其途径经过的乡镇主要有顶效镇、郑屯镇、龙广镇、德卧镇。在龙广镇路段，是双向八车道。

义龙大道，起点在万屯与关兴大道的交叉口，穿过晴兴高速至新桥，途经万屯、鲁屯、龙广、新桥，路长 40 千米，路宽 80 米，双向行驶，共八车道。

②　"一线穿六湖"。即义龙新区"一线穿六湖"景观工程。该工程西起园区的经八路，东抵龙广镇，北接义龙大道，南临马岭河大桥的 1 号桥。"六湖"，是指连接义龙河、云湖、秋水湖、同心湖、明镜湖、望湖、浪哨湖。"一线穿六湖"，以河道为设计背景，智慧、生态、健康为主轴线的三条脉络，串联着六个湖区，构成一个三条脉络相互交融的景观带。该项目占地面积达 620 万平方米（含水域面积）。

考验着执政者的能力和魄力。土地流转，虽说有效地整合了农村的土地资源，促进了农村经济的发展，但基层政府经营农村的使命没有发生本质变化。可以说，土地流转是政府与时俱进经营农村的重要举措，如是而已。在执政为民的理念下，基层政府在乡村治理、社会和谐、乡风民俗、市场繁荣、金融保险、水利建设、脱贫攻坚等各个领域都持续发挥着不可替代的主导作用。

在土地流转的政策下，基层政府对乡村社会的治理能力在逐步提升，农村社会进步的发展在持续进行，农民如何实现增收致富依然是政府关注的重大问题。外出的农民开阔了视野，在积累了一些资金的同时，也学会了一些技术。乡村振兴战略的实施，使这些有条件的农民抓住时机回乡创业，极大促进了乡村面貌的改观。以龙广镇的小城镇建设而言，近十多年的变化是惊人的，从城镇外观上来看，已经与城市无异，尤其是对那些初来乍到的外地商人来说，很难想象龙广还仍然只是一个乡镇。可以说，基层乡村社会的发展，是政府、市场、群众、政策、技术等各种主客观条件持续发力的结果。

二、土地流转使农民从身份到职业的回归成为可能

1984 年，第一轮土地承包之后，农村生产力水平依然较低，是客观事实。为公平而建立的平均分配，农村耕地的分布必然是碎片化的状态。在 1993 年之后，农村耕地承包年限再次延长了 30 年。这样做在客观层面上巩固了耕地的碎片化分布，但对农业发展而言，不利于耕地，无法形成集约化的规模经营。与此同时，对农民的增收也有影响。农民完全依靠耕种数量有限的土地获得来收入，却已很难、很好地生存。农民这个称谓已逐渐固化为一种身份名词，而不是职业称谓。

在土地资源无法实现规模效益的同时，城乡差距自然就很难缩小，大量的人口流向城市，农村的一些村庄自然就形成了空心化的状态，留守老人、留守儿童成为农村社会中的新问题。但土地流转的存在、使用农业技术的成本降低，使得单个农民可以管理适度规模的耕地。这就无形中使农民作为职业成为可能，仅仅依靠土地收益就可以过上体面的生活。在农民群体中，愿意从事而且有能力从事农业的人在任何时代都有很多。这些人在土地能够"流转"的情况下，自然就成了社会主义新农村的建设者和经营者。

三、土地流转巩固了农民从事非农职业的正当合法性

农村社会的经营传统是务农为本。如果农民从事一些非农的职业，会遇到一些无形的限制。"不务正业"的舆论压力，不是谁都可以承受的。在管理农民的措施上，户籍管理是最重要的手段。长期以来，国家并不鼓励也不希望看到农村人口大规模地跨地域流动。家庭联产承包责任制实施后，农村社会中的人们在市场经济发展的大环境下外出务工经商，使得农民从事非农职业有了正当合法性。国家以政策法律的手段来保障农村流动人口务工经商的合法权益，有效维护了社会秩序，也承认了农民从事非农职业的合理性与正当性。而今，在土地流转政策实施后，一些从事非农职业的农民在将自己的土地流转出去以后，可以理直气壮地不再去照顾自己名下的土地，心安理得地从事自己的非农职业。可以说，农民从事非农职业的正当合法性，在土地流转的政策下得到了充分的巩固。

四、土地流转后农村社会中土地的非生产职能依然存在

土地流转在性质上仅仅属于使用权的流转。土地在中国的基层社会中，除了生产和经济效用之外，还有许多的非生产职能。比如，粮食生产的多与少会涉及国家粮食安全；农民群体外出流动人口的失业率是高还是低，与社会稳定息息相关。基层农村的社会保障体系还在不断健全和完善的过程之中，将农民手中的土地完全交给变幻莫测的市场，是不可能的。虽然许多从农村走出来的年轻人确实不会种地了，他们和城里的年轻人在谋生手段以及生活方式上已经没有多少差异，但是非农就业机会一旦出现不稳定的情况，他们回家种地还是"保底"的就业和生存方式。客观地说，土地在农村有吸纳就业的潜在作用。正因为土地的这个作用持续得以发挥，农村社会中存在的各种类型的隐形失业问题，才不会威胁社会的稳定。对农民来说，拥有土地，不仅是对务农这种生产方式的保留，也是对农村生活方式的一种保留。对于这种保留，我们很难从赚钱的多与少方面予以衡量。

第八章　乡村振兴战略下龙广治理与开发的实践探索

第一节　乡村振兴战略概说

一、乡村振兴战略的由来

2017 年以后，乡村振兴自从在党的十九大报告中出现以后，党和国家的许多决策中都会有这个高频词。在我们国家里，乡村振兴战略自然围绕着"三农"问题予以展开。在落实这个战略的部署上，国家陆续出台了两个重要文件：一是《乡村振兴战略规划（2018—2022 年）》，二是《中共中央国务院关于全面推进乡村振兴加快农业农村现代化的意见》。这两个文件的内容涉及乡村振兴的顶层设计。到 2021 年的《中华人民共和国乡村振兴促进法》正式出台后，为乡村振兴战略的落实提供了应有的法律保障。

在乡村振兴的具体落实方面中央设计了多条路径。其中涉及城乡融合发展和共同富裕，也有质量兴农、绿色发展和文化兴盛的内容。此外，文化兴盛、乡村善治和减贫事业都被提到了相应的高度。在农村社会发展日益多元化的大环境下，乡村治理体系需要结合实际地与时俱进。贫穷不是社会主义，减贫是社会主义乡村振兴必须纳入进来予以通盘考虑的内容。

乡村振兴战略意在坚持农村党建的基础上统筹推进农村社会中的政治建设、经济建设、文化建设、生态建设和社会建设，进而在乡村发展方面做出中国特色。在乡村振兴战略发展过程中，农业要成为有希望的产业，农民要成为社会上青睐的职业，农村要变成人们向往的宜居家园。

二、乡村振兴政策对龙广镇的实践意义

龙广镇在落实乡村振兴的过程中，将乡村振兴作为地方发展的重大机遇予以对待。无论是社会治理还是经济开发，龙广镇的乡村振兴，不是把原有的基础全部推倒，而是在原有的基础上进行修整和升级。譬如，农业的转型升级，发展生态农业的过程本身即是提质增效的过程。在传统的商贸集镇贸易的基础上，将农村市场纳入电子商务网络，也是实现乡村振兴的一种尝试。在乡村振兴这样的大环境下，乡村产业的发展能够得到政府应有的扶持和照顾，产业发展创造的不仅仅是经济效益，社会效益也被纳入考虑范围之内。

（一）有利于基层干群树立"富民是根本"的理念

城乡发展存在着不平衡的问题。对此，我们长期以来没有很好地加以解决。此外，农业和农村存在着某种程度的发展不充分问题，在解决的过程中也存在许多现实的制约因素。在农村，群众内心中一直存在着对富裕生活的追求。农民不仅应该富起来，还必须能够富起来。"富民是根本"，是基层政权落实为人民服务根本宗旨的应有之义。让基层民众过上好日子，进而实现共同富裕，是践行执政为民的内在动力。

（二）有利于完善农村社区治理机制

乡村振兴战略下完善农村社区治理机制，需要在依法治国的基础上坚持村民自治，在自治、法治、德治三者统一的过程中，实现乡村社会和谐、有序。从治理现状看，在乡镇与行政村之间的衔接上，基层农村社区治理还有许多需要完善的地方。乡村振兴战略在基层社会治理方面，需要弥补一些实际存在的缺点和不足。比如村规民约。作为村民参与基层政治的产物，它的存在是村民合意的必然结果。因为村规民约在承认村民个体权益的同时，也承认和巩固了村集体的利益。实践表明，在村规民约能够普遍遵守的基础上，农村社区治理的成本会大为降低。

社区流动人口是市场经济发展情况下农村社区治理的一个重要变量。在社区决策方面，如何促使流动人口积极参与社区治理，是乡村振兴战略下基层农村社区治理必须考虑的内容。只有如此，才能最大限度地促进流动人口融入社区治理过程中来，从而构建起社区的利益共同体。

（三）有利于乡村传统美德的继承和弘扬

在基层的农村社会，道德规范仍有其特定的存在价值。从客观情况而言，原有的乡村社会中积淀下来的传统美德需要传承。在现有的乡村道德层面，确实存在许多可圈可点的问题。通过乡村振兴战略的实施，农村基层社会借以摒弃文化糟粕，能够增强抵制拜金主义等不良风气的侵袭。从宏观角度而言，作为必要的精神资源之一，乡村传统美德对推动乡村振兴具有不可替代的价值。从文化习俗角度看，振兴乡村的步骤需要在理解乡村文化的基础上进行。只有这样，才能得到农村基层民众的广泛支持。

第二节　乡村振兴战略下龙广基层社会治理的探索

一、农村基层社会的党组织建设得到加强

做好基层党建工作，是当前和今后促进乡村振兴工作中的关键。基层乡村社会的党内组织只有发挥坚强的战斗堡垒作用，才能充分体现应有的政治功能，才能将乡村社会中的各方力量凝聚起来。在乡村社会的运转中，党组织是领导核心。这个核心地位需要进一步巩固。围绕着基层党建，龙广镇针对辖区内的软弱涣散的村党组织进行整顿，对不合格党员进行了清理，引导和激发农村党员在维护社会稳定和发展经济方面的表率能力。

（一）基层党组织促进社会良性运转

1. 村级党组的建设

在行政村这一级，配备第一书记，在龙广镇范围内得以落实。这是加强基层组织建设的必要举措。在深度贫困村，上级选派下来的第一书记，成为乡村振兴实践中的"酵母"，很受群众欢迎。在党组织较为软弱涣散的行政村，第一书记带领村级组织在加强自身建设方面，有计划有步骤地进行整顿和改进，村干部在乡村振兴工作中懂得了怎样干，上级的精神能够很好地结合村里的实际情况进行落实。在集体经济发展较为薄弱的行政村，第一书记带领村干部分析村里发展集体经济的难点，选择本村的发展优势，有针对性地予以落实集体经济的发展。从龙广镇的实际情况看，下沉到行政村的第一书记，在乡村振兴

的道路上，成为基层干部和群众的主心骨，基层干群无论从思想境界还是执行政策的能力都得到了提升，农村面貌有了新的改观。

高校毕业生、退伍士官、返乡创业农民工、机关企事业单位退休干部，都是当前加强村级党组织的有用力量。农民群体中的优秀青年被广泛吸纳到党组织中来，农村党员的定期培训制度得到确立。在促进乡村振兴的政策环境下，行政村这一级的小微权力在直接与群众打交道的过程中，其重要性得以突显。为规范村级组织的健康运转，村级的小微权力也开始尝试建立清单制度。基层政权对村级小微权力运行中存在的微腐败问题加大了惩处力度。以往的侵害农民正当利益的不正之风，受到遏制，不敢腐、不能腐、不想腐的乡土环境在逐渐形成。

2. 建立以党小组为中心的创新治理机制

在当前的基层社会治理创新中，龙广推行"一中心、一张网、十联户"的联动理念。"一中心"，是指基层党小组；"一张网"，是指由若干个网格构成的基层社会治理网络；"十联户"，是指基层社会以十户为单位，在熟人社会互为邻里的居住格局中，形成互相帮助和彼此监督的联户体系。可以说，在基层社会的治理过程中，采用党小组、网格员、十联户的互动模式，能够起到"牵一发而动全身"的效果。

按照网格管理的框架，龙广镇现有的 18 个行政村，形成了 181 个小微网格。以单独或相邻的网格为原则，整个镇域内成立有网格党小组 111 个，因地制宜地设置有十联户 824 个。在整个运行机制中，网格的党小组、网格中的党员，都有相应的职责和义务。以"谁主管、谁负责"的原则，每个网格有责任具体为群众办小事，主动向上级汇报大事。网格是基层社会治理意义上的最小单位。网格设立的目的是力图做到"小事不出网格"。以若干网格组成的社会治理网络，使得整个镇域形成一个社会治理有机体。其目标是力求做到"大事不出镇"。与"一中心、一张网、十联户"联动机制相配套的是社会治理信息化功能的同步提升。基层社会在探索网格衔接的联动一体，力求形成基层事务"一网采集，一键上报"，确保及时处理群众的诉求，提升群众的安全感和满意度。

（二）运用"五事工作法"规范村级自治事务的日常管理

"五事"，具体而言，就是：①发扬基层民主，畅所欲言，营造"群众公开提事"的宽松环境；②发挥党小组的凝聚作用，在行政村这一级形成行政村党组与村委会的同步协调，形成"联席会议议事"规则；③尽力避免一言堂的出现，在重大事务上，确立"民主表决定事"的程序；④在方便群众办事的原则下，形成"定点集中办事"的方式；⑤在小微权力的管理上，确保村级组织在民主监督的阳光下健康运转，树立"严格制度监事"的理念。

1. 群众公开提事

村委会的干部走出村委会驻地，主动在农村社会之中调查走访，问需于民。在走访过程中，村干部及时了解群众诉求，主动予以解决。此外，村委会利用QQ、微信平台建立"说事意见群"，村民可以及时向村委会反映问题。群众公开提事，不断拓宽群众的说事渠道，群众的各类困难问题可以及时反馈到村委会。可以说，群众公开提事，畅通了信息渠道，群众反映的事情很快能够得到政府的回应。这样一来，大量的社会矛盾就可以在村一级解决，可以实现"小事不出村"的目标，进而促进农村社会稳定。

2. 联席会议议事

村委会定期组织党员干部开议事会，协商讨论群众反映的各类问题。在本村的党员干部之外，村委会有时候会根据问题的性质邀请镇政府职能部门的干部和社会上相关的专业人员参会。通过议事会，与会人员进行讨论、研究和表决，进而提出可操作的处理意见，形成解决方案。通过联席会议议事，村里的重大事项由群众代表参加表决，决策过程公开、透明，村党支部的凝聚力也得到了提升，基层战斗堡垒的作用彰显。

3. 民主表决定事

它是村级民主实践的直接体现。村民自治章程的制定、集体公益项目立项、招标等事宜、集体经济所得的收益使用等，都属于村里重大事项。民主表决定事，密切了党群关系和干群关系，容易形成干部关心群众和群众相信干部的良性互动。

4. 定点集中办事

这解决了群众办事费力和干部人手不够的问题。在以前，由于交通不便等因素的制约，群众到乡镇政府驻地办事并不方便。办事的路费花销大，费时多，有时一趟还不一定能办成事，需多次往返。实行定点集中办事以后，干部群体的办事效率得到明显提升。这种方式对于办事的群众和管事的干部都有益处。

在乡镇的乡镇机关干部人员少，事务杂，工作压力大，定点集中办事促进了多项繁杂事务的汇聚和集中解决，促进了乡镇干部和群众之间的关系。

5. 严格制度监事

制度监事的存在使村级党务和政务在公开、透明的状态下运行。制度监事主要是指严格执行村级党政事务公开制度，村级党政事务实行季度公开，村级换届实行离任审计并认真执行，接受公开质询的制度。在公开、透明状态下，乡村社会治理过程中就杜绝了过去存在的不良现象，同时也可以给干部一个清清爽爽做事的工作环境。

（三）多渠道推动基层社会发展

1. "雪亮工程"助推平安乡村建设

"雪亮①工程"是平安乡村建设的重要手段。包括县乡村在内的 3 个层级的综合治理资源，被高度整合在一起。这样在基层社会中就形成了一个群众性的治安防控系统工程。在基层社会之中，群众身边有可以感受到的网格化管理的存在，有科技支撑的视频监控网络，有反应灵敏的治安防范措施。在群众的广泛参与下，基层社会中的治安防范达到了全覆盖且无死角的实际目标。龙广作为商贸大镇，流动人口多，社会综治压力自从建设"雪亮工程"以后，得到了很好缓解。在"雪亮工程"逐步深入乡村社会以后，普通民众对社会治安有了认同感和责任感，群防群控工作得到了很好地落实。

2. 诉讼服务中心成为基层农村社会不可替代的普法窗口

龙广法庭近些年来的投入比较大，专门的诉讼服务中心建成之后，极大地方便了辖区群众。这个中心可以为基层民众提供法律咨询服务和诉前调解的便民服务。对那些必须经诉讼才能解决的纠纷，可提供立案受理和司法确认的服务。在这个中心，有专门负责为民众提供法律咨询的服务，对来访人员宣传"贵州移动微法院"以及"人民法院调解平台"的操作流程，并指导使用。常用的起诉状、委托授权书及庭外和解申请书的空白模板都可以在这个中心免费领取。

龙广法庭通过进村串寨的方式对民事纠纷进行巡回审理，尤其是对涉及信访、赡养和抚养、婚恋、追索劳动报酬、医疗费等方面的民事纠纷，既达到了

---

① "雪亮"，取自"群众的眼睛是雪亮的"之意。

定纷止争的效果，也收到了宣传教育的作用。

在基层社会中，信访群众中普遍存在"信闹不信理"以及"信访不信法"的实际难题。对辖区内发生的信访事件，龙广法庭坚持公心判断是非，细心观察矛盾，耐心说服教育，诚心排忧解难，将党委渠道中的群众信访工作与司法渠道中的审判工作有机对接，为群众维权提供了一条快速通道，是坚持敞开门办公，实行无障碍信访的有效载体。它面向基层，最大限度地维护了群众合法权益，深受各民族民众的欢迎。

3. 集市流动警务室创造了便民服务的社会环境

集市流动警务室，即是警方在每一个集市上，选择适当的场所或者利用警务车作为临时警务室，以方便基层百姓办事的实际举措。在警务室外，警方设置统一且醒目的标志，每逢集市的赶场日，民警就前往临时警务室开展警务工作。由于这种方式较为随意且在集市上设置，基层群众将流动警务室戏称为"地摊警务"。

集市流动警务室的业务范围有为辖区民众办理户口登记，受理相关户籍业务；受理身份证业务；民用车辆管理；维护集市秩序；集市巡逻；治安案件的查处；受理突发刑事案件的举报；接待居民的举报；受理群众报警求助，调节民间矛盾和纠纷；防盗、禁毒宣传；收集辖区内的社情民意，为民众提供法律法规咨询；等等。

龙广的集市流动警务室大致于 2012 年前后陆续开建和运行。它本着"沟通、暖心、惠民、和谐"的目标，围绕市场和流动的双重特点，发挥了警务前移，主动服务民众，零距离与民众沟通，多渠道化解矛盾纠纷的作用。其便民和利民性十分明显。在交通不便的黔西南农村地区，设立集市流动警务室，解决了农村派出所警力少、下不去、出警成本高的问题，同时也解决了群众难办事、找民警难的实际问题，促进了警民关系的和谐。

为了集市的安全稳定，龙广派出所、治安特（巡）警大队龙广中队联合出警15 名特（巡）警上街巡逻。义龙新区公安分局治安特（巡）警大队设立有专门的龙广中队。这个中队的 30 名警力驻扎于龙广，主要职责是龙广、德卧、新桥、木咱 4 个乡镇赶场天的治安和交通管理。除此之外，这个中队在这 4 个镇的城乡接合部和村寨加强警务巡防，与地方片警、包村辅警一起形成力量互补，大幅提升了农村社会的治安环境。

4. 德治乡村建设提上了应有的高度

在乡村振兴的大环境下,基层社会中的人们对法治社会有了较高的认同感,但是对德治的整体认识还有待提升。在乡村的熟人社会中，传统的道德规范需要结合新的人文环境予以传承和创新。没有德治,村民自治就缺少了道德的内涵,村民自治就很难达到公共利益最大化。没有德治,农村的法治实效就很难彰显,良法善治才是依法治村应有之义。对于乡村的道德建设，国家从乡村振兴的宏观高度上已经有了很清晰的认知。

龙广镇在德治乡村建设方面，采取了很多实际举措。例如，提倡并推行在婚丧嫁娶等事务中力行节俭，多途径遏制打牌、赌博以及封建迷信活动。一些行政村在三八妇女节等重要的节庆日开展"好媳妇""好儿女""好婆婆"的评选和表彰活动，从而深入宣传群众身边的道德模范、身边的好人事迹，弘扬了正气，把握了乡村社会中的道德舆论方向。

第三节　乡村振兴战略下龙广经济开发的探索

一、将生态环境保护作为经济开发必须坚守的底线

在乡村振兴战略下，龙广镇坚持绿色发展、生态惠民的意识，在经济开发上牢固树立环境保护的底线。生态环境的保护和生态文明的建设并行不悖。龙广镇积极促进辖区内经济社会发展与生态文明建设协调同步，受到地方百姓的赞扬。

（一）以发展的眼光推进环境保护策略

近年来，龙广镇把基础设施建设、生态环境建设作为工作的重点，确立了基本指导思想，积极推进环保事业的发展。2018 年之后，黔西南州在生态环境保护上，就污染防治问题，确立了基本工作基调。对此，龙广镇结合地方实际积极予以落实。

龙广镇优先发展生态绿色产业，保护好辖区内的蓝天、碧水和净土，做好固废排放和乡村环境治理工作。在治理乡村环境污染的过程中，龙广镇坚持短期治标与长期治本相结合的策略，既积极处理眼前的紧迫事务，又放眼未来，将维护生态环境安全纳入行政村的常态化工作之中。在以往的时候，农村是垃

圾遍地，尤其是村民集中居住的地方。自从政府重视环境治理之后，这种现象得到了改变。

（二）以生态保护为引领发展地方产业

龙广镇以生态文明理念为引领，积极发展经济，努力践行"青山蓄财、碧水纳财、蓝天添财、净土生财"的四大生态工程[①]。在地方民众的辛勤劳作下，龙广镇辖境内的一座座青山，很快转变为蓄积绿色财富的宝库。在防治水污染方面，龙广镇落实"碧水纳财"的理念，切实保护珠江流域上游水生态环境应尽的责任和义务。镇党委和政府把保护辖区内的水环境作为培育龙广经济后发优势予以对待。

首先，龙广的空气质量优良。龙广镇对那些企图进入的高能耗和高污染的行业，进行了严格的防范和控制。镇党委和政府希望在保护乡村空气质量的基础上，培育本地的康养产业，进而推动当地的乡村旅游业发展。

其次，农业是基础。黔西南州的"菜篮子""果盘子""粮袋子"，都离不开优质的土壤资源。整治土地污染，在干净的土地上种出绿色农产品，是龙广镇境内农村地方百姓致富的重要渠道。龙广镇根据有机蔬菜种植的土壤标准改良土壤，科学合理地发展有机蔬菜，努力打造本地特有的有机蔬菜品质。与此同时，通过修复被污染损毁的可耕地，发展林果业，积极培育出地方特色的绿色水果。此外，在整治农业污染的同时，发展优质本地大米，打造绿色大米品牌。

时至今日，龙广镇在生态文明上已有了初步共识。龙广的地方干部和群众在本地的生态文明方面，能够形成"劲往一处使"的合力。绿水青山就是金山银山。这个理念在龙广镇范围内得到了有效落实和全面推行。

---

① 黔西南州在 2017 年州政府工作报告中提出了四大生态工程。具体内容是："地方青山蓄财工程"，是指适度发展优质高效林木，提高优质林果业的有效供给；"碧水纳财工程"，是指发挥水资源优势，努力发展涉水产业，提高优质水产品的有效供给；"蓝天添财工程"，是指发挥优质空气优势，努力发展康养产业，提高优质健康产品的有效供给；"净土生财工程"，是指发展优质高效农业，提高绿色有机农产品的有效供给。

（三）生态文明建设与发展民生同步，促进社会和谐

就业事关基层的民生，涉及社会的稳定。从长远的发展情况来说，只有持续不断地在扩大就业上想办法，才能营造出促进就业的良好环境。在生态文明建设过程中，地方政府在努力创造更多的本地就业机会，尤其在城镇治理上，地方政府一直将失业率控制住社会可承受的范围之内。对农村的发展而言，发展生态文明，需要在扩大就业的框架内予以统筹考虑，进而拓宽当地群众的增收致富渠道，尽最大努力逐步缩小城乡居民之间的收入差距。

生态文明建设和易地扶贫搬迁是龙广镇近些年来少有的大动作。农村的有些地方是一方水土确实难以养活那一方人的山区，只能将那一方人易地搬迁。这些搬出来的人来到新环境之后，政府给予了全方位的帮扶。比如，养老保险、医疗保险、失业保险、工伤保险等。这些都是影响搬迁群众幸福感的几个重要险种。社会医疗救助以及多层次的医疗保障体系，也在持续完善和加强。与此同时，在农村地区虽然有扶贫等诸多政策性的优惠存在，但农村群众里仍有"五保户"、特困户等弱势群体的存在。对这些人的社会救助，亦在政府民政救助保障的范围之内。

二、将发展乡村旅游作为经济开发的重要支撑予以对待

龙广镇有秀丽的自然风光、奇异的地质地貌、自然人文遗产、红色文化资源，更有浓郁的民族风情。龙广镇的乡村旅游资源开发已经开始起步。在乡村振兴战略视野下，龙广的乡村旅游开发在地方经济发展中的重要性得到了肯定和强化。

（一）自然、地质景观资源

1. 龙广坝子的田

龙广镇的田坝，出了龙广坝子之外，还有一个科汪坝子。龙广坝子现有田地面积 13600 余亩。与之相比，科汪坝子稍小一些，共有 3500 余亩。这两个坝子是龙广镇传统的农业区，以往的人们意识不到农业劳作场景是乡村旅游的重要资源。在发展乡村旅游产业的环境下，龙广万亩大坝生态观光旅游示范园区已逐渐走进人们视野。科汪坝子的田园风光也是另外一种独特的风景。在这两个坝子，每当油菜开花以及稻花飘香的时节，总会有许多外地游客前来游玩。

2. 龙广镇境内的堤、岩、山、树

第一，纳桃村的苍龙堤。此堤在当地也叫达哈大桥，位于纳桃寨子南。此堤建于清朝道光年间，1936年补修加高，保存至今。堤的主体长257米、宽2米、高2米。修建堤身的材料是大块的毛石。棱起的石面构成纵横交错的龙身鳞甲；龙眼睛的位置是龙头；纳桃寨中的池塘是龙尾；龙堤弯面凸伸部位安置有四处梯石，即为龙趾；龙头的部位分出伸向坡屯、纳炎、牛洞的三条弯弯拐拐的小路，即是龙须。古人根据地理环境的风水认知，依照寨子的坐山朝向为基础，将前后、左右分别定位①。古人认为，青龙即苍龙。"苍龙堤"因此而得名。此堤的形状犹如一条蛟龙从寨的营门飞出，很有神韵。堤身有七孔。每当洪水季节，桥孔喷水之势很壮观。在此堤的西面是一条柏油路②。此路经过牛洞石拱桥，桥两边开设有农业合作社性质的"犀牛潭山庄"和"旅游休闲山庄"。这是两处到乡村旅游的人经常光顾的场所。

第二，纳桃村的闹鹰岩。关于闹鹰岩③，龙广当地的民间社会中有许多的传说④。闹鹰岩的形状很是特别。岩峰自山腰伸出，犹如一个倔强的老翁昂头矗立在那里。在这个岩的中间有许多天然的洞穴，岩的四周分布有一些灌木丛⑤。在岩的一侧天然形成了溶洞⑥，有个草坪在此下面⑦。当地民间传说，如果青年男女婚后无子，到这个草坪做祭献礼就能满足心愿⑧。祭献时，献祭者要在溶洞口挂上红布，才能许愿。

第三，纳早村的山。纳早村属于小场坝行政村管辖。纳早大山矗立在龙广的海坝西北边，是乌蒙山系马鞍山支脉的一座山峰。主峰海拔1549.4米。在龙

---

① 按照古人的理念，前后左右都有明确的称谓。即为"前为朱雀，后为玄武，左为青龙，右为白虎"。

② 这条路是龙广镇通往万峰湖镇的路。

③ 它在纳桃村境内。

④ 其中有一个传说是：若有岩上有乌鸦啼叫，或峰巅老鹰盘旋，就将有恶劣气候发生，或有地质灾害降临。由于鸦啼鹰闹，"闹鹰岩"因此而得名。

⑤ 天然的洞穴里，往往藏有在此栖息的野兔、箐鸡、猫头鹰、乌鸦、老鹰等小动物。岩四周的灌木丛中常有画眉、麻雀等鸟类活动。

⑥ 这个溶洞，当地人称为许儿洞。

⑦ 这个草坪，当地人称为许儿坪。

⑧ 献祭者，如果物质条件允许，可以杀猪做祭品。如果杀不起猪，也可以杀鸡作为祭品。

广镇的范围内，纳早大山是最高的山。从龙广街上看纳早大山，三个山峰直指云天，很壮观。当地人说，大山的物象可预测龙广海坝小气候。当大山呈现云蒸霞蔚，峰巅的烟云涌向北方鲁屯，龙广就会出现晴天；反之，若歪向南面南盘江，龙广就会有雨[①]。

第四，纳早村的树。纳早村有 3 棵千年古树，树名为重阳木，属于国家二级保护树种。这种树在当地俗名为水乌杨，在树种分类上属于大戟科、重阳木属。在 2015 年以后，这 3 棵古树已挂上了古树保护的标志牌，成为龙广镇政府和义龙新区农业局重点保护对象。

3. 地质景观资源

龙广的地质构造主要有两个部分：一是阿油槽—科汪褶皱[②]；二是龙广—顶效大断裂层[③]。龙广镇的山脉系楼纳绒坡一带进入，山势蜿蜒盘桓于龙广镇、木咱镇、坡脚乡，进入册亨县巧马镇一带。从地貌上看，龙广的四周高，中部平，北高南低，东高西低，整个地貌自西北朝向东南，呈马鞍状。龙广镇域范围内，海拔在 1100 米以上的山峰，有 38 个。

根据地表形状，龙广镇辖区可分为坝地、丘陵、山地、水面 4 种。龙广镇

---

① 当地流传有谚语："云跑去鲁屯，路上起灰尘""云跑北，好晒麦""云跑西，披蓑衣""云跑东，刮大风"。可以说，纳早大山是当地民众观测天气的"晴雨表"。

② 阿油槽—科汪褶皱。这个褶皱有 3 个部分。即阿油槽—顶效向斜、白砂堡—大寨背斜、科汪向斜。这 3 个部分，呈平行状排列，是受到北东、南西构造运动的强烈挤压形成较紧密的阿油槽—科汪褶皱。

阿油槽—顶效向斜，发育于二叠系地层之中。轴线由南东向西北翘起，为开阔的长轴向斜。两翼岩层倾角不等，南西翼岩层倾角为 10°～15°，东北翼岩层倾角一般为 70°～80°，有的地方变得直立。该向斜西南部被阿油槽—木科断裂和安龙县城—化力断裂切割。

白砂堡—大寨背斜，轴部岩性为二叠系长兴组泥岩、沙页岩，两翼为三叠系永宁镇组和关岭组灰岩及白云质灰岩。背斜轴线 290°～310°，轴面倾向南西。南西翼岩层倾角 55°～70°，北东翼岩层倾角 5°～15°。轴线长约 20 千米，宽 1 千米，属于北部较狭窄的长轴背斜。

科汪向斜，轴线北西，岩性为三叠系白云质灰岩，两翼岩层倾角较平缓。南西翼岩层倾角 5°～15°，北东翼岩层倾角 15°。

③ 龙广—顶效大断裂层，走向 310°左右，断面倾向南西，倾角 60°～65°。南西盘岩层倾角平缓，一般为 5°～15°。北东盘岩层倾角较陡，一般为 60°～70°。断层破碎带较宽，影响面较大。在这个断裂层的沿线，由于流水长期侵蚀溶蚀，形成比较开阔的谷地。

辖区之内，既有侵蚀地貌，也有溶蚀地貌[①]。根据科学推测，在距今大约2亿年以前，整个云贵高原是一个长期被水淹没的海湾，堆积了很厚的能够变成石灰岩的钙质淤泥。石灰岩的主要成分是碳酸钙。碳酸很容易溶解于水，特别是富含二氧化碳的水溶解作用更大。在安龙县境内，无论雨水、河水或是地下水，二氧化碳含量都较高，有利于碳酸钙的溶解。在这种条件下，只要石灰岩出现了一点裂缝或空隙，水就溶解出一条条道道来，使裂缝扩大。这些裂缝若是直立的，在水的作用下，久而久之就会形成凹坑或者溶沟，呈现出或大或小的漏斗形状。这些凹坑后者溶沟，再逐渐扩大到彼此相通时，剩下没有溶蚀的岩石就形成孤峰残柱。如果裂缝是曲曲折折地深入地下，溶蚀不断扩大，就成为复杂的地下溶洞。

龙广镇范围内的溶蚀谷地和大小不一的峰林，就是地表岩溶地貌的典型表现[②]。龙广坝子和科汪坝子属于发育较好的溶蚀谷地，长度在3000米以上，宽500~1000米之间。谷底平坦宽阔，土壤肥沃，有河溪纵贯其中，两边山坡残丘，人们称为"盆坝"或"槽子"[③]。另外，董田坝、花木一带的落水洞等也属于溶蚀谷地类型；岩层因强烈挤压而以倾角出现的峰林位于龙广镇狮子山一带，呈脊状排列，在龙广镇遍地可见的峰林形成了独特的峰丛景观。

地下的岩溶地貌大多出现在地层构造的褶皱轴部、张性断裂带、可溶性岩石与非可溶性岩石接触地带。在串珠似样的落水洞、漏斗和洼地等地段，也有地下岩溶地貌的出现。花木、烂滩、五台、七星、磨雍、纳桃的夏细、坝尾、科立、坡关、桐柏等地，都有地下岩溶地貌的景观分布。在有的地方，分布有溶洞、暗河和龙滩。在溶洞之中，有钟乳石、石柱、石笋等天然美景。

---

① 侵蚀地貌，以三叠系上统非岩溶地层为主，岩层多为砂岩、砂页岩。岩性易风化，渗透性差。龙广镇的安叉村、干田等地貌属此类型。

溶蚀地貌又称石灰岩地形，即喀斯特地形。这种地形在龙广镇境内的分布有70%以上。在部分以三叠系灰岩、白云岩、白云质灰岩岩层和第四系黏土为主。

② 受地层构造控制地壳上升运动，水平挤压不强烈，岩层以水平或缓倾角出现而形成，一般呈点状分布。

③ 布依语称为"冗"（读音近于汉语的"绒"）。

（三）历史文化资源

1. 龙广境内的古遗址

龙广镇境内的古遗址多，所处的时间跨度大，其所代表的历史文化价值独特。现在能够呈现给世人的古遗址，既有古人类生息的洞穴，也有史前生物的化石群，还有多处古人类在不同历史时期的遗址和近现代的军事遗址。

第一，龙广的观音洞。这处古遗址位于龙广镇磨雍与平广两个自然村寨的交界处，距龙广镇政府驻地 4 千米，距安龙县城 37 千米，在龙广一代亦有"先人洞"之称。其所处的位置是在槽谷型盆地中的一个溶蚀残存的小山上，当地人称这个小山为"坡硐"①。整个洞穴通风向阳，干湿适度，是远古人类栖息生存之地。

1985 年春，在这处古遗址中，贵州省博物馆的专业人士发现了古人类活动的痕迹②。根据专业测定，观音洞古文化遗址所处的时代为旧石器时代晚期，距今 1 万多年。同年 11 月，该处遗址就被列入贵州的省级文物保护名单。国务院在 2013 年将其列入全国重点文物保护单位。

根据龙广当地的传说，很久以前，观音洞就有人居住。后来，这些人下山寻找栖息地，在平坝上修建居所，并开荒造田，渐渐学会了种庄稼，懂得了吃熟食。这些人就是龙广土著的先民。若干年后，当地的土著居民不忘先人的创业艰辛，在观音洞自发地举办一些祭祀活动。祭祀的时间，即是民间社会中人们所熟知的中元节③。在七月的十四、十五、十六这 3 天，当地人们会带上粽子、糍粑、

---

① 龙广观音的洞口高度约 12 米，宽约 20 米，大致的斜深约 15 米。南向，地势大致高出盆地约 20 米。洞口的坡缘部位是平台，植有数十株柏树。洞口西侧有一穿洞，高 8 米，宽 5 米多，向里斜伸 5 米处有一天窗，20 米处有地下水渗漏。

② 遗址的堆积平面略呈三角形，近棕色，面积约 200 平方米，厚 3 米多。初分为 9 层；表层为石灰华钙板覆盖，第 7、9 层为灰烬，厚度分别为 10～30 厘米。除表层外，各层均含有不同程度的文化遗物。该遗址 1986 年试掘，到 20 世纪 90 年代进行了三次发掘，出土文物有石制品 400 余件、骨器 7 件、动物化石 10 多种、人类遗骸 30 余件，并有大量动物骨片和用火遗迹。用火遗迹有灰烬、烧骨和炭屑。大量的灰烬遗存说明当时的人类不但会使用火，还有了保留火种的技术；而且螺壳化石数量之多，在贵州同期遗址中较罕见。这反映了当时生活在观音洞的人类在进行狩猎与采集的同时，也从河流、湖泊中捕捞水生动物为食。

③ 中元节，又称七月半节或祭祖节。

鸡肉和香纸，到观音洞游玩。来祭祀的人们，点香烧纸，在洞门口祭祀之后，就到洞里乘凉。妇女吃着随身携带的粽子和糍粑，男人喝酒聊天，以示缅怀先人。久而久之，七月半的祭祀习俗，成为龙广四十八寨布依族群众的传统风俗。

　　传说明清时期赶先人洞的习俗，在布依族群众中很是流行。不仅龙广当地人赶，还有邻近的苗族和从广西过来的壮族。到了清末黔乱时期，地方执政者因害怕有人借人们赶先人洞的习俗煽动造反，对这一习俗予以禁止和限制。到了民国初年，也就很少有赶先人洞的人了。新中国成立初期，有些道士在这个洞里供了观音像。每逢阴历的正月和三月，这些道士就在洞里诵经。自此以后，当地人将"先人洞"改称为"观音洞"。近年来，在文化旅游受到重视的大环境下，龙广当地又兴起了赶洞的习俗。龙广四十八寨布依族七月半赶洞的场面，成为当地文化旅游兴旺的一个例证。

　　第二，贵州龙化石遗址。在龙广镇西南方向距镇人民政府驻地 3 千米的坡关村海尾村民组，近年出土了两亿前的许多化石[①]。此处属于贵州龙化石遗址。该遗址四周地层结构奇特，是很好的旅游观光景点。

　　第三，战国至秦汉时期古人类生活五处遗址。2009 年，贵州省考古工作者对通过龙广镇境内的汕昆高速公路沿线进行考察发掘，发现有战国至秦汉时期人类生活遗址 5 处[②]。考古工作者在这些遗址内发掘出土大量的战国、秦、汉时期人类生活的物品[③]。专家认为，一个镇域范围内如此密集地发现数千件生活物件且又同是一个历史时期的，在贵州省罕见。这些遗址的发掘，表明从春秋战国到秦汉时期，现今龙广一带的人类活动已经进入较发达的文明状态。

　　第四，咸丰、同治年间布依族起义军十二营盘遗址。这些是龙广布依族起义军修筑的"十二营盘"，分布在龙广镇布依族聚居的 12 个自然村寨。咸丰八年（1858 年），当时普安州大坡铺和华家屯的回民首领张凌翔、马河图揭竿而起，号称"白旗"起义军。当时的龙广四十八寨是白旗军的活动范围。龙广布依族起义军的总部设于纳兰寨子。他们在科立、坡燕、磨雍、纳东、哨笛山、佳皂、

---

　　① 其中包括龙化石、鱼化石、田螺化石、海百合化石。
　　② 这 5 处分别是柘仑村的两处，小场坝村的科立组、坡燕组各一处，纳桃村板拉组磨雍寨一处。
　　③ 其中包括陶器、青铜剑、矛、箭头等。

板拉、纳西、永革、柘仑、纳万、坡普 12 个寨子①的高山上修筑营盘，将寨子各家各户的防御武器都集中在营盘里备用②。这些村寨依山傍水，土沃田肥，守在里面的人，拿起武器就是武装人员，拿起农具就是农民。这些营盘是清代后期贵州省发生大规模社会动乱的状态下人们增强武装自卫能力的明证。现在随着农村公路网的拓展，这些清代的军事营盘也成为人们郊游的好去处。

2. 龙广境内的古建筑

龙广镇辖境内的古建筑基本集中在清末和民国时期。袁祖铭故居、五省会馆、卧雪山庄，是龙广袁氏家族辉煌的历史见证。

（1）塘坊古街。

该街道始建于清朝的宣统年间，位置大致在现今龙广镇人民政府和龙广集市的西面，龙广田坝在塘坊古街的南面。在清朝的嘉庆年间，兴义地方官府为加强对基层社会的控制，在龙广一带设塘驻兵。这个驻兵的地方，即称塘坊。塘坊古街建筑是古代的石木瓦结构，封檐垛脊，有很强的历史厚重感。清末民初，为加强西南边防建设，从云南通往两广地区的驿道建设得到巩固和加强，龙广的塘坊就在这个驿道上。塘坊北面有一座金钟山，因形似大钟而得名。塘坊街区坐落于山堡上，形如木鱼，因此在龙广民间社会中就有了"二人挑山赶太阳，金钟木鱼在塘坊"的赞誉。往来于云贵和两广的马帮可以在塘坊歇脚休息。随着商贸的发展，两广的富商苏发祥、班瑞普和富豪刘芷渊在龙广修建宅院，置办田产，开设商号。苏家、班家、刘家修建的院落构成了一条街，就是塘坊古街最初的由来。

---

① 还有一说是 18 个寨子。其中包括者要、塘坊、营脚、董谷、花木、五台在内。

② 这些武器有土抬炮、火药枪、大马刀、长梭镖等。

（2）卧雪山庄和袁祖铭故居。

卧雪山庄①在龙广镇范围内，是民国建筑的典型代表。光绪十九年（1893年），在兴义府石廷栋的支持下，袁廷泰携家眷由五台山迁到龙广，以协办地方团务。袁廷泰然后在坡放山丘北麓平坦之处，修建了五间草房开车马店，同时也在此开染坊做布匹生意。此地即是龙广人所称的"袁家店"。染坊对面的一片百亩荒坡，也被袁家买下，种有橘树千余株。龙广当地百姓称橘子为"黄袍"，因此袁家种橘子的荒坡，也被叫作"黄袍林"。1916—1917年的两年里，袁廷泰雇请当时安龙著名的石匠王仁孝设计督工，仿照欧式风格，在袁家店修建豪宅。建成后，袁廷泰将其命名为卧雪山庄。

卧雪山庄为中西结合的穿斗式砖木结构建筑群，占地两亩半，由南北正厅和东西厢房组合而成的四合大院。据龙广民间传说，卧雪山庄辉煌之时，室内陈列名家书画、玉器、古玩，极尽奢华。其室外开辟有花园，稀有花草品种繁多，另造有鱼池假山，各类盆景罗列池边，很是别致。龙广人将卧雪山庄叫作"龙广金字塔"。这个山庄的房舍现已被列为贵州省级文物保护单位。当年，袁氏家族在龙广逐渐发达以后，人丁兴旺。在龙广，除了袁家之外，龙广很有名望的家族还有苏家、班家和刘家。苏发祥财大气粗；班家在龙广置办的房产多，可以占塘坊的半条街；刘家的田产多，每年收取的租谷可以堆成山。因此，龙广一带民间有"袁家的汉子，苏家的银子，班家的房子，刘家的谷子"之说。

袁祖铭故居，位于龙广镇五台村，距今龙广镇政府驻地4千米，有乡村公路可以通达。龙广镇的五台山是一座五峰连缀的大山，地势险峻，关隘重叠，

---

① 卧雪山庄，其地理位置距安龙县城32千米，离兴义市区39千米。"卧雪"之名，恐与"袁安卧雪"的历史典故有关，只是现已无从查考。袁安卧雪的故事，在范晔的《后汉书·卷四十五·袁张韩周列传第三十五》有记载。"时大雪积地丈余，洛阳令身出案行，见人家皆除雪出，有乞食者。至袁安门，无有行路。谓安已死，令人除雪入户，见安僵卧。问何以不出。安曰："大雪人皆饿，不宜干人。"令以为贤，举为孝廉。袁安为东汉名臣，汝阳县人。据《三国志·魏志·袁绍传》记载：袁安在汉章帝时官至司徒，儿子袁敞为司空，孙子袁汤为太尉，曾孙袁逢为司空，袁隗为太傅，四世居三公位，人称"四世三公"。袁逢就是东汉末年军阀袁绍的父亲。以"天下无二袁"的姓氏观念来推测，袁廷泰将这个山庄起"卧雪"之名，大有深意。龙广本地民间还有一种说法是：袁廷泰为报答其庶母李氏的养育之恩，仿晋朝"卧冰求鲤"典故才取的"卧雪"之名。两种说法，都有合理性。

仅有一条羊肠小道可通山里。9 个台地位于山顶，其周围是 5 个山峰。光绪十五年农历五月十一日（1889 年 6 月 9 日），袁祖铭出生于此。

袁廷泰在营建龙广场上的卧雪山庄时，也在五台山的老家选址建造私人宅第。袁氏在五台山的这处青砖宅第，属于墙高院深的类型，很有神秘感。袁氏家族在五台山营建的寨堡，现仍有寨墙遗存。1988 年，安龙县将袁祖铭五台山的故居列为县级文保单位。

（3）五省会馆。

在龙广一带的民间社会中，五省会馆被称为"五省宫"。它坐落于龙广集市上的中心地段，为中国古典的四合大院，占地两亩。正大厅有五间，两厢各有三间，门楼亦有五间。建筑主体均为砖木瓦面结构。天井设有花坛，种有玉兰花树、桂树、樱花树等花木。据龙广一带的民间传说，五省会馆是袁廷泰最喜欢的居住地。

1923 年，袁廷泰的大儿子袁祖铭被北洋军阀吴佩孚委以"五省联军总司令"职务后，袁廷泰为纪念儿子业绩，在龙广场坝斥巨资兴建"五省会馆"，供奉"五星聚奎"的神牌[①]。袁氏家族借此可以在龙广一带炫耀一下袁家的权势和地位。

从发展旅游的角度而言，龙广的这些清至民国的古建筑蕴含着浓厚的历史人文特点和浓郁的时代气息。尤其是卧雪山庄和五省会馆，可以与兴义市的刘氏庄园[②]形成旅游资源的优势互补。

3. 龙广境内的古村落

龙广镇的布依古村落分布，沿东峰林大道和义龙大道两侧分布的布依族古

[①]　五星聚奎，原意为"五星连珠"的自然现象。在传统理念里，五星聚奎是干支历法的开始，是圣人即位的时刻，为祥瑞之兆。也有一说，袁家供奉的是"五省福主"牌位。传统理念中有五福之说，即长寿、富贵、康宁、好德与善终。但是，传统理念里没有"五省福主"之说。五省福主，可能是龙广民间误传。

[②]　刘氏庄园，位于兴义市下午屯街道，始建于清嘉庆年间，咸丰、同治年间初具规模。这处庄园占地 70 亩。整个庄园由大大小小 13 处座四合院构成，有忠义祠、花厅、鱼池，还有书斋、家庙和炮楼。其是中国现存面积最大的屯堡式建筑群。

村镇有 34 个之多①。其中，四古村寨比较有名。

第一，隔河而立的纳西与科汪两个古寨。纳西②、科汪③两个自然村寨是龙广镇联新行政村辖区范围内的两个村民组。两个寨子坐落于义龙大道旁，科汪河畔。这两个相邻的寨子隔河而立，都有上百户居民，六七百年的历史。住户绝大多数是布依族，其中以贺、韦、查、王四大姓氏为主。纳西寨现有明清时期修建的"贺氏祠堂"一栋：清朝咸丰、同治年代修筑的营盘一座。纳西寨子里有 15 棵金丝榔树。其中，有 3 棵金丝榔有近千年的树龄，已被人民政府作为文物保护。科汪寨现保留有清代建立的古庙宇和布依族祭山的场地，还有道光三年（1823 年）修造的石拱桥——功德桥，至今仍在使用。科汪寨子的金丝榔树仅有 2 棵，现已被国家列为二级保护树木。

第二，董谷古寨。此寨，又被称为田坝古寨④。田坝组属于狮子山村管辖。清朝咸丰、同治年间，董谷寨曾出了一位布依族起义军首领贺连级。现今，这个古寨有近百户人家，以布依族为主要人口，其中以贺姓、岑姓人家居多。

第三，磨雍古寨。在当地的布依语中，"磨"的意思是"水井"，"雍"是指代"葛藤"。因水井位于缠绕一根大葛藤的大树下，故称水井为"磨雍"，寨子因此而得名。磨雍寨是纳桃村 14 个村民组之一，行政单位称纳桃村板拉七组。该寨人口规模不大，常住人口为 30 余户，100 多人。在这个寨子中，王姓占大多数。外地游客到这个寨子游玩，可以顺便游览附近的观音洞和战国至秦汉时期的古人类生活遗址以及清代修建的营盘。

---

① 一是从兴义市往东出郑屯镇，进入龙广镇沿东峰林大道到德卧镇，坐落在大道两旁的有坎叠寨、董谷寨、桐柏寨、纳早寨、大寨、老场坝新寨、坡燕寨、安平寨（包包寨）、科立寨、播落寨、纳兰寨、纳桃寨、纳桑寨、者要寨、纳东寨、板拉寨、磨雍寨、果谢寨（板哪新寨）、新寨、大关坪寨。二是从兴义市向东北出万屯、鲁屯，进入龙广镇抵新桥镇，分布在义龙大道两侧的有比咱寨、坡普寨、营脚寨、柘仑寨、永革寨、纳西寨、科汪寨、科汪新寨、佳皂寨、菜子地、纳苗寨、板秧寨、安叉寨、蚂蟥箐。

② 纳西的布依语为"纳赛"，其意为"条带状的田坝"。

③ 科汪的布依语为"拱汪"，其意为"横着的拱桥"。

④ 田坝，在布依语中为"董谷"。

（四）红色文化资源

1. 龙广革命武装暴动纪念碑

这座纪念碑坐落于小场坝村安坪组的一个小山坡顶上。主体碑的第一根梁上缘至碑顶高 6.24 米。碑中央镌刻的"龙广革命武装暴动纪念碑"11 个红色大字，系国务院六机部原副部长刘清[1]所题写。刘清副部长曾任中共罗盘地委书记、罗盘支队政委，对龙广革命武装暴动的经过十分清楚。他的题字是对龙广革命武装暴动这一历史事件的高度肯定。在碑座上刻有《龙广革命武装暴动纪念碑记》，还有解放龙广时献身的同志名单。

2. 龙广暴动的会址

第一，坡普会址。"坡普会议"是王秉鋆组织革命暴动的第一次筹备会议，会址在柘仑村的坡普寨子。抗战胜利后，国民政府对乡村社会的统治能力并没有得到及时的巩固和加强。与此同时，农村民间社会中聚众建帮和开山设堂的现象没有得到官方的遏制。1947 年 6 月，王秉鋆为了把龙广一带地方民众组织起来，决定成立扶风社[2]。他们在坡普寨子召集了秘密会议，有 100 余人参加。在这次会议上，扶风社订立了帮规盟约，确立了"一村有事，村村支援"的行动原则。在这次会议后，龙广各村寨青年敢于公开行动，自发抵抗国民政府的"三征"[3]活动。

第二，磨雍会址。"磨雍会议"的时间在坡普会议之后，即 1948 年的农历七月。会议的地点在磨雍寨后面的银子洞。在这次 500 人规模的会议上，王秉鋆被推举为扶风社的首领。王秉鋆等人带头和所有的参会人员跪拜关圣帝君，起誓服从帮规盟约，同心协力抗"三征"。这次会议之后不久，科立寨的青年吴永光在赶龙广场的时候被征兵，关押在合兴的镇公所。科立寨的青年闻讯后，集合青壮年力量，当夜就用武力将吴永光从镇公所里解救了出来。从"吴永光事件"上，

---

① 刘清（1915—2020 年），江西九江人。1942 年 7 月起，先后担任中共云南省工委委员、中共桂黔边区罗盘地委书记，滇桂黔边区纵队三支队政委、滇桂黔边区党委委员。1979 年 1 月，刘清担任第六机械工业部副部长，党组成员，1983 年 1 月担任广州船舶工业公司董事长。1988 年 7 月离休。

② 从字面意思而言，扶风社之名，有匡扶社会风气的意思，在当时的民间社会中容易获得群众的认同感。

③ "三征"，是指征兵、征粮、征税。

群众初步认识到了组织的重要性，有了组织才会有敢和官方抗衡的力量。在"吴永光事件"后，"扶风社"利用纳兰寨一王姓人家办丧事之机，以吊丧为名，集中各村寨的青年骨干前往纳兰寨。据当地民间传说，吊丧队伍携带有 100 余支火枪，沿途逐次放枪，另外还有 7 支舞狮队壮其声威，一路敲锣打钹，引来沿途群众围观。他们经过镇公所的大门时，镇公所的职员也前来观望，安龙县城派来的征兵人员没敢阻挡。自此以后，"扶风社"在当地群众心目中的分量大增，在当地起到了很大的威慑作用。国民政府在龙广从事公务的人员明知有地下党组织在当地频繁活动，也不敢轻易做出格的事。一些公职人员在"三征"问题上，也就不那么积极了。可以说，"扶风社"的纳兰祭吊之后，龙广的"三征"活动得到了遏制。

第三，科立会址。这次会议的地点设在科立寨一户王姓人家的院子里。具体的会议时间在 1949 年的农历二月。1949 年农历正月初五，王秉鍪参加罗盘地委①安排的乐岩干训班。罗盘地委给予龙广"扶风社"的正式番号是"安龙人民讨蒋自救军独立支队"，并确定由王秉鍪统一部署龙广的革命事宜。农历同年二月，王秉鍪回到龙广后，组织各村寨的骨干青年，在科立寨的这个院子里闭门学习上级指示，部署行动计划。在会议期间，组成了"八人地下工作领导小组"②。这次会议一致同意选择永和乡为首发革命暴动点，在合适的时候在永和乡建立根据地。从后来的革命进程看，"科立会议"为"永和—龙广"革命暴动的推进，做了充分的准备。

3. 王秉鍪故居

王秉鍪故居在纳桃寨子。该建筑原为四合院，正房的三间是布依吊脚楼。建筑主体是石木瓦结构，整体故居占地范围不大，有两亩地大小。土地改革时期，因其父辈积攒的家业达到了地主成分的标准，王秉鍪曾劝家里老人主动把房产交给了地方农会。就这样，该建筑虽然由地方农会分配给了贫苦农民，但适当保留有王秉鍪享有的份额。

自从 1946 年起，由于王秉鍪从事地下革命活动并在当地积极组织地下革命武装，王秉鍪的这个宅院就成了革命骨干和武装人员的据点。1949 年 10 月，

---

① 罗盘地委，当时设在罗平县。

② 这 8 位同志是王秉鍪、王雄、贺明亮、查定邦、王汉钟、王继勋、贺光裕、王文经。

中共罗盘地委派黄河同志接替王秉鋆的工作，黄河同志就曾住在这个宅院里。在黄河同志的斡旋下，驻扎在龙广的贵州省保安十七团起义投诚。同年 11 月下旬，黄河同志与保安十七团团长刘中国、副团长岑立国等人在王秉鋆家开会，谋划起义事宜。随后，刘、岑宣布全团起义、并为稳定地方局势采取了积极措施。根据地下组织的安排，保安十七团改编为安龙游击团，由驻地龙广开赴安龙县城。他们将五星红旗插到安龙县城北门的猪儿庙顶，成为安龙县初建人民政权时期的一支重要武装。

龙广镇的名人还有杨滨、王安泽、贺发荣 [①] 等人。他们的故居也是开发红色旅游的重要资源。

客观而言，在全国诸多的红色文化旅游景点中，龙广的红色文化故事以及红色文化遗迹有其自身特性。若从民族身份的角度来看待龙广的红色文化资源，像杨滨、王秉鋆这样的人物，都是少数民族革命的杰出代表。其闹革命的精神并没有因民族身份的差异而减弱。我们若从中华民族共同体的角度去品味像王秉鋆、杨滨这样的人物，他们的红色事迹恰恰反映了龙广人的"中国人"特质——无论哪个民族的人，都没有自弃于中国之外。可以说，若从中华民族共同体的角度去认识和理解龙广的红色文化资源，其所蕴藏的现实意义，自不待言。在和平建设时代，龙广的少数民族群众，没有因为民族身份的差异来表达特殊的民族诉求。在多民族杂居的基层村寨或基层社区，不同民族身份的人在日常生活中会有纠纷和摩擦，但这些纠纷和摩擦只是私人之间的矛盾，与民族矛盾无涉。然而，在是否淡化或强化民族身份的问题上，我们可以暂且搁置不论，但是在黔西南州红色文化宣传中，强调红色历史名人的民族身份，只会对民族团结产生积极作用，不会有负面影响。

在乡村振兴的大环境下，我们不难想象龙广这个旅游资源大镇，在不远的将来，将会成为贵州省内的旅游大镇。发展乡村生态旅游、红色旅游，打造旅

---

① 贺发荣（1918—1946），字巴丁，龙广人。1937 年，贺发荣毕业于昆明市昆华中学。1938 年 3 月，经周素园（时任八路军驻昆办事处主任）介绍，进入延安抗日军政大学第四期学习。曾在新华日报社、359 旅工作。抗战胜利后，以贺炯之名赴沈阳，在辽西省委工作。1946 年，担任中共康平县委副书记兼宣传部部长。同年，在剿匪的过程中遇难。1949 年，康平县在贺发荣牺牲的地方建立了纪念碑，将县城的一条街，命名为"贺炯街"。现在，这条街所在的社区名叫贺炯社区。

游精品，自然也是其中不可或缺的内容。

第四节　产业聚人：乡村振兴战略之下龙广的经济开发实践

在现有乡村振兴战略下发展产业，必须尊重市场规律，强调经济效益，进而达到促进民族贫困地区发展和基层群众增收的目标。发展特色产业，是黔西南州各级地方党委、政府落实乡村振兴战略的重要举措。在各级政府的倡导下，农村群众也认为在本乡本土发展产业，有利可图。一些原本打算到省外务工的各族群众，如今在家门口就可以创业，就可以打工赚钱。一些在外地发展并不理想的农村群众也有意愿回乡创业。在家乡就业的农民成为乡村振兴事业的实践者和受益者。

一、坝区发展规模经济

龙广镇坝区的自然和交通条件较好，在原有的基础上商业繁荣、农业进步、新兴产业更是发展迅速。在龙广镇政府周边的合兴村、双合村和赖山村，其农业、工商业的发展都有很好的基础。坝区的纳桃村、小场坝村、联新村和纳万村因为充足的水源、良好的交通条件和优良的土地资源，在继续发展传统的种植业的同时，涌现出一大批中小型加工企业；七星村、狮子山村和烂滩村则充分利用山地和平坝兼有的优势发展特色种养殖业，以及花卉、林果、烤烟，经济效益显著。

（一）商业经济发展的典范

合兴村、双合村与赖山村是龙广镇范围内商业贸易的主要活动场所。合兴村的地理位置较佳，在龙广镇的中心位置。相对而言，其商贸发展条件是其他村所不能比拟的。村里有1个肉联厂、1个酱油加工厂、2个米线和饵块粑加工厂。

近些年来，双合村①的经济发展速度很快。在这个村，不仅有农业和养殖业，还有农副食品的加工业。双合村出产的稻米品质好，在地方市场上很受青睐。

---

① 双合村现有耕地面积1098亩，有居民数948户，共4812人。

村内产业中成效最显著的有两项，即芭蕉芋粉丝①生产和羊肚菌培植②。芭蕉芋粉丝加工业在该村有很长的发展历史，是该村现今发展经济的支柱产业。羊肚菌培育起步较晚，是近年来才逐步发展起来的，其创造的产值也十分可观。这些产业在当地的发展，不仅优化了当地的农业产业结构，也带动了群众的就业增收。芭蕉芋粉丝主要是家庭作坊加工模式。为了扩大规模、拓宽市场和增加销量、提高经济效益，也有部分农户进行合作化生产。羊肚菌培植主要采用基地生产模式。基地带动了当地人口就业（包括长期固定用工和临时性的短工）。

赖山村距离龙广镇政府驻地很近。直线距离仅有 1 千米③。整体而言，这个村的居民赚钱门路相对较多，生活较富裕。在种植业方面，水稻、玉米、油菜等是赖山村的传统作物。延伸出来的农产品初级加工业，比如菜油加工厂、稻谷加工厂在赖山村也有不少。另外，赖山村还有砂石厂、瓷粉厂、再生资源回收加工厂，锑冶炼厂。这些小型企业的利润很是可观。围绕着龙广的小城镇建设，赖山村居民不用出远门就可以实现就业。这是其他几个边远行政村没法相比的优势。

---

① 目前，芭蕉芋粉丝加工是双合村的传统手工业，现已成为双合村经济发展的支柱产业。产品除在黔西南州本地市场销售外，还远销州云南、广西、广东等地。芭蕉芋粉丝加工产业，带出一条围绕芭蕉芋而兴的良性循环产业链。在龙广这片土地上，芭蕉芋收益高。当地群众喜欢种植芭蕉芋，而且荒山荒坡都可以种植。农民在收获芋头的同时，绿化了荒山荒坡。加工芭蕉芋粉条产生的粉渣发酵后，是很好的猪饲料。这就无形中带起了"芭蕉芋猪"的养殖，促进了当地养殖业的发展。作为绿色经济植物，芭蕉芋在发展经济和保护生态之外，还有药用价值，可以作为医用葡萄糖的生产原料。芭蕉芋产业是龙广民众的致富产业，可以毫不夸张地说，芭蕉芋淀粉是龙广当地民众实现乡村振兴战略的"银粉粉"。

② 羊肚菌的营养价值丰富，在食用菌大家庭中被称为"菌中之王"。双合村有 380 亩地用于食用菌种植，现有 253 个种植大棚。羊肚菌的种植期短，从种到收只需要 4 个月。农户在冬闲时间收完菌后，不会耽搁继续种水稻。羊肚菌的生长过程需要大量的水。稻田的湿度高，种过水稻的田里，虫害就比较少，该生产的羊肚菌口感好，亩产高。一般情况下，管理好的羊肚菌亩产可以达到 500 斤，每亩地的收益可达 2 万以上。在同一块水田里，水稻与菌的交替种植，可以连续循环 3 年。双合村的羊肚菌产业，优化了农业产业结构，促进了当地群众的本地就业。在现有的 200 多个大棚，可以带动 200 多人的就业，其中固定的长期工有 40 余个。在食用菌市场上，羊肚菌供不应求，处于产销两旺的状态。

③ 该村现有耕地 1362 亩，居民总数 4234 人。

（二）种植与加工业同步发展

在龙广镇产业开发的潮流中，纳桃村、小场坝村、联新村和纳万村都各有特色，在乡村振兴战略的推动下，加工业的发展更迅速。

1. 种植业的新进展

纳桃村[①] 提出了"产业富村，劳务强村，生态兴村，文明旺村"的号召，带动当地农户发挥自身优势，发展地方特色产业。纳桃村的产业开发先天优势，不仅表现在气候条件好与土地肥沃上，而且在交通、水源、基础农田设施等都占据着优势[②]。

优质水稻、玉米与蔬菜，是纳桃村的优势产业。当地水稻和玉米的栽培和加工技术不断地得到更新和提升。例如，纳桃村在水稻栽培上已逐步推广了旱育稀植技术[③]。近年来，纳桃发展的水稻旱育稀植有 1000 亩。在这种技术的广泛使用基础上，纳桃村还采取了配方施肥技术[④]，以保证增产的效益。这种成片大规模水稻种植的变革，对龙广这个山地农业生产大镇而言，有积极的实践意义。实践证明，农民的"米袋子"，只有在农业技术不断革新的基础上才能抓紧抓牢。纳桃村的特殊之处在于，其不仅是个产稻村，还是一个稻米加工村。在纳桃村，有很多妇女从事这个加工行业。她们发挥产地优势，把本地的"满口香"优质稻米以很好的价格推销出去。因为过硬的质量加上诚信、公道的销

---

① 纳桃村有耕地面积 2291 亩，居民总数 3111 人。

② 2005 年以后，纳桃村取得了两个荣誉：一是"全国创建文明先进村镇"；二是"全国敬老模范村居"称号。其中，"全国敬老模范村居"的称号最难得。

③ 这个栽培技术由两部分组成：一是育苗方式的变革。传统的水育秧不再使用，育苗环节采用旱育秧和钵盘育秧。这个好处在于，能够提高秧苗素质，能够育壮苗。技巧在于掌握水。水量的管理原则是缺水以浇为主，不缺不理，浇必浇透，不建水层。秧苗在适度的水量养育下，地上、地下同时发展，根系发育好，抗病力强，移栽大田之后不需要缓苗期，能够达到早发、快发的效果。二是插秧方式的变革。传统的密植方式不再使用。单位水田内以稀植为原则。栽插密度控制在 9 寸 ×3 寸的范围，一些水田质量优越的可以达到 9 寸 ×8 寸。这样做是为了增大行距，能够充分合理地利用光温条件，提升分蘖率，由此，既节省了投入，又能实现增产的效果。

④ 配方施肥技术，是根据农作物生长的需肥规律，以及土壤供肥的实际性能和具体施撒的肥料效应，合理做到氮磷钾的配比，在以有机肥作为基础条件的情况下，以土定产，以产定氮，根据土壤的实际性能因缺补肥。

售，纳桃村的稻米远销云南、广西等地，为群众增收开辟了空间。此外，充分发挥水果玉米①的市场优势，纳桃村把200亩耕地流转以后，种植水果玉米。水果玉米从育苗到采收有很多环节，每个环节都需要人工。200亩地的种植规模，就需要有30多人干活，在很大程度上解决了村里富余劳动力的就近务工问题。

近年来，在乡村振兴的政策指引下，合兴村在稻虾共养方面做出了一些特色。水稻和玉米是合兴村的传统种植作物。这里的稻田一年四季都可以搞养殖，全年的水产采收时间在300天以上。尤其是龙虾，是合兴村的稻田养殖中比较受欢迎的养殖产品。稻田里，有小龙虾养殖的基本条件②。这里的冬季龙虾养殖，恰好是国内鲜虾市场供应紧张的季节，养出来的龙虾价格高、销路好。在共养模式中，稻和虾的共生共存，既能提升稻子的质量，也能优化虾的品质。换言之，在共养的环境下，达到了"一田双收"的效果。这种养殖模式下培育出来的龙虾，体大鳌粗，鳃白、肉美，能够达到国内公认的行业标准。现在，合兴村的稻虾共养区域已经和小场坝村、纳桃村的养殖区域连在了一起，形成了连片经营的区域，整体规模在2000亩以上。这个片区是贵州省内目前最大的稻虾共养示范区。

小场坝村③的乡村经济发展基础好，传统农作物中玉米育种、小麦育种等已经很有成效。优质水稻在小场坝村的种植总量达到了1000亩以上。该村不仅环境优良，2019年12月被国家林业和草原局公布为第二批国家森林乡村名单，而且在特色种植业上探索道路，姬松茸菌培植和蔬菜种植是该村现有的特色产业。

姬松茸菌的培植和相关产业的发展，与龙广本地走出来的大学生黎富平有关。2010年，他放弃兴义的公职回到了小场坝村，创办了农望专业合作社，以

---

① 水果玉米是韩国引进的杂交玉米种，既适合生吃，也可根据个人爱好将其烹煮。这种玉米的生长周期短，从播种到成熟仅需80天左右。与普通玉米相比，水果玉米皮薄汁多、含糖高、口感好、营养丰富、在市场上的销路也好。在北京、上海、广州等大城市，水果玉米都是抢手货。在龙广一带的气候条件下，一年可种三季，年亩产量可达14000斤，农业效益每亩在10000元以上。

② 龙虾生长时间短，虾苗投放后，两个半月就可以捕捞。一亩稻田，在稻虾共养的情况下，年亩产龙虾可以达到400斤左右，仅虾的年产值就在10000元以上。

③ 小场坝村有耕地2486亩，其中水田1186亩。全村的1300亩森林中，有天然林930亩，经济林140亩。该村居民现有居民总数为2853人。

自己的专业知识，充分利用小场坝村的气候条件，发展姬松茸培植①。很快，种植姬松茸每亩地可收获万元的消息就传遍了全村。有条件的农户纷纷加入姬松茸的种植队伍。2012 年，有 4 户人家跟着黎富平干；到 2013 年，发展到 32 户农民种植姬松茸；如今已有数百户人家做起了姬松茸产业，并辐射到洒雨镇、平乐镇、普坪镇，带动了两三千农民走上致富之路。黎富平统一为农户提供姬松茸的菌种和种植技术，当地的农行为缺乏资金的农民每户提供 5 万元额度的小额贷款，并由黎富平的专业合作社作担保。这样一来，在多方的合力支持下，当地的姬松茸种植就实现了集约化生产。每个农户采摘鲜菌卖给合作社所得的收入扣除赊销的菌种等费用后，全归自己，农户不必操心销路。合作社在统一购销环节，在市场上获得了价格优势，市场上的话语权得到了巩固。每个生产周期结束后，合作社将赚得利润的 60% 返利给农户。目前，黎富平创办的专业合作社日加工姬松茸的能力达到 80 吨以上，拥有 4800 平方米的加工基地、4000 平方米的菌种生产基地、1600 立方米的冷链物流中心。目前，小场坝村培育出来的姬松茸产品，销路很好。姬松茸产品、不仅在中国北京、中国上海这样的大城市里很受欢迎，就连韩国、日本的食用菌市场上也有其身影。

小场坝的蔬菜也有特色，专门直销香港等发达地区。从 2021 年开始，小场坝村在时令蔬菜的种植方面，跟随市场需求，及时调整栽培品种和规模，在国内蔬菜供应市场上站稳了脚跟。近年来，广东的润通农业发展有限公司在小场坝村流转土地 1000 亩，带动了当地蔬菜种植业的发展。小场坝村的气候条件和土壤品质，适合种植有机蔬菜，不仅亩产高，种出来的蔬菜品质也好。菜心在粤港澳大湾区的蔬菜批发市场上可以卖到每斤 3.5 元的价格。当地农民的土地，以每亩每年 1000 元的价格流转给润通公司，附近的农民愿意到田里务工的，月薪可以拿到 3000 元。润通公司在小场坝村的经营得到了地方政府和民众的支持。这家公司准备以小场坝村为基础，发展成一个冬春供港蔬菜产业基地，进而带动了附近的蔬菜产业。

---

① 2011 年，他的合作社集中流转 200 亩土地，建设成大棚 9 个，实现了当年建成、当年盈利的目标，仅干菌收入就达 17 万元。到每年 5 月底，菌子进入生长期，盛产的时候每天可以采摘 3 次。采摘期从 5 月开始，一直持续到中秋节前后。他的 9 个大棚都很丰产，1 个大棚的菌子，月产量可达 5 吨。平均算下来，每亩地的净收入在 10000 元。

联新村①发展蔬菜种植、中草药种植，以及农产品加工，经济发展势头好。在劳务输出方面，联新村也做得比较好。第一，深度开发种植业。在蔬菜种植方面，联新村的居民对蔬菜种植已经有了很好的经验，虽说蔬菜种植有一些风险，但是什么时间种、种什么、怎么种才能获得最好的收益，这些问题，当地居民已经把握得很好了。一些蔬菜种植大户在农业投入上也很是舍得，有的甚至在流转的耕地里安装自动喷灌设备。在蔬菜品质方面，许多农民结合自身的栽培经验，也懂得了什么是有机蔬菜种植标准。对于农民来说，这是了不起的进步。由于蔬菜供应种类丰富、产量大，安龙县将这个村定为自己的蔬菜应急供应基地。通过蔬菜种植产业，每年联新村的整体毛收入超过 1 亿元。此外，联新村有富余劳动力优势，近年来，中草药种植成为当地发展起来的劳动密集型产业。云南的桓康源药业有限公司为当地农民提供种植技术，现在的联新村群众已掌握了白及、黄精等中药材的种植技术。从地域范围上看，在云南的桓康源药业有限公司的指导下，以联新村为核心的中草药种植区已初步形成，周围向德卧镇、郑屯镇辐射，种植规模达到了 5000 亩。以往的农民是种庄稼，现在种植中草药。土地以每亩 1000 元的价格流转给种植老板以后，农民到田里务工按小时算工钱，每小时 10 元。外来的云南公司有产供销一体的产业链，不仅为联新村带来了种植技术，还改变了当地的农业种植结构，开拓了农民增收的渠道。

此外，纳万村②在水稻种植以及烤烟种植方面也做出了很多努力，极大地促进了当地居民的增收。

2. 适度发展工业

联新村适当发展起来的工业解决了部分人口的就业增收问题。永胜钢铁结构企业自 2016 年引入联新村以后，现已形成初步的产能。近年来，该村办起了集体性质的自来水厂，年盈利额 10 万元以上。在这个村里开办起来的砂石场和制衣厂，也增加了当地农民的就业渠道。在乡村振兴的政策指引下，联新村的工矿企业发展尚有很大潜力可挖。随着村里工厂企业的逐渐增多，村民可选择

---

①　联新村现有耕地面积 6973 亩，居民总数 5988 人。早熟蔬菜品种有白菜、辣椒、西红柿、茄子等。蔬菜的种植总面积有上万亩。其中，马铃薯有 5000 亩、辣椒有 4000 亩、露天早熟蔬菜 4000 亩。

②　纳万村平均海拔高度为 1370 多米，现有居民总数 2236 人，水资源丰富，有水库 1 座。

的岗位和渠道也会随之增加。

联新村的农民在新的市场环境下，也意识到了规模化经营的好处。尤其是在蔬菜产业上，联新村已经有了数个合作社。其中，绿宇农特产农民专业合作社的发展情况相对好。其主要的经营范围已经自成体系。它不仅涉及生产加工农产品，还涉及运输、贮藏以及销售等环节。这个合作者生产的饵块粑、粽子、大米、苞谷粉、蕨根粉以及米粉，已经走出了黔西南州，在大西南地区的市场上很畅销。

为了产业的持续发展，也为后续发展有源源不断的人力资源，联新村在人力资源组织和开发等方面也有相应的举措。联新村采取成立劳务输出公司的方式来培训青年农民的职业技能。培训的职业技能种类有厨师、电焊、水电安装、家电修理、刺绣等。在市场经济深化的这个时代，无论是在本地就业还是外出打工，掌握一门技术非常必要。本地民众对这样的技能培训非常欢迎。

（三）特色种植实现经济价值

七星村[1]发展起来的特色种植业主要是对玫瑰[2]和圣女果[3]的栽培。这两类植物大规模连片栽培，对于龙广人来说是一件新鲜事，还带来了丰厚的经济回报。不仅仅是充分利用了当地的水土资源，更是现代农业发展模式的产物。外来资金和现代技术的投入是产业发展的重要特征。

七星村种玫瑰是近两年的事情，依托龙广镇农业服务中心，贵州木卉园农业发展有限公司，在本村流转了500亩土地，利用财政扶贫资金建起了8000平方米的花卉栽培大棚。这500亩花卉种植带动了当地80多人在本村长期就业。此外，七星村还适合栽培圣女果。该村引进了贵州睿泉农业科技发展有限公司，

---

[1]　七星村有597户，居民数2316人。该村自然条件较好，有耕地面积1399亩，其中旱地844亩、水田555亩。水稻、玉米是该村的传统种植业。现如今，七星村也发展金银花、烤烟、蔬菜等产业。

[2]　玫瑰，属蔷薇科花卉，既是观赏植物，也是香料作物。玫瑰精油，有"液体黄金"的别称。在国际市场上，每克玫瑰精油相当于购买1.2克黄金的价格。在栽培上，玫瑰的习性容易掌握。它喜阳、耐寒且耐旱，喜通风良好的生长环境，在排水良好的疏松土壤中长势较好。

[3]　圣女果，又名樱桃番茄。成熟后的浆果多汁味美，可生食，也可熟食。其生长环境与玫瑰类似，喜阳、喜温暖且耐热，最佳生长温度在20℃～30℃之间，疏松且肥沃的砂性土壤适宜栽培圣女果。

将圣女果当作扶贫产业予以打造。其中，流转土地的规模是 1300 亩，亩产值也在 10000 元以上。这 1300 亩圣女果带动了当地农户的发展，每天来田里务工的人有六七十人，多的时候有 100 多人。长期在田里务工的村民成了名副其实的农工，每个月的保底工资可以达到 2400 元。

狮子山村^① 的产业开发种类丰富。优质稻、时令蔬菜是该村的传统种植业，现在已经形成了花卉、林果和白菜的规模种植的三大产业。花卉栽培、林果业是当地发展不久时间起来的新产业。此外，村里还有小规模的养殖业，许多村民有鸡苗、鸭苗的孵化技术。当地的石材、木雕和棕绳的加工生产，为当地农民的增收也做出了不少贡献。

狮子山村的花卉栽培^② 与一位名叫舒浪的本村人有关。这位村民在昆明斗南花卉交易市场与花卉打了 20 多年的交道，对花卉的栽培、销售都有丰富的经验。2019 年 1 月，舒浪从昆明回到狮子山村，流转了 70 余亩土地用于经营花卉，带动了当地百姓增收致富。他经营的 70 亩花卉，每年每季的鲜花采摘量在 50 万支。每季花的管理和采摘都需要雇请上百人。现在，与舒浪签订长期务工的人员有 30 位村民。在舒浪的带动下，一些村民渐渐掌握了花卉栽培技术，愿意从事这个产业。假以时日，狮子山村有望成为黔西南州版的斗南花卉市场。

狮子山村的林果业发展有更多的时代特色。2019 年的年底，兴义市尚鼎生态农业有限公司在狮子山村和附近郑屯镇的民族村一共流转了 600 余亩土地，用于种植从北方引进的桃树苗和杏树苗，打算走"精品水果种植"的道路。按照农村谚语：桃三、杏四、梨五年的说法，杏子挂果还没到时候。经过两年的精心管理，桃子现在已经挂果，目前年产达到了 5 万斤。在这 600 亩果园的管理上，从 2019 年底到 2021 年底的两年时间里，公司雇工栽苗、修枝、除草，累计用工数超过了 1 万人（次），为当地民工支付工资达 100 万，促进了当地农民

---

①　全村现有耕地 3896 亩，居民总数 5130 人。2006 年，狮子山村被确定为"贵州省级社会主义新农村试点村"。2007 年该村又被贵州省确定为"省级电脑农业示范村"。

②　狮子山村的花卉栽培品种大致有 27 个。花卉栽培在当狮子山村是特色产业，只要管理得好，水、肥、温等要素把握到位，一年四季都可以采摘。花卉的品种不一样，价格也不一样，花卉市场的行情变化也大，同样的花卉在不同的季节，价格也不一样。遇到节假日和重要节庆，花卉的市场价格往往会高很多。通常，一亩地的花卉收益在 8 万元。

增收①。

此外，在狮子山村曹屯组有 500 余户居民，白菜种植成为每家每户的产业。人多的农家每年种植的大白菜可以达到 10 多亩地，而人少的农户，也会种两三亩地。在曹屯组，白菜种植形成了规模效应，本地人会大量往外贩运，外地客商也会慕名而来。贵阳、昆明是曹屯白菜的主销地。对每户农民来说，种植白菜用时短。从播种算起，两个月即可上市。收益却不算少，一亩地通常情况下能收 4000 斤菜。以每斤白菜 3 角钱的价格计算，农户每亩地的白菜收益，可达 1200 元。

（四）种养殖业因地制宜发展好

烂滩村②在种植业和养殖业上努力寻找突破点。从发展情况看，该村正在努力朝绿色产业的方向持续迈进。其中突出的有三类，即种烤烟、养鹅、养泥鳅。

烂滩村的土质适合种植烤烟。干烟叶的亩产可达 300 斤以上。自从土地流转后，外地的烤烟种植大户可以到村里大面积种植。该村近些年的烤烟种植规模都不小，每年都有数百亩的规模。为更好地发展烤烟种植，烂滩村建有集群智能化烤烟房。烟农们对烟叶从种植到烘烤的各个环节，都很有经验。在烟叶生长期间，村里会请来专家指导病虫害防治，以及施肥和田间管理的技巧。在现在的烟叶种植和销售上，村民都比较省心，省力。

烂滩村的养鹅已渐成规模。其养鹅基地在孔家坝组，占地达 5 亩。养殖的形式是以"村社合一"的方式进行，按照市场需求调整养殖规模。现在，这个养殖基地的鹅有 5000 只。饲养员是村委会从村里聘请的有养殖技术的村民，月薪可以达到 3500 元。按照现在的养殖效益，烂滩村每年的养鹅收入都是一笔不小的收入。烂滩村的鹅养殖既带动了贫困户的致富，也壮大了行政村的集体收入。

泥鳅养殖是烂滩村的新鲜事。其养殖始于 2015 年。在淡水养殖的鱼类中，泥鳅属于不起眼的小品种。泥鳅的生命力强，对水环境要求不高，可稻田养殖，也可坑塘养殖。一般情况下，泥鳅的年亩产也基本在 800 斤左右。由于销路好，许多有条件的村民加入养殖泥鳅的行列。现在，烂滩村的泥鳅养殖很是红火。

---

① 据袁家奇介绍，从栽种果树以来，修枝、整形、除草等方面的务工人员已超过 1 万人（次），发放工资 100 万余元，让当地群众得到了实惠。

② 烂滩村有户数 424 户，居民 1639 人。

村里的泥鳅塘已经有 30 多亩。

二、山区开发特色产业

山区的自然地理禀赋与坝区不同，产业发展相对滞后，而且发展的路径也有所区别。龙广镇境内山区的开发大致可以分为三类：第一类是把一项种植业做大、做强，走专业化、精细化发展道路。安叉和果约都属于这个类型。第二类是种植和养殖业同时发展，从总量上突破。甘田、柘仑、佳皂、五台与坡关 5 个村就是这个类型。第三类是无法克服自然环境的制约，无力也无空间发展的产业的村寨。对其实行移民搬迁。这就是花木村的情况。

（一）专心发展种植业

安叉村的海拔高，土壤肥沃，降水丰富。在这样的山区村最适宜种植茶叶。于是，安叉村的种植规模从以前的数百亩发展到 2020 年的 3000 亩。在发展种茶的过程中，安叉村引进了茶叶公司。围绕着茶产业的发展，农民种茶的经营风险小，不仅可以获得土地的分红收益，还可以加入茶园管理的行列中，在茶园务工的收入，每年也有不少。由于安叉村的土壤和气候条件适宜种茶，当地的茶叶产量也很可观，每亩地的茶产量在 300 斤以上。引进的茶叶公司，不仅加工茶叶，还有专门的茶叶销售渠道。安叉村发展茶叶种植对当地农民而言，是稳赚不赔的行当。安叉村将本村范围内的低产林改造成茶园，既治理了水土流失，保护了生态，也发展了经济。由于茶叶效益好，当地茶产业还有继续扩大的势头。

果约村[①]虽然发展产业的基本条件整体上较为落后，但是在乡村振兴政策指引下，全村拥有的 800 亩土地基本上都种上了金银花。现有林地 11820 亩，其中天然林 10450 余亩、生态林 1060 余亩，用于开发成经济林的，仅有 790 余亩。在近些年的努力经营下，金银花成为本村的特色产业。

（二）种植业和养殖业同步发展

龙广镇境内的山区村兼有种植业和养殖业的几个村子，有自己的发展特色。甘田、佳皂、五台都有水产养殖业。但这 3 个村子在种植业上又各有不同。比如，

---

① 果约村全村 400 余户，居民 1446 人，属人多地少的行政村。

花椒是干田村的特色，林果业是佳皂村的特色，韭菜是五台村的特色。柘仑和坡关都有养牛业，也都出产高粱和紫薯。但是，坡关村还有金银花种植，也养土鸡和家兔。

在干田村[①]，花椒种植深得村民支持。因为农户在房前屋后的土地，都可以利用上。作为调味料和中药，市场上的花椒虽说价格不菲，但其种植难度并不高，对生产环境也不挑剔。在乡村振兴的政策引导下，花椒苗的费用不需要农户承担，栽培的技术也是由专门的公司提供免费的技术培训。一些农民对采用矮化密植技术之后的花椒种植和管理，不再担心。许多农民也认为，栽种花椒本小利大，愿意栽培[②]。在干田村，现有四百五十余亩土地栽种花椒，由于土壤气候等外在条件优越，花椒长势很好。一些年龄稍大的村民认为，花椒种植为他们的生活带来了希望，以后没有能力外出打工时，可以用花椒换钱。

干田村的自然资源条件适合生态养鱼。现在，该村在养鱼方面做得比较好的是杨建伟开办的养殖基地。杨建伟在 2017 年进入生态农业开发行列，创办了贵州齐力生态农业科技有限责任公司。次年 4 月，他筹措 200 万元在干田村流转了土地，修建鱼池，搞起了生态鱼养殖。养殖的品种有草鱼、鲫鱼、黄腊丁等品种，每年的捕获量在 20 万斤。由于水质好，出产的鱼肉质鲜嫩，在昆明等地的市场上极其畅销。在鱼池管理、鱼食投喂、捕鱼上市等生产环节，这个生态鱼养殖基地吸纳了 10 多名村民就业。

佳皂村[③]的水产养殖种类多。包括牛蛙、鲈鱼[④]、盘江鱼、黄辣丁，发展特色水产品，拓宽群众致富门路。佳皂村现有近 30 亩土地用于发展水产养殖，9户村民已掌握了养殖技术，每户每年的水产收益都在 10 万元以上。该村引进了

---

① 干田村有耕地面积 1674 亩，居民总数 2089 人。水稻、玉米是当地的传统种植业。许多村民在烤烟种植上也很有经验。

② 花椒第一年种下以后，第二年就可以少量采收，第四年、第五年是采摘高峰。每棵树可产 10 斤花椒，按照花椒市场价 5 元一斤，一棵树也有 50 元的毛收益。

③ 佳皂村的耕地面积达 1395 亩，其中水田 700 亩、旱地 695 亩。该村辖区内有农户 689户，居民总共 2860 人，传统的农业产业以水稻种植为主。另外，从 2006 年起，该村农民开始小规模种植烤烟。现在水稻和烤烟属于本地的优势产业。

④ 鲈鱼和牛蛙是效益最好的水产品。牛蛙的生长周期为 9 个月，鲈鱼的生长周期为 6 个月，当年投产，当年收益。

贵州信泰农业科技发展有限公司，由这个公司提供鱼苗和全程养殖技术指导，公司保价回收水产成品。在公司的参与下，养殖户的经营风险降到了最低，水产品由公司统一运往兴仁、兴义、安龙等地销售。

佳皂村近些年发展起来的林果业最具特色的是李子，现有 130 亩的种植规模。这个村的李子种植由溢香园果业开发有限公司在 2020 年牵头发展起来的。引进的李子品种属于辽宁的大红袍，单果有 3 两重，具有皮薄肉厚、核小汁多的特点，在市场上很受欢迎。从 2020—2022 年，这片李子林已进入初果期，虽然产量还不是很大，每亩地仅产 500 千克李子，按每千克 4 元的批发价计算，每亩地李子的收益是两万块。预计 2024 年，这片李子林可以进入丰产期，每亩地的产量是现在的 3 倍，可以达到 1500 千克，即使按照现在每千克 4 元的价格算，收益也是非常可观的。

在五台村，虽然烤烟和金银花等种植也是村民重要的收入来源，但是水产养殖业和规模韭菜种植最为有名。甘智勇是该村的水产养殖户，从 2015 年开始，就在当地金融部门的支持下发展水产养殖。最初的水产养殖仅有鲈鱼这一种。作为贫困户，甘智勇能从银行贷到 5 万元，是金融机构支农惠农政策的直接体现。他用了 6 年时间，扩大了鲈鱼养殖规模，从起初的 1 个鱼池扩展到现在的 11 个。他靠鲈鱼养殖获得的年收入就达到了 50 万元，带动 6 个农户在本地就业。甘智勇流转了 30 亩地，打算以自己的鱼池为基础，营造一个小型的观光旅游基地，进而带动更多的村民实现本村就业。

韭菜易种植，好管理，种植技术要求不高，可以持续收割，是"短""平""快"的产业。五台村的韭菜维持在 500 亩的规模。五台村的韭菜种植和附近七星村的韭菜产业形成了规模化种植。七星村不仅也种植有韭菜，而且还建立了专门的韭菜分拣中心。韭菜收割后，经过初步捆扎并过秤，装车运往分拣中心；分拣中心再进行二次分拣，清洗后装箱，能够保证韭菜的销售品相，以最短的时间销往广州、武汉、成都、重庆等地。七星村的韭菜分拣中心，每天收购的韭菜总量在两万斤以上。在五台村、七星村的带动下，周边乡镇的韭菜产业也开始兴旺起来，在整个义龙新区，现已形成了 3000 亩的种植规模，年创产值达 1600 万元。

高粱①在柘仑村一直是传统种植作物。改革开放后，由于人们生活水平的提升以及农业产业发展条件的改善，高粱作为粗粮，深受人们喜爱。此外，作为酿酒行业不可或缺的原料，尤其在酱香酒的酿造中，高粱的地位无可替代。因此，高粱虽不是人们的主粮，却是酿酒用粮，市场需求量很大。现在，柘仑村的高粱种植在六七百亩，亩产600～800斤不等，每亩地的种植效益在2500元左右。正因为柘仑村具有这样的种植规模，遵义的国台集团、茅台集团、红粱集团3家公司与柘仑村签订了高粱的种植订单，种植的订单规模为2000亩，产销结合，由公司免费提供种子、种植技术、肥料，收获后由公司以3.2元每斤的保底价全部收购，农民实现了零风险种植，种销无忧。农户种植高粱不愁销路，确保高粱产业发展稳得住、能致富。以2000亩的种植规模，每年仅订单高粱生产，柘仑村群众就有200万的收益。

紫薯②是食药兼有的农作物，种植好的家庭户，亩产可以达到7000斤。紫薯的生长期短，市场需求一直很旺。柘仑村有土地资源丰富的优势，积极引进紫薯品种，带动当地群众实现增收。柘仑村的紫薯有200亩的种植规模。这200多亩紫薯，从种植到管理，再到采收，吸引了周边30多位居民的就地务工。

养牛业是柘仑村落实乡村振兴的新举措。按照农户自愿的原则，行政村将养牛的扶持政策做深入的宣传引导，外面专业人员被村里请来为农户讲解养牛技术，农行、信用社、保险公司这些金融机构也有员工到村里介绍养牛贷款的优惠政策。2019年以后，村里从福建引进了一个养牛专业合作社。这种养殖牛的模式改变了以往的农户散养阶段。现在一些农户的养牛都在5～10头的规模。养牛给每个农户带来的规模效益很是可观。养殖户根据规模大小，每年有40000～80000不等的收入。柘仑村的养牛产业现已达到了数百头的规模。现在，柘仑村里一些农户的养牛技术越来越稳定，经验逐渐得到了积累，养牛产业也从零散的数家发展形成一定规模。由于养牛收益大，养牛产业在这个村的影响也在扩大，所以该项产业已成为当地农户致富的重要途径。

---

① 高粱，具有抗旱、耐瘠薄、稳产的种植特点。

② 紫薯属于甘薯中的特殊品种。其富含花青素，有很好的药用价值。紫薯喜疏松肥沃的沙性土壤，由于地力的不同，亩产有不小的差异。一般情况下，紫薯的亩产在4000~6000斤之间徘徊。

在脱贫攻坚和乡村振兴政策下，坡关村的交通状况有了很大改观，居民的出行难问题得到了解决。在发展产业方面，坡关村因地制宜，金银花种植、土鸡和家兔养殖等特色经济发展情况较好。由于坡关村土地贫瘠，属喀斯特地貌，水土流失严重，所以金银花②种植是最切合实际的做法。一些不愿留在家里种植金银花的农民，将土地流转出来，这样就形成了规模种植。通过这种方式，坡关村的金银花种植，现已达3000余亩。以每亩25千克的产量计算，坡关村的金银花总产量十分客观。以药材市场的每千克150元来说，正常年景下每年坡关村金银花的种植总收入在1000万元以上。为提升种植效益，农民群众还发明了香椿套种金银花的立体种植模式。金银花有独特的气味，可以提高香椿的抗病能力，长出来的椿芽质量高。与此同时，金银花还能遏制田间杂草的生长速度。这样的套种模式能够改善土壤，可以达到香椿和金银花的双丰收，对农民群众来说，既省事又省力。

坡关村的土鸡③在乡村振兴的大环境下，成为当地独特的经济资源引起了农民的关注。杨琼是该村的养殖大户。在没有养鸡之前，杨琼长期在外务工，偶尔也做些别的买卖，但一直没有找到发财的渠道。2019年年底，杨琼发现了坡关当地土鸡的商机，在老家承包了100余亩山林地，开始做起了土鸡养殖。起初，她的养殖规模仅有1000多只，全部是林间散养，喂五谷杂粮，鸡的品质好，鸡的产蛋能力高。2020年3月，为解决土鸡养殖资金短缺难题，安龙农商银行龙广支行在实地考察了解坡关村的土鸡养殖前景后，果断为当地养殖户发放支农贷款。以杨琼的养殖为例，在金融机构提供的30万元资金扶持下，她的养殖规模从1000多只扩大到5000只。为了更好地突出本地养殖规模优势，杨琼发起成立了"众兴生态种养殖农民专业合作社"。这个合作社的养殖效益好，在本地的影响大，还获得了"黔西南州农民合作社示范社"的光荣称号。

家兔养殖产业是时任坡关村主任吴古龙带头开创的致富路。吴古龙的养殖

---

① 坡关村有489户，居民数总共2187人。

② 金银花对土壤的要求不高，可生长于山坡的灌木丛或疏林之中，甚至乱石堆、山间小路旁都可种植。其生长适应的最高海拔可以达到1500米。金银花根系发达，种植金银花可以有效防治水土流失。而且金银花药用价值高，经济效益好。

③ 有五黑鸡的别名。所谓的"五黑"，是指当地的土鸡，不仅冠黑、羽黑，而且皮黑、骨黑、肉黑。这种土鸡体内有大量的黑色素，口感好，保健价值高。

路开始于 2018 年。他在实地考察了四川的兔养殖产业以后，决定在坡关村创办家兔养殖产业。对于发展家兔养殖带动致富，吴古龙认为，只要对路子，掌握了技术，有了成效，就不需要宣传，就会有群众自发地跟着养殖。在吴古龙的带动之下，该村的兔养殖有 2000 只以上的规模。家兔有繁殖快的特点，村民愿意搞家兔养殖的，吴古龙都予以技术指导。吴古龙拟发起组建一个专业的合作社来整合坡关村的家兔养殖业，以带动村民增收。

（三）花木村的移民搬迁

花木村有林地面积 8853.55 亩，属于典型的喀斯特地貌。该村土地零星分布，缺少适合耕种的大块土地。农作物种植以玉米为主，由于缺水，产量很低。整个行政村有农户数 154 户，共 645 人。2012 年，花木村响应国家退耕还林政策，1800 余亩坡地退耕还林，领取了国家退耕还林补贴。实行脱贫攻坚战略以后，花木村列入了易地搬迁的行列，但农户原来的土地经营权不变，每户名下的林地经营权不变，村集体的资产收益权不变。在国家易地搬迁的政策下，花木村居民，有 12 户、48 人被列入易地搬迁对象，38 户、150 人被列入生态搬迁对象，其余农户（在 2018 年 5 月之前）到龙广镇区选址建房有 103 户。现在的花木村居民化整为零，基本上都从大山里搬了出来。由于各种原因，现在尚未搬出的，仅剩 3 户人家。

小　结

一、政府从管理者到服务者的角色转变是乡村振兴的必要条件

推进社会管理体制创新，在乡村振兴战略的具体实施过程中，并不简单。基层社会治理的好坏直接关系执政党的能力提升以及内在形象。就其本质而言，从管理者到服务者的角色转变是推进基层社会治理发生变革的必要条件。

直面基层百姓最关切的利益问题，是基层政府践行执政为民理念的最好方式。从"管字当头"转变为"服务为先"，寓管理的理念融入服务的具体行动之中，才能切实做到基层干群关系的和谐。

服务型的基层政府角色以满足基层社会发展的公共需要作为主要职责。在管理的理念上，乡村振兴战略推行过程中，基层政府的管理职能向人性化的角

度转变，探索以对话沟通以及民主协商的方式来应对层出不穷的社会问题。在网络时代，网络平台是人们与政府沟通不可缺少的工具。放低身段去倾听，以主动的服务心态来应对网络时代的基层社会问题，才能游刃有余，做到执政效能的提升。

龙广在基层社会治理上的一些做法，体现了管理与服务之间的辩证关系。两者之间并不是此消彼长，而是互为补充。只有这样，两者才会形成动态的平衡。只有将管理与服务融合在一起予以践行，基层政府才能做到执政为民，维护好基层群众的根本利益。与此同时，只有从被管理者转变成具有主人翁精神的人，基层的农民群体才会以极高的热忱投入乡村振兴中来。

二、农民是乡村振兴的实践者

乡村由谁来振兴？自然是追求富裕生活的农民。客观而言，乡村之所以为乡村，是因为国人的潜意识里有城乡差距观念的存在。在实践中，要做到工业反哺农业，进而缩小城乡差距，也不是一蹴而就的。农业的兴旺以及农村的发展，需要政府和社会长期且持续的关注和投入。从乡村振兴的政策设计理念来说，它是缩小城乡差距的重大政策举措，乡村振兴政策的具体实践自然离不开农民群体的支持。以新中国成立后的实践而言，农民群体一直是农村发展的生力军。在乡村振兴政策落实过程中，农民群体的生力军作用需要巩固和加强。政府的角色从管理者到服务者的角色转变，也与农民群体在乡村振兴政策中的角色定位直接相关。

从理论上讲，乡村振兴政策的落实，农民是最直接的受益群体。然而，从实际情况看，受能力以及眼界所限，农民群体在当前的乡村振兴事务上距离主人翁的地位还有不小的差距，甚至于还有一些农民对乡村振兴抱着"看客"的心理。正因如此，在农村建设发展上，有些行政村的一些农民对完成乡村振兴的工作部署并不积极，导致行政村的工作推进很有难度。如果没有群众的广泛支持和参与，大到产业结构调整、乡村旅游建设规划，小到修路、修桥，基层乡镇干部以及村干部的任务就显得非常繁重。在具体的实践中，如何调动农民群体的积极性和主动性，如何激发其内生动力，尚需一个循序渐进的过程。

三、乡村振兴中的科学技术永远是第一生产力

科学技术，永远是第一生产力。按照这个理念，在乡村振兴的道路上，自然离不开科技的支撑。传统状态下的农村社会，家庭小规模经营、科技含量少、集约化程度低等，都是由农村生产力发展的主客观因素形成的。在如今的乡村振兴带动下，基层社会中的许多农民已经注意到科学技术的重要性。专业的人做专业的事，在龙广农村社会中人们已经达成的基本共识。例如，从事养殖业，从业者就必须学习和掌握养殖技术。与之相比，如果是从事种植业，从业者也不能不学习和掌握相应的种植技术。如果没有能力掌握相应的技术，在相关领域中就会被淘汰。以往的靠天吃饭的粗放经营方式，已经被人们摒弃。以龙广基层社会中发展情况来说，曾经有不懂韭菜种植技术的人从事规模化韭菜种植，结果是赔掉了大笔的钱；也曾经有不懂养殖技术的人去养羊，结果自然也好不了。可以说，在乡村振兴的实施过程中，没有任何时候的农村会像现在这样如此重视科技，也没有任何时候的农村会像现在这样如此重视学习科技。作为第一生产力，政府层面的科学技术普及自然是必须有的，而农民作为乡村振兴的主体，已经不是以往时代的农民。他们对科学技术的渴求，超过了以往的任何时代。

余　论

作为黔西南州的历史文化名镇，影响龙广治理与开发的因素有三个。

一是土地政策因素。土地的分分合合，从封建王朝的改土归流到现如今的乡村振兴，每个阶段都牵涉太多的政策因素。土地的分与合生动地反映了农村社会中生产力与生产关系互动发展之间的辩证关系。厘清土地分合的内在逻辑，对中国农村改革不无裨益。

对于土地政策的制定与落实，公平与效率就是执政者们需要考虑的两大主要因素。公平是土地政策首当其冲考虑的理念。平均地权是中国传统的社会治理过程中解决土地问题的思维逻辑。承认效率的客观存在是促进农村土地政策不断调整和变革的内在驱动力。土地在国家所有的基础上需要维持相应的公平，兼顾效率的促成。如果土地政策对维持社会公平不能提供应有的支撑，自然不会有益于社会的和谐发展；同样，若是做不到兼顾效率，社会发展就很难有活力。

虚假公平是土地政策制定和落实过程中需要避免的陷阱。以实现公平的名义，在每个农村人都有权获得土地的理念支配下以各种手段分划小块土地，貌似实现了土地分配领域中的社会公平，但若不允许劳动力流动，不允许市场经济的村庄，那么最终并不能实现"人人有饭吃，人人有衣穿"的大同境界。实际上，处于普遍贫困状态之下的所谓公平，并不是我们内心中向往的发展状态。

虚假效率同样是土地政策制定和落实过程中需要避免的陷阱。以提升效率的名义将资本融入农村的土地经营过程中，这样的结果貌似在短期内获得了高额的利润。然而这样的结果会影响社会公平，并不能实现真正的效率。因为仅仅是土地集中并不能提升太多的效率。曾经的地主并没有引领民众走上共同富裕的道路。

在具体实践"耕者有其田"的道路上，不管是过去、现在，还是未来，农村土地政策的导向需要确保农村的土地掌握在真正的耕者手中。然而，在效率与公平之间维持应有的动态平衡是土地政策制定和执行过程中必须考虑的内容。

二是商业流通因素。在农村基层治理与开发过程中，商业流通是其中最活跃的变量。商业发展壮大，将原本地处偏远的山区小镇与外界紧紧地联系在一起。从明清以来到如今，地方商贸的兴起与繁荣是龙广这个小镇能够逐步发展为历史文化名镇的重要原因之一。龙广在滇、黔、桂三省交界，在发展商业方面有特殊的区位优势。作为交通运输条件好的地方，龙广的商品流通环节少，流通成本相对要小，同样的商品，价格就相对低一些，地方的贸易市场就会有吸引力。与之相比，交通运输条件相对较差的地方，商品的流通环节就会增多，流通成本就会增加，市场贸易的活跃度就会小。在龙广的治理与开发过程中，市场贸易越活跃，越能促进地方的开发，与此同时形成的商业势力会成为一支影响和制约地方社会治理的重要力量。在市场贸易极其受限的时段，龙广的开发就缺少了自主能力，市场没有了贸易环境，自然就不会有商业势力，地方社会治理就显得僵硬和机械。

三是人的因素。在农村社会的发展变迁过程中，无论是生产力的发展还是生产关系的调整，人是其中最关键的因素。可以说，龙广镇的治理与开发实践，即是有力的明证。没有人，物质就无法生产，也谈不上消费；没有人，就谈不上生产关系的承担和维护。这是显而易见的。

从数量上看，龙广地方人口密集，无论是从事农业生产还是从事非农生产，本地的劳动力资源都很丰富。有人，就会产生消费需求。在消费量达到一定的规模，在特定的地域范围内就会形成市场。

从质量上讲，龙广当地的民众历来都很重视青少年教育。无论是封建时代还是现在，地方百姓对发展教育都非常认可。无论是在动乱年代还是在和平年代，龙广人始终相信教育能提升人的素质和能力，在教育投入上非常舍得。教育兴，则地方兴。从改土归流到土地革命，再从联产承包到乡村振兴，在龙广这个小小的地方，如果用人才辈出来形容，一点都不为过。一代一代的人在变，但尊师重教的意识在龙广人的观念里没有变。在发展教育的环境下成长的龙广人，对地方变迁起到了不小的推动作用。反之，地方变迁的力量又促进了地方教育的发展。

从结构上来说，龙广人是以共同的地缘关系凝聚在一起的人们共同体。在这个地缘关系的凝聚过程中，多民族聚居而形成的民族因素没有影响地方的社会治理与经济开发。曾经的民族摩擦是有过的，新中国成立后，通过我党几十年的努力，当地民族团结的局面，可以用民族和谐共生来形容。龙广人这个概念在当地的居民群体中，已形成一个相对稳定的心理共识。在这个心理共识的形成过程中，龙广人以百折不挠勇于创新的精气神，形成了具有地方独特品性的"龙广精神"。

以上三大因素在龙广治理与开发过程中需要认真加以对待。土地政策的每次调整，几乎都会引起地方行政区划的变动。然而，在若干次的变动中，基层社会自治的实际状况没有太大的变化。无论是改土归流、保甲制，还是人民公社、村民自治，基层社会自治的局面无论政府给予多大程度上的承认，都客观地存在着。以龙广的发展实际来说，无论是原始民主还是现代民主，民主的理念都在很大程度上存在着。民众的素质在这个演变过程中随着历史发展不断地提升，对此我们必须予以承认。放眼未来，新生代的农民群体已经在很大程度上降低了对土地的依赖。未来的乡村社会如何发展取决于新生代农民的意愿。在未来的道路上，怎样做才能达到乡风文明，怎样做才能达到社会和谐，在很大程度上与乡村的发展息息相关。可以说，基层社会自治是当前和今后龙广社会治理的关键要素。此为本研究的结论一。

商业贸易的发展必然带来各类资源的流动。商贸的发展丰富了人们的物质生活和精神生活，刺激了消费，提供了本地就业的岗位，促进了经济发展。龙广人一直都有发展工商业的强烈愿望，在商品经济日益发展的环境中，是个极好的现象。在参与市场经济的过程中，龙广人表现出来的有明显的自发性和民间性。居民在参与市场经济的深度和广度，对龙广地方社会治理和经济开发的利大于弊，政府要做的仍然是从宏观的角度做好相应的政策保障。此为本研究的结论二。

坦率地说，在我党的持续努力下，龙广镇的教育事业发展较好。从龙广镇现有的教育发展状态而言，在学前教育方面，基层党委、政府还有许多工作要做。龙广镇现有的幼儿园数量和办学质量尚未能满足学前教育的实际需要。因此，在政府公共财政投入不足的情况下，是否可以考虑适当放宽社会民间资本介入学前教育的许可门槛。在师资方面，幼儿园缺老师的情况比较普遍。农村优质的学前教育资源还不能满足农村社会发展的需要。从长远看，做好幼儿教师的培养和培训是做好学前教育不可或缺的重要环节。

以乡村振兴战略而言，在学前教育之外，龙广尚需开拓职业教育的发展空间。尤其是农业科学技术教育方面，基层社会中农民群体掌握农业科技的整体水平还有待提升。"崇尚一技之长，不唯学历凭能力"，是新时代发展市场经济的现实需要。册亨、兴仁、望谟、安龙、普安、晴隆、贞丰、兴义都开办有中等职业学校或职业教育培训中心，另有一所黔西南民族职业技术学院设立于首府兴义市。从实际情况看，职业教育对提升农村家庭收入的能力很有效。"职教一人，就业一个，脱贫一家"的说法，很是贴切。但是，龙广的农村民众对子女接受职业教育并没有给予很多支持。这与职业教育的发展状况不佳有关。

掌握一定职业技术的人，在就业方面没有太多障碍。职业教育有"短""平""快"的实用特点，从这个角度来说，发展职业教育要优于高等教育。职业教育发展得好坏，不仅仅事关地方人口素质和人口就业，还关系地方社会发展的和谐稳定。毋庸讳言，如果从地方社会治理和发展经济的角度去看待职业教育发展，其存在和壮大就很有现实意义。乡村振兴，在实际意义上来说，要归结到追求人的发展上。乡村振兴需要教育来支撑，尤其是需要职业教育的长足发展。此为本研究的结论三。

一切过往，皆为序章。龙广镇的治理与开发，是黔西南州农村多民族聚居城镇发展变迁的缩影。在这个历史文化名镇的发展道路上，只有循序渐进，才能继往开来。我们相信，在中国共产党各项政策的支持下，龙广的未来发展会取得新的进步，逐步迈上新的台阶。

参考文献

一、专著类

[1] [美] 明恩溥 . 中国乡村生活 [M]. 陈午晴，唐军，译 . 北京：中华书局，2006.

[2] [美] 金著 . 四千年农夫 [M]. 程存旺，石嫣，译 . 北京：东方出版社，2011.

[3] [美] 卜凯著 . 中国农家经济 [M]. 张履鸾，译 . 太原：山西人民出版社，2015.

[4] [英] 柏格理，等 . 在未知的中国 [M]. 东人达，东旻，译 . 昆明：云南民族出版社，2002.

[5] [英] 塞缪尔·克拉克 . 在遥远的中国西南部落中 [M]. 贵阳：贵州大学出版社，2009.

[6] 贵州省安龙县志编撰委员会 . 安龙县志 [M]. 贵阳：贵州人民出版社，1992.

[7] [清] 张瑛，等 . 兴义府志 [M]. 清道光四年刻本 .

[8] 赵树凯 . 乡镇治理与政府制度化 [M]. 北京：商务印书馆，2010.

[9] 张声震 . 壮族通史 [M] 北京：民族出版社，1997.

[10] 张静 . 基层政权：乡村制度诸问题 [M]. 上海：上海人民出版社，2007.

[11] 陈桂棣，等 . 中国农民调查 [M]. 北京：人民文学出版社，2004.

[12] 李凡 . 创新与发展——乡镇长选举制度改革 [M]. 北京：东方出版社，2000.

[13] 潘小娟，等 . 乡镇改革：乡镇选举、体制创新与乡镇治理研究 [M]. 北京：中国社会科学出版社，2008.

[14] 黄为平，等.乡镇长选举方式改革：案例研究 [M].北京：社会科学文献出版社，2003.

[15] 项继权.乡级民主建设 [M].北京：中国社会科学出版社，2008.

[16] 徐勇.中国农村村民自治 [M].北京：生活·读书·新知三联书店，2019.

[17] 于建嵘.岳村政治——转型期中国乡村社会政治结构的变迁 [M].北京：商务印书馆，2001.

[18] 王振耀.中国村民自治理论与实践探索 [M].北京：宗教文化出版社，2000.

[19] 贺雪峰.乡村治理的社会基础 [M].北京：生活·读书·新知三联书店，2020.

[20] 项继权.集体经济背景下的乡村治理：南街、向高和方家泉村村治实证研究 [M].武汉：华中师范大学出版社，2002.

[21] 吕德文.乡村社会的治理 [M].济南：山东人民出版社，2013.

二、论文类

[1] 吴理财.乡镇机构改革：可否跳出精简——膨胀的怪圈 [J].贵州师范大学（社会科学版），2006（06）：69-73.

[2] 徐勇.县政、乡派、村治：乡村治理的结构性转换 [J].江苏社会科学，2002（02）：27-30.

[3] 管前程.村民自治三十年的回顾和启示 [J].理论研究，2008（05）：20-23.

[4] 徐腊梅.基于乡村振兴的产业兴旺实现路径实证研究 [D].辽宁大学，2019.

[5] 朱泓志.苏北乡镇经济发展策略研究——以 G 镇为例 [D].东南大学，2021.

[6] 黄世界.乡镇民营企业的崛起与乡镇治理的转型——以福建省陈埭镇为例 [D].华中师范大学，2019.

[7] 魏娟.新常态下经济新常态下子长县乡镇经济发展问题研究——以玉家湾镇为例 [D].延安大学，2019.

[8] 沈雪漱 . 中国经济区划改革与经济发展模式研究——以温州镇级市为例 [D]. 西南财经大学，2019.

[9] 张梦雨 . 贵州农村产业结构优化及影响因素研究 [D]. 贵州财经大学，2012.

[10] 杨海波 . 山地地区城乡发展一体化研究——以贵州为例 [D]. 中共中央党校，2017.

[11] 王永平 . 贵州农村建设全面小康社会目标与实现途径研究 [D]. 西南农业大学，2005.

[12] 黄开庆 . 贵州农村经济发展的困境与出路研究 [D]. 贵州师范大学，2008.

[13] 陈卫椿 . 对贵州经济发展问题的几点认识 [J]. 贵州社会科学，1995（05）：36–40.

[14] 徐晓光等 . 明清时期"亭目制度"与布依族习惯法——以北盘江南部地区为例 [J]. 西北民族大学学报，2020(04)：48–57.

[15] 黄梅 . 清代西南边疆地区"汉奸"问题述论 [J]. 云南师范大学学报，2015(02)：47–59.

后　记

经过两年多的努力，众多人物和事件从鲜活的图像终于可以变成文字了。此时此刻，我心中有如释重负之感，更有发自肺腑的感谢。

感谢安龙县档案馆和龙广镇政府提供的宝贵数据和资料，大量丰富的材料使得本文的写作有了一定的材料基础。这些材料中有许多信息，可以与各类报纸中涉及龙广的公开报道互相印证。在这些基础材料的基础上，我们才可以对龙广镇各历史时期的经济社会发展展开探讨，才可以对龙广镇的现实发展历程和未来发展方向做合理且可信的分析。

感谢龙广的父老乡亲们，感谢他们的坦诚相待，让我对龙广人的生产生活智慧有了更深刻地理解。他们的生产生活实践构成了龙广人的真实生活。尤其是那些在家带娃的留守中老年人，在照看孙辈上学的同时，也不忘抽空赚钱补贴家用。他们用自己的辛勤和汗水，用心经营着这片充满爱意的土地。

人民群众永远是历史的创造者。尽管在此我无法一一列出受访者的真实姓名，但是他们展示的积极进取、勤劳坚韧的精神永远珍藏在我的心中。龙广人乐观进取的心态和积极向上、勇于探索、敢于冒险、有责任、有担当是我们在龙广调查过程中龙广人展现出来的外在风貌。这种风貌是真实的自然流露，没有刻意地摆拍，更没有矫揉造作。应该说，这种精神风貌，我们现在看到的是这样，曾经的过去应该也是这样，今后的今后应该还会是这样。

这是一个美好的时代。了解历史，可以让我们更好地立足现实，展望未来。以龙广的当前情况而言，宜农则农，宜商则商，宜工则工。各个行业都极大地释放了发展潜力。走在乡间小道，那满眼的绿色，确实在满足生态环保需要的同时，起到了促进农村增收的效果。在龙广镇乡村实地田野调查的过程中，现代农村交通和基础设施的巨大变化，令人印象深刻。便捷、安全的乡村交通亦是龙广人在地方党委、政府的正确引领下取得的发展成果之一。四通八达的道路，为现在和未来龙广继续发展提供了坚实的基础条件。

　　最后，感谢中国商务出版社提供的出版机会，同时感谢孔令钢先生的帮助。本书存在的不足之处，恳请各位读者批评指正。

徐磊

2022 年 8 月